Vom Glück des
Älterwerdens

Vom Glück des Älterwerdens

Mehr Gelassenheit und Weisheit mit
Pater Anselm Grün

Deutschland · Schweiz · Österreich

Autor: Pater Anselm Grün OSB

Reader's Digest
Redaktion: Falko Spiller
Grafik: Peter Waitschies
Bildredaktion: Christina Horut
Prepress: Andreas Engländer
Produktion: Thomas Kurz

Ressort Buch
Redaktionsdirektorin: Suzanne Koranyi-Esser
Redaktionsleiterin: Dr. Renate Mangold
Art Director: Susanne Hauser

Operations
Leitung Produktion Buch: Norbert Baier

Layout und Satz: Marion Köster
Druck und Bindung: MohnMedia, Gütersloh, Germany

Autorisierte Sonderausgabe 2010 für Reader's Digest – Deutschland, Schweiz, Österreich
Verlag Das Beste GmbH – Stuttgart, Zürich, Wien

Titel der Originalausgabe: Leben ist jetzt. Die Kunst des Älterwerdens.
Die hier vorliegende Edition wurde mit Einwilligung des Verlages Herder erweitert.
© 2009 Verlag Herder GmbH, Freiburg

GR 1950/IC

Printed in Germany

ISBN 978-3-89915-591-4

Besuchen Sie uns im Internet:
www.readersdigest.de

Vorwort

Älter werden wir vom ersten Tag unseres Lebens an. Irgendwann wird uns das auch bewusst. Je älter wir werden, desto größer ist der Schatz der Erinnerung, den wir zu hüten haben. Aber auch wenn wir in späteren Jahren gerne in die Vergangenheit zurückschauen – das Leben spielt sich immer im Jetzt ab. In jeder Lebensphase und so auch im Alter geht es darum, im Augenblick zu leben. Dabei ist dieser Augenblick im Wissen um unsere Endlichkeit zu leben. Der alte Mensch kann sich nicht in der Gegenwart einrichten. Das Jetzt ist immer schon vom Morgen infrage gestellt. Doch gerade, indem der ältere Mensch die Begrenztheit seines Lebens, also auch den Tod integriert in sein Leben, vermag er ganz im Augenblick zu leben. Es wird so ein gelassenes Leben. Gelassenheit meint dabei nicht nur, dass ich das Vergangene loslasse, sondern dass ich den Augenblick so lasse, wie er ist, ohne ihn festhalten zu wollen, aber auch ohne ihn zu bewerten. Ich lasse das Jetzt so, wie es ist. Das ist die Kunst, in guter Weise älter zu werden: bewusst immer mehr im Augenblick zu leben und zugleich zu wissen, dass jeder Augenblick vergeht und dass uns etwas erwartet, das nicht mehr vergeht, das für immer bleibt.

Den Leserinnen und Lesern von Reader's Digest wünsche ich, dass sie sich einüben in diese Kunst des Älterwerdens, in die Kunst, immer im Augenblick zu leben und sich dem Augenblick zu überlassen. Wenn beim Lesen dieses Buches eine neue Lust entsteht, die Zeit, die Gott mir jetzt im Augenblick schenkt, bewusst zu leben und neugierig zu sein auf das, was im nächsten Augenblick kommt, dann wäre das Ziel des Buches erreicht. Es will uns die Angst vor dem Älterwerden nehmen und uns einüben in die Dankbarkeit für die reife Frucht, die wir im Alter ernten dürfen – für uns und für die Menschen, denen wir die Früchte unseres Lebens überlassen.

Pater Anselm Grün OSB

Inhalt

Einleitung

Älter werden wir von alleine. Aber ob und wie uns das Älterwerden gelingt, das ist eine andere Frage. »Zu wissen, wie man älter wird – das ist das Meisterstück der Weisheit und eines der schwierigsten Kapitel in der Lebenskunst«, meint Frédéric Amiel. Kunst kommt von Können, ist also nichts Selbstverständliches. Wir müssen erlernen, wie wir auf gute Weise älter werden. Können hängt mit verstehen und wissen und weise zusammen. Um die Kunst des Älterwerdens zu erlernen, braucht es das Verstehen dessen, was in diesem Prozess an uns und mit uns geschieht. Kunst hängt übrigens auch mit dem deutschen Wort »kund« zusammen. Wer die Kunst des Älterwerdens erlernt, der gibt auch anderen Kunde davon. Er wird nicht allein für sich in guter Weise alt, sondern verkündet mit seinem Leben auch anderen eine gute Botschaft, die Botschaft von der Weisheit des Alters. Wir lernen die Kunst des Älterwerdens nie nur für uns selbst, sondern immer auch für die anderen. Wir zeigen ihnen mit unserem Leben etwas, das ihr Leben bereichert.

Der griechische Philosoph Platon meint, Kunst sei Nachahmung. Und er denkt an die Natur, die der Künstler in seinen Werken nachahmen soll. Die Natur lehrt uns nach diesem Verständnis auch, wie wir auf gute Weise alt werden. Der Herbst steht für das Alter. Im Herbst wird geerntet. Das Alter zeigt die Ernte eines Lebens. Wir dürfen dankbar auf die Früchte schauen, die das Leben gebracht hat. Die Farben des Herbstes sind bunter als die des übrigen Jahres. Und es sind milde Farben. Das ist eine Lehre, die uns die Natur erteilt: Auf gute Weise alt wird der, der milder wird, nicht nur in seinem Urteil, sondern in seinem ganzen Sein.

Und zugleich wird er entdecken, dass sein Leben innerlich reicher wird, bunter, oft so leuchtend wie ein goldener Oktober. Doch das Laub fällt im Herbst ab. Zur Kunst des Älterwerdens gehört es demnach auch, loszulassen, so wie die Bäume das Laub loslassen, es auf die Erde fallen lassen, damit es zum Wurzelgrund für neues Leben werden kann.

In dem Wort »Älterwerden« ist noch etwas Wichtiges, etwas Positives beschrieben: Älterwerden ist nichts Statisches oder ein für alle Mal klar Abgeschlossenes. Es ist eine Bewegung. Da *wird* noch etwas im Menschen. Da wächst etwas. Wenn jemand alt ist, dann hat das zwei Bedeutungen. Zum einen: Er ist alt, er *ist* sein Alter. Er muss nichts mehr leisten. Er genießt das reine Sein. Da ist jemand präsent, ganz er selbst. Die andere Bedeutung ist: Er ist alt geworden. Man merkt ihm seine Schwächen an. Man spürt sein inneres Alter. Es geht nichts mehr aus von ihm. Er ist verbraucht. Aber das ist nur eine Seite.

Worte wandeln sich und nehmen immer neue Bedeutungen in sich auf. Vom Wortstamm kommt »alt« von einem Verb, das »wachsen, aufziehen, ernähren« bedeutet. Es hängt auch mit dem lateinischen Wort »altus = hoch« zusammen, das von »alere = nähren, großziehen« stammt. Der hochgewachsene Baum ist alt. Vom Ursprung hat »alt« also eine positive Bedeutung. Aber in Redewendungen wie »wenn du verlierst, siehst du alt aus« kommt eine negative Wertung in dieses Wort. Die Abwertung des Alters in einer Zeit, in der nur das Junge und Jugendliche gilt, hat sich bis in unsere Sprache hinein ausgewirkt. Daher ist es wichtig, so von Altsein und Älterwerden zu sprechen, wie es der ursprünglichen positiven Bedeutung entspricht.

Die Kunst des Älterwerdens ist nicht nur auf das Alter beschränkt. Von Geburt an – so sagt schon der hl. Augustinus – altern wir. Die uns zugemessenen Tage werden weniger. Wir werden älter. Das ist nichts, was statisch oder festgeschrieben wäre, es ist ein lebenslanger Prozess. Aber es ist nicht nur ein Prozess des Abnehmens, sondern des Reifens. Älterwerden ist auch eine positive Bewegung: Es *wird* etwas. Die Natur macht es uns auch hier wieder vor. Jede Phase in unserem Leben hat ihre eigene Bedeutung. Der Frühling steht für das Aufbrechen des Lebens, für die Frische und Lebendigkeit. Der Sommer steht für die Fülle des Lebens, der Herbst für die Buntheit und für die Ernte und der Winter für die Stille und für das Ausruhen, damit neues Leben aufbrechen kann.

Wie jede Jahreszeit voller Bedeutung ist, so hat auch jede Lebenszeit des Menschen eine je eigene Bedeutung. Und es ist gut, in jeder Lebensphase das zu leben, was ihr entspricht. Der Jugendliche muss andere Werte betonen als der alte Mensch. Man sagt zwar, Jugend sei ein Geschenk, Älterwerden eine Aufgabe. Aber auch der junge Mensch muss die Aufgabe erfüllen, die ihm die Jugend stellt. Und die besteht darin, zu kämpfen, sich das Leben zu erobern und seine eigene Identität zu finden. Wenn der alte Mensch immer noch um seinen Platz im Leben kämpfen würde, wäre das für uns eher lächerlich. Jeder Mensch braucht ein Gespür für das je Eigene, das in seiner Lebensphase verwirklicht werden will.

Im Herbst, sagten wir, wird geerntet. So geht es beim Älterwerden um das Reifen einer Frucht, an der wir uns erfreuen, die wir genießen, die aber auch andere Menschen befruchtet. Die Frucht, die im Alter heranreift, will auch anderen das Leben versüßen. Wer vom Älterwerden redet, spricht nicht nur von nachlassenden Kräften, Verfall und Schwäche, im Gegenteil: Bis ins hohe Alter gibt es Chancen und positive Möglichkeiten des Wachsens, des Reifens und der Vollendung.

Der bekannte Altersforscher Paul Baltes erzählte gern eine Anekdote über Arthur Rubinstein. Der 80-jährige weltberühmte Pianist wurde demnach einmal gefragt, wie er denn in seinem hohen Alter immer noch ein so begnadet guter Konzertpianist sein könne. Der Künstler spricht in seiner Antwort von drei Prinzipien, die es ihm immer noch erlaubten, so gut Klavier zu spielen: Auswählen, Optimieren, Ausgleichen. Er habe durch eine Auswahl ihm wichtiger Stücke sein Repertoire verkleinert – also eine Wahl getroffen. Durch diese Selektion könne er diese Stücke auch mehr und intensiver üben als früher. Dadurch verbessere er sich technisch. Das ist also eine Optimierung. Und weil er die ausgewählten Stücke nicht mehr so schnell wie früher spielen konnte, wandte er einen Kunstgriff an: Vor besonders schnellen Passagen verlangsamte er sein Tempo; im Kontrast erschienen diese Passagen dann wieder ausreichend schnell. Das ist eine sehr wirksame Form der Kompensation und Teil einer positiven Strategie. Sie widerlegt das Vorurteil, Älterwerden sei nur unter dem Vorzeichen des Nachlassens und der Verminderung zu sehen. Sich auf wenige Ziele zu beschränken, diese aber sehr energisch zu verfolgen und dabei nach geeigneten inneren und äußeren Ressourcen der Kompensation zu suchen – das ist die Kunst des guten Älterwerdens.

Was Arthur Rubinstein da als Geheimnis seiner Kunst im Älterwerden beschrieben hat, gilt nicht nur für Künstler, sondern für jeden, der sein Alter spürt. Er kann nicht mehr so viel schaffen wie früher. Also muss er auswählen, was ihm wichtig ist, um seine Kräfte besser einzusetzen. Das, was ihm wichtig ist, soll er bewusst leben und sich ganz darauf einlassen. Natürlich braucht er Methoden, um mit den Defiziten des Alters gut umzugehen. Er muss manche Lücken in seinem Wissen mit seiner Erfahrung ausfüllen und manche Lücken in seiner körperlichen Leistungskraft wettmachen durch die Fähigkeit, mit weniger Energieeinsatz trotzdem etwas zu vollbringen.

Man lebt nur einmal, sagt man. Das heißt: Das Leben jedes Menschen ist einmalig. Jeder Mensch ist einzigartig. Romano Guardini meint, Gott habe über jeden Menschen ein Passwort gesprochen, das nur für diesen ganz bestimmten Menschen passt. Und unsere Aufgabe in jeder Lebensphase ist es, dieses einmalige Wort, das Gott nur über uns spricht, in dieser Welt vernehmbar werden zu lassen. Wir leben nur dann wirklich gut, wenn wir uns unserer Einzigartigkeit bewusst werden und wenn wir verinnerlichen, dass wir nur einmal leben. Jesus hat uns in seiner Predigt immer wieder ermahnt, aufzuwachen und wirklich zu leben. Denn wir haben nur dieses eine Leben. Und das sollen wir nicht verschlafen. Wir sollen nicht einfach so dahinleben, sondern mit offenen Augen durch die Welt gehen und unsere Lebensspur bewusst in diese Welt eingraben.

Manche bekommen Angst, wenn sie sich bewusst machen, dass sie nur einmal leben. Sie stopfen alles ins Leben hinein, was schnellen Genuss verspricht. Für sie ist Älterwerden eine Katastrophe. Denn im Alter könnte ja alles zu spät sein. Aber so werden sie unfähig, ihr Leben in jedem Moment ihres Daseins wirklich zu genießen. Sie starren auf das zu kurze Leben und meinen, sie müssten alle ihre Sehnsüchte vom Leben auch ausleben. Doch da sie das nie schaffen, weil Sehnsucht keine Grenze kennt, werden sie immer hektischer und zugleich unzufriedener.

Manch einer mag dieser Einmaligkeit und Unwiderruflichkeit seines Lebens vielleicht aus dem Weg gehen, indem er an ein nochmaliges Kommen auf die Erde glaubt, an die Reinkarnation. Doch das ist für mich eine Flucht vor der Einmaligkeit des Lebens. Anstatt bewusst und intensiv zu leben, vertröste ich mich, ich hätte ja nochmals eine Chance, es besser zu machen. Doch die andere Seite der Reinkarnationslehre übergeht man dann, nämlich die, dass durch das im Hier und Jetzt ungelebte Leben ein negatives Karma das künftige Leben erschweren soll.

Mir ist eine andere Alternative sympathischer: wenn Menschen die Einmaligkeit ihres Lebens als Einladung verstehen, ihr einzigartiges Leben bewusst zu leben und es auszukosten, es in allen seinen Facetten wahrzunehmen und es in jeder Lebensphase zu gestalten. Ich lebe nur einmal. Das ist auch eine Herausforderung, dieses eine Leben so gut zu gestalten, wie es mir möglich ist. Die Kunst, das einmalige Leben bewusst und intensiv zu leben, beginnt nicht mit dem Eintritt ins Alter. Vom ersten Tag an, seit unserer Geburt werden wir mit jedem Tag älter. Daher besteht die Kunst des Lebens eben in dieser Kunst des Älterwerdens: darin, sich

 *Einleitung*

dem inneren Wandlungsprozess des Lebens zu überlassen. Das Ziel der Verwandlung ist, dass wir mehr und mehr in die einmalige und einzigartige Gestalt hineinwachsen, die Gott uns zugedacht hat.

Die Bank vor dem Haus

Wer sich bewusst die Zeit nimmt, einfach nur da zu sein, der wird erfahren, wie viel Zeit er gewinnt. Die Zeit gehört ihm. Früher gehörte zu jedem Bauernhof eine Bank vor dem Haus. Da saßen oft die Großeltern und schauten einfach zu. Oder sie saßen am Abend und nahmen wahr, wie der Tag sich neigte, wie alles still wurde. Sie taten nichts. Aber es ging von ihrem Dasein ein großer Friede aus. Man spürte, wie sie die Zeit genießen konnten. Sie arbeiteten viel. Aber sie hatten auch die Fähigkeit, einfach nur da zu sein. Die Zeit hat für sie eine andere Qualität bekommen. Sie war kein Tyrann mehr, sondern eine Einladung zur Dankbarkeit, eine Einladung zum reinen Dasein. Solche Augenblicke, in denen ich absichtslos einfach nur dasitze und den Gedanken nachhänge, die in mir auftauchen, sind oft sehr fruchtbare Momente. Da kommen mir neue Ideen. Wenn ich ein Problem in solches „Nichtstun" mitnehme, dann löst es sich. Es relativiert sich zumindest. Und oft genug finde ich gerade in solchen Augenblicken eine Lösung, auf die ich durch angestrengtes Nachdenken nicht gekommen bin.

Die Kunst des Älterwerdens besteht darin, in allen Erlebnissen unseres Lebens, auch in allen Dissonanzen, nach der eigenen Melodie zu suchen, in der sich die Spannungen auflösen, die wir in uns wahrnehmen. In dieser Kunst des Älterwerdens können wir uns ein Leben lang üben, sie fängt nicht erst mit der Pensionierung an. Im Blick auf das Alter stellen sich nur verschärft die Fragen, die eigentlich für das ganze Leben gelten. Wir leben ja schließlich nicht, um jung zu bleiben, sondern um alt zu werden.

Erich Fromm vergleicht unsere Aufgabe im Leben mit einer Geburt. Unsere Aufgabe ist es, ganz geboren zu werden. Leonardo Boff hat dieses Bild aufgegriffen, wenn er in einem Text zu seinem eigenen 70. Geburtstag schreibt: »Das Alter ist die letzte Etappe menschlichen Wachsens. Wir werden ganz geboren, aber wir sind nie fertig. Wir müssen unsere Geburt vollenden, indem wir unsere Existenz verwirklichen, Wege öffnen, Schwierigkeiten überwinden und unseren Lebensweg formen. Wir sind immer im Werden. Wir beginnen mit dem Geborenwerden. Wir werden im Laufe unseres Lebens in Raten weiter geboren, bis wir unsere Geburt vollenden. Dann treten wir in die Stille ein. Und wir sterben. Das Alter ist die letzte Gelegenheit, die uns das Leben bietet, um das Wachsen, Reifen und schließlich das Geborenwerden zu vollenden.« Das Älterwerden ist Teil dieses ganzheitlichen Lebensprozesses.

Dies ist kein Buch über das Alter. Ich möchte im Folgenden auch keine systematische Beschreibung des Altwerdens geben. Vielmehr möchte ich auf Fragen eingehen, die sich uns beim Älterwerden stellen. Es sind Fragen, die mir Menschen geschrieben haben, und Fragen, die ich selber auf dem Hintergrund der Anliegen formuliert habe, die mich in Gesprächen mit Menschen berührt haben, die sich dem eigenen Älterwerden gestellt haben. Manchmal sind es mehr allgemeine Fragen, manchmal persönliche Fragen von einzelnen Personen. Ich kann auf all diese Fragen natürlich keine letztgültigen Antworten geben. Ich möchte nur versuchen, auf diese Fragen so zu antworten, dass Sie, liebe Leserin, lieber Leser, für Ihren eigenen Prozess des Älterwerdens in sich einen Weg entdecken, der Sie durch alle Etappen Ihres Lebens zum wahren Leben führt, zum Leben, das auch durch den Tod nicht zerstört werden kann.

Wie die Zeit vergeht

Zeit ist Leben. Und unsere Lebenserfahrung gerade im Älterwerden ist auch davon bestimmt, dass wir zu spüren glauben, wie die Zeit vergeht. »Kinder, wie die Zeit vergeht!« sagen wir dann. Älterwerden hat also auch damit zu tun, dass uns das Verrinnen der Zeit bewusst wird. Mit zunehmendem Alter empfinden wir das Tempo, in dem die Zeit vergeht, als sich steigernde Geschwindigkeit: »Die Zeit fährt Auto«, so hat Erich Kästner in einem Gedicht diese Empfindung auf den Punkt gebracht. Wenn wir plötzlich Freunde der Kindheit oder der Jugend wiedertreffen und sehen, wie sie sich verändert haben und wie die Zeit ihre Spuren in ihre Gesichter eingegraben hat, dann wird uns – im Spiegel der anderen – bewusst, dass auch an uns die Jahre nicht spurlos vorübergegangen sind. Hugo von Hoffmannsthal, der das Libretto zur Oper »Der Rosenkavalier« geschrieben hat, war ein Dichter, der viel über dieses Thema der vergehenden Zeit nachgedacht hat. »Die Zeit«, sagt die Marschallin im Rosenkavalier, »die ist ein sonderbares Ding. Wenn man so hinlebt, ist sie rein gar nichts. Dann, auf einmal, spürst du nichts als sie; sie ist um uns herum und ist in uns drinnen. In den Gesichtern rieselt sie, in dem Spiegel da rieselt sie, und zwischen mir und dir fließt sie dahin, wie eine Sanduhr, lautlos. Manchmal hör ich sie rinnen, unaufhaltsam; und ich steh auf, mitten in der Nacht und lass die Uhren alle stehen.«

Uhren kann man anhalten, die Zeit läuft trotzdem weiter. Älterwerden hat mit dieser besonderen Erfahrung zu tun. Wir haben das Gefühl, dass die Zeit zwischen unseren Händen zerrinnt, dass sie »abläuft«, dass uns immer weniger Zeit zum Leben bleibt. Manchen macht diese Erfahrung der begrenzten und endlichen Zeit Angst. Die einen reagieren panisch und wollen die Wirklichkeit nicht wahrhaben. Sie versuchen, die Spuren der Zeit zu vertuschen, indem sie Cremes benutzen, die die Falten glätten, oder indem sie ihre welkende Haut liften lassen. Andere stürzen sich in Hektik und Betriebsamkeit. Sie möchten die Zeit, die ihnen bleibt, möglichst intensiv nutzen und stopfen alles Mögliche in sie hinein. Und sie haben doch den Eindruck, dass ihnen die Zeit davonläuft, immer schneller und unaufhaltsam. Die Zeit wird dann zum Gegner, mit dem wir kämpfen. Doch das ist nicht der Umgang mit Zeit, den uns Jesus empfiehlt oder zu dem uns die griechische Philosophie einlädt.

Die Griechen haben ihre Erfahrung mit der Zeit in einen Mythos gefasst. Durch die Erzählung verdeutlichen sie einen beängstigenden Aspekt dessen, was – bis heute und in jedem einzelnen Leben erfahrbar – für uns das Geheimnis der Zeit ist: Zeit als eine verschlingende Macht. Dieser alte Mythos erzählt uns vom Urgott, dem Chronos. Er hat seine Kinder aufgefressen aus Angst, sie könnten ihm die Herrschaft streitig machen. Doch seine Frau Rhea überlistet ihn. Als Chronos Zeus geboren hat, wickelte sie einen großen Stein in die Windeln. Als Chronos diesen Stein aß, konnte ihn Zeus überwinden. Wir sprechen heute noch vom Chronometer, vom Zeitmesser. Das ist die quanitativ gemessene Zeit, die immer zu wenig da ist, die Zeit, die uns auffrisst, und die Zeit, die wir als Gegner erleben.

Aber das ist nicht die ganze Weisheit der Griechen zur Erfahrung der Zeit. Sie kennen auch noch ein anderes Wort für Zeit: kairos, die angenehme Zeit, die Gelegenheit und Chance ist. Jesus spricht – in der Tradition dieses griechischen Verständnisses – immer vom kairos, von der angenehmen Zeit, von der erfüllten Zeit. Es ist die Zeit, die uns geschenkt ist und die wir genießen dürfen. Ob wir die Zeit als chronos oder kairos erleben, hängt von uns und unserer Einstellung zur Zeit ab. Wenn wir ganz im Augenblick leben, dann nehmen wir die Zeit als angenehme Zeit wahr, als kairos, als Zeit, die uns geschenkt ist. Wir spüren etwas vom

Geheimnis der Zeit, die wir nicht festhalten können, die aber im Augenblick uns gehört. Wir atmen in der Zeit, wir fühlen in der Zeit. Wir bekommen ein Gespür für die Zeit.

Das Älterwerden wird uns nur gelingen, wenn wir Zeit bewusst erfahren und unsere Beziehung zur Zeit bedenken.

Leben – eine lange Zukunft, oder eine kurze Vergangenheit?

Es heißt, vom Standpunkt eines Kindes aus gesehen, sei das Leben eine unendlich lange Zukunft, vom Standpunkt des Alters aus eine sehr kurze Vergangenheit. Sicher ist: die Erfahrung von Zeit ändert sich im Verlauf des Älterwerdens. Kinder können es kaum erwarten, bis Weihnachten wird. Für sie dauert die Zeit länger. Wenn sie an ihren nächsten Geburtstag denken oder gar an den Abschluss ihrer Schulzeit, dann haben sie den Eindruck, dass das unendlich weit weg ist. Sie können sich das oft gar nicht vorstellen. Ältere Menschen haben ein anderes Zeitgefühl. Sie sagen: »Schon wieder ein Jahr vorbei. Es ist schneller vorbeigegangen, als man denkt.« Warum Kinder und alte Menschen die Zeit so verschieden wahrnehmen, darüber kann ich nur spekulieren. Kinder haben die Zeit noch vor sich. Sie möchten ihr Leben leben. Sie sind ganz und gar auf die Zukunft ausgerichtet. Kleine Kinder sind ganz im Augenblick. Aber sobald sie die Zeit wahrnehmen und sich bewusst machen, leben sie im Blick auf die Zukunft, auf den kommenden Urlaub, auf ein besonderes Fest. Sie erwarten von dem künftigen Ereignis eine Steigerung ihres Lebens. Dabei hängt diese Erwartung davon ab, dass sie etwa den Geburtstag oder Weihnachten schon einmal als wunderbare Feste erlebt haben. So sehnen sie sich danach, dass dieses Fest wieder kommt. Und die Zeit des Wartens wird ihnen leicht zu lang.

Alte Menschen haben viel Vergangenheit hinter sich. Sie haben viel erlebt. Oft genug verweilen sie in ihren Gedanken in der Vergangenheit. Gerade wenn ein Ehepartner gestorben ist oder wenn die Gegenwart nicht viel Aufregendes zu bieten hat, leben sie in der Erinnerung. Das

Verweilen in der Vergangenheit lässt die Zeit schneller verstreichen. Alte Menschen warten weniger auf die Zukunft. Sie versuchen, ihren Alltag zu meistern. Um ihn meistern zu können, beziehen sie ihre Kraft aus der Erinnerung an Zeiten, in denen es ihnen noch leichter fiel, ihr Leben zu gestalten. Weil sie aus der Vergangenheit leben, geht die Gegenwart schneller an ihnen vorbei. Die Zukunft ist für sie nicht mehr so wichtig. Das Denken an die Zukunft konfrontiert sie mit dem eigenen Sterben. Und so leben sie lieber in der Vergangenheit. Sie ist der Lebenssaft, aus dem sie schöpfen.

Es gibt allerdings auch alte Menschen, die sich darüber beklagen, dass nichts passiert. Sie sitzen einfach nur da und warten, dass andere kommen, um ihre nachlassende Lebenskraft aufzufrischen und ihre Leere zu füllen. Wie ein alter Mensch die Zeit erlebt, hängt also immer davon ab, wie er zu leben versteht. Wer nur von anderen her lebt, wer sich nur lebendig fühlt, wenn andere mit ihm sprechen und ihn besuchen, dem wird die Zeit langsam verstreichen. Es ist eine leere Zeit und eine lange Zeit, die ihm langweilig wird. Wer jedoch die Gegenwart anfüllt mit guten Erinnerungen an früher, dem geht die Zeit schnell vorbei. Er wundert sich, dass das Jahr schon wieder vorbei ist, dass er ein Jahr älter geworden ist. Vielleicht hätte er nie gedacht, dass er einmal so alt wird. Denn sein Vater und seine Mutter sind schon viel früher gestorben.

Andere alte Menschen leben ganz in der Gegenwart. Sie sind damit beschäftigt, diesen Tag gut zu bestehen. Sie haben ihre festen Rituale, die ihrem Tag einen bestimmten Rhythmus geben. Und so geht ein Tag nach dem andern vorüber. Sie fühlen sich im Leben daheim, auch wenn es nicht ständig etwas Neues bietet. Ja vielleicht gerade deswegen. Auch für solche Menschen geht die Zeit schneller vorüber als für die Kinder, die die Gegenwart gerne überspringen möchten und für die sie deshalb umso länger dauert.

Wer bewusst lebt, dem wird die Zeit nicht lang

Unser Verhältnis zur Zeit ändert sich im Verlauf des Lebens. Kinder und alte Menschen haben ein anderes Verhältnis zur Zeit als Menschen, die im Beruf stehen: Menschen, die im Beruf stehen, erleben ihre Zeit stark strukturiert. Der Beruf zwingt sie, täglich zur gleichen Zeit aufzustehen und zur Arbeit zu gehen, wenn sie eine regelmäßige Arbeitszeit haben. Wenn ihre Arbeitszeit variiert zwischen Früh- und Spätschicht, dann wird ihre Zeit auch durch die Arbeit bestimmt. Und ihr Erlebnis der Zeit ist davon abhängig, wie weit der Arbeitsrhythmus ihrem eigenen inneren Rhythmus entspricht. Ganz gleich, wie gut es ihnen gelingt, sich auf den vorgegebenen Rhythmus einzulassen, ihre Zeit wird von außen bestimmt. Sie sehnen sich oft während der Woche nach dem Wochenende, an dem sie sich erholen oder das tun können, worauf sie Lust haben. Ihr Zeitempfinden wird vor allem durch den Wechsel von Arbeitszeit und Freizeit geprägt.

Kindern und alten Menschen fehlt diese Bestimmung der Zeit von außen. Doch Kinder haben durchaus ihren Rhythmus. In den ersten Jahren achtet die Mutter darauf, dass sie das Kind immer zur gleichen Zeit stillt und ins Bett bringt. Sie hört auf den inneren Rhythmus des Kindes und versucht, es an einen Rhythmus zu gewöhnen, von dem sie überzeugt ist, dass er für das Kind gut ist. Später wird das Kind dann vom Rhythmus des Kindergartens und anschließend von dem der Schule bestimmt. Trotzdem gehen Kinder nicht so stark im vorgegebenen Rhythmus auf. Sie freuen sich auf das Außergewöhnliche, auf die Feste, auf die Partys, auf die besonderen Erlebnisse.

Alte Menschen haben weniger Verpflichtungen von außen. Sie könnten morgens lange im Bett bleiben und einfach in den Tag hineinleben. Doch viele ältere Menschen haben ihren Rhythmus so verinnerlicht, dass sie ihn auch im Alter weiter leben. Sie stehen immer um die gleiche Zeit auf. Sie strukturieren ihren Tag so, dass es ihnen guttut. Wer seinem Tag gar keinen Rhythmus gibt, der erlebt ihn oft als langweilig und leer. Wer jedoch einen guten Rhythmus für sich gefunden hat, der lebt jeden Tag gleich, gleich erfüllt und nicht gleich langweilig. Er freut sich auf seinen täglichen Spaziergang oder auf das Hobby, dem er täglich bestimmte Stunden reserviert hat. Er steht nicht mehr unter Zeitdruck. So kann er sich ganz seinem inneren Rhythmus überlassen.

So lange der alte Mensch noch gesund ist, kann er sich an seinem Rhythmus und an seinem Leben freuen. Doch sobald er krank wird und jeden Tag als Last empfindet, erlebt er die Zeit anders. Da möchte er gerne,

Der innere Weg

*Es gibt keinen Weg zur Ruhe, der nur
äußerlich bleibt. Jeder Weg, der wirklich zur
Ruhe führen will, geht über die Erfahrung
meiner eigenen Wahrheit und über die
Erfahrung Gottes. Es ist eine gute Übung,
einen Tag lang nur den Satz zu meditieren:
»Ich bin ich selbst.« Wenn ich mir diesen Satz
vorsage, dann gerate ich nicht in Gefahr, in
Selbstmitleid zu schwimmen und andere für
meine Situation verantwortlich zu machen.
Ein Weg, mein eigenes Selbst zu erkennen,
auf den wir schon hingewiesen haben,
ist es, in meiner Kindheit nach meinen
Lebensträumen zu fragen. Welchen Beruf
wollte ich immer ergreifen? Was habe ich am
liebsten gespielt? Wie habe ich gespielt? Was
habe ich im Spielen von meinem wahren
Selbst ausgedrückt? Wo war ich ganz eins mit
mir? Wo war ich ganz ich selbst?*

dass die Zeit zu Ende geht. Allerdings gibt es auch kranke Menschen, die trotzdem noch am Leben und an der Zeit hängen. Papst Johannes XXIII. erzählt bei seinem Besuch eines Arbeiterviertels in Rom, er habe einmal eine alte Frau besucht, die im Sterben lag. Er wollte sie trösten, »indem er sagte, dass doch diese Welt, die sie jetzt verlassen müsse, nur ein Jammertal, ein Tal der Tränen sei. Darauf richtete sich die sterbende Frau in ihrem Bett auf und antwortete: ›Aber, Herr Pfarrer, es weint sich doch so schön in diesem Tal der Tränen!‹« Auch in ihrer Krankheit hing diese Frau noch am Leben. Lieber noch in der Zeit leben, als die Zeit verlassen.

Es gibt Unterschiede im Zeiterleben, je nachdem in welchem Lebenszyklus ich gerade stehe. Aber das Zeitlerleben hängt nicht nur vom Lebenszyklus ab, sondern auch von der Art und Weise, wie ich mein Leben verstehe und lebe. Wer sich um das Leben betrogen fühlt, der erlebt die Zeit als Last. Dem kann die Zeit nicht schnell genug vorbeigehen. Wer dankbar lebt, der lebt in der Zeit. Der genießt den Augenblick. Und zugleich vergeht ihm die Zeit so schnell. Weil er bewusst lebt, wird ihm nie langweilig. Er genießt die Zeit und weiß zugleich, dass sie begrenzt ist. Gerade im Wissen um die Begrenztheit seiner Zeit erlebt er sie mit allen Sinnen, voller Dankbarkeit und Achtsamkeit.

Geheimnisvolle Ewigkeit

Andreas Gryphius, gestorben 1664 zu Glogau, war Mystiker und Dichter zugleich. Er schreibt in seiner berühmten Betrachtung über die Zeit:

»Mein sind die Jahre nicht, die mir die Zeit genommen;
Mein sind die Jahre nicht, die etwa möchten kommen;
Der Augenblick ist mein, und nehm ich den in acht,
So ist der mein, der Jahr und Ewigkeit gemacht.«

Die spirituellen Meister sprechen alle von der Kunst, ganz im Augenblick zu sein. Wer achtsam lebt, wer ganz in dem ist, was er gerade tut, für den bricht die Ewigkeit ein in seine Zeit. T. S. Eliot spricht vom »ruhenden Punkt der sich kreisenden Welt«, den wir im Augenblick berühren, von

Alt werden will jeder,
  älter werden will niemand.

Deutsches Sprichwort

dem Punkt, »wo sich Zeitloses schneidet mit Zeit«. Für Andreas Gryphius wird der Achtsame, der ganz im Augenblick lebt, eins mit Gott, der Zeit und Ewigkeit geschaffen hat, der jenseits der Zeit ist. Die Erfahrung des Augenblicks wird zur Erfahrung Gottes und transzendiert so die Zeit.

Solche Erfahrungen des Augenblicks, in dem alles eins ist, Zeit und Ewigkeit, nennt Abraham Maslow Gipfelerlebnisse. Und jeder von uns hat wohl schon solche Gipfelerlebnisse gehabt, allein auf einer Frühlingswiese, mit Freunden auf einem Gipfel, mitten unter den Zuhörern in einem Konzertsaal, bei der Geburt eines Kindes, beim Anblick eines geliebten Menschen. Wenn wir überlegen, was da in solchen Gipfelerlebnissen geschieht, so können wir nur stammeln. Wir sagen: »Es hat mich einfach überwältigt. Ich war ganz da. Ich war ganz weg.« David Steindl-Rast, der österreichische Benediktiner und Eremit, sieht drei Eigenschaften in so einem Gipfelerlebnis. Das Erste ist, dass wir uns ganz vergessen.

Wir meinen, es sei eine große Gnade, sich selbst annehmen zu können. Denn wir wissen, wie schwer es ist, wirklich zu sich ja zu sagen. Aber die Gnade aller Gnade würde darin bestehen, sich selbst einmal vergessen zu können, einmal das Kreisen um sich selbst lassen zu können, einmal nicht mehr danach zu fragen, was es mir bringt, sondern einfach in dem sein, was ist. Unsere tiefste Sehnsucht geht danach, in der Anbetung einfach vor Gott niederzufallen, weil er Gott ist, von Gott so ergriffen zu sein, dass nichts anderes mehr zählt. Das Paradox dieser Erfahrung besteht darin, dass wir ganz präsent sind, wenn wir uns vergessen. Dann sind wir ganz im Augenblick, dann sind wir reiner Augenblick. Wir sind gegenwärtig. Und wir sind ganz wir selbst.

Mit dem Älterwerden spielt die Zeit eine andere Rolle

In der Jugend geht es vor allem darum, möglichst viel in der Zeit zu erleben. Man neigt dazu, Zeit mit den Erlebnissen zu verwechseln, die man in der Zeit macht. Je älter wir werden, desto mehr Gespür bekommen wir für den Augenblick, für das Geheimnis der Gegenwart. Wer im Augenblick lebt, der braucht keine äußeren Erlebnisse, um sich lebendig zu fühlen. Er spürt sich selbst. Und er nimmt seine Umgebung wahr. Da genügt ihm ein Spaziergang im Wald, um ganz im Augenblick zu sein und ihn zu genießen. Oder es genügt ihm das intensive Gespräch mit einem Freund, um die Zeit zu vergessen. Oder aber er lässt sich auf die Stille ein. In der Stille der Meditation steht die Zeit still. Da ahnt er mitten in der Zeit etwas von der Ewigkeit, die in seine Zeit einbricht.

Je älter der Mensch wird, desto mehr wird er sich der Endlichkeit seiner Zeit bewusst. Manche versuchen, die Begrenztheit ihrer Zeit mit möglichst vielen Aktivitäten aufzufüllen. Sie stopfen möglichst viel in ihre Zeit hinein. Sie haben Angst, sie könnten etwas versäumen. Letztlich ist es die Angst vor dem ungelebten Leben, die sie dazu antreibt, möglichst viel mit der Zeit anzufangen. Doch je mehr sie sich unter Druck setzen, möglichst viel zu erleben, desto weniger erleben sie wirklich. Sie werden unfähig, im Augenblick zu sein und das, was sie gerade wahrnehmen, mit allen Sinnen wahrzunehmen.

Andere nehmen die Endlichkeit ihrer Zeit zum Anlass, sich ganz dem Augenblick zu widmen. Sie überlegen sich, welche Spur sie in diese Welt eingraben möchten, was sie dem, mit dem sie gerade sprechen, sagen möchten, was sie ihm an Lebensweisheit vermitteln möchten. Was ist die Essenz meines Lebens, die ich weitergeben möchte? Solche Menschen könnte man weise nennen: Sie gehen mit ihrer Zeit behutsam um. Sie können die Zeit genießen. Für sie gibt es nichts Wichtigeres als den momentanen Augenblick. Sie sind ganz gegenwärtig. Sie vermitteln den Eindruck, dass sie alle Zeit der Welt haben. Weil sie die Endlichkeit ihrer Zeit zulassen, sind sie gelassen, lassen sie die Zeit sein, was sie ist: ein Geschenk Gottes an den Menschen.

Adoleszenz – leidenschaftlich leben

Adoleszenz, der Übergang zum Erwachsenenalter, die Zeit zwischen der Pubertät und dem Erwachsensein, ist keine einfache Phase. Es geht jetzt darum, Verantwortung für sein Leben zu übernehmen, aber auch Verantwortung in der Gesellschaft einzugehen. Es ist eine Phase der Gefährdungen und einer Leidenschaftlichkeit, die oft noch auf der Suche ist. Und gerade darin ist diese Phase beispielhaft. Viele erleiden in der Zeit der Adoleszenz eine ganz besondere Identitätskrise. In der Pubertät hat man sich im Kreis seiner Altersgenossen wohlgefühlt. In der Schule bzw. Lehre hat man einen klaren Rahmen erlebt, der Halt und Ordnung vermittelte. Jetzt fällt dieser Rahmen weg. Wenn das Studium beginnt und die ersten Prüfungen nicht so glatt gehen oder Erfahrungen im Beruf nicht so gut sind, nagt das am Selbstwertgefühl. Auch wenn es darum geht, Beziehungen einzugehen zum anderen Geschlecht, sind viele junge Erwachsene verunsichert. Da ist nicht nur Angst vor Bindung, sondern eine ambivalente Haltung zur Nähe. Da der junge Mann noch nicht sicher ist, wer er eigentlich selber ist, hat er Angst, dass seine Freundin ihn genauer kennenlernt, sobald er eine nähere Beziehung zu ihr eingeht. Er traut sich selbst der Freundin nicht zu, weil er sich selbst nicht über den Weg traut. Nur wer seine eigene Identität gefunden hat, ist fähig zu einer guten Partnerschaft. Er kann sich auf die Beziehung einlassen, weil nicht seine ganze Identität davon abhängt.

Die Adoleszenz ist aber gleichzeitig auch die Zeit, in der die jungen Menschen Leidenschaft entwickeln. Da ist einmal die Leidenschaft in der Beziehung zum anderen Geschlecht. Wenn sich der junge Mann in eine Frau verliebt, wird er ganz und gar von der Liebe erfüllt. Sie verzaubert ihn. Er setzt alles ein, was er hat und ist, um die Frau für sich zu gewinnen. Die Liebe weckt ungeahnte Kräfte. Genauso geht es der jungen Frau, die sich in einen Mann verliebt. Doch Leidenschaft ist nicht auf die Beziehungen beschränkt. In diesem Alter geht es darum, sich leidenschaftlich einzusetzen für sinnvolle Aufgaben in dieser Welt. Die einen gehen als Entwicklungshelfer nach Afrika. Andere setzen sich mit Leidenschaft für ihren Beruf ein. Wieder andere engagieren sich voll für Umweltfragen oder soziale Gerechtigkeit und Frieden.

Der Jesuit Alfred Delp (1907 – 1945), der seinen leidenschaftlichen Einsatz für ein menschlicheres Deutschland am 2. Februar 1945 mit dem Tod in

Hüte das innere Feuer

Der geistliche Schriftsteller Henri Nouwen versteht geistliches Leben als Hüten des inneren Feuers, das in jedem brennt. Er meint, viele Menschen seien heute ausgebrannt, weil sie die Türen ihres Ofens zu sehr nach außen geöffnet haben. Dann kann die Glut nicht in ihnen bleiben. Dann werden sie schnell zur ausgebrannten Asche. Geistliches Leben bedeutet für mich, das innere Feuer hüten.

Plötzensee bezahlt hat, schreibt im Gefängnis, drei Wochen vor seinem Tod: »Ein Leben ist verloren, wenn es nicht in ein inneres Wort, in eine Haltung, eine Leidenschaft sich zusammenfasst.« Nur dann entgeht der Mensch der Gefahr, Dutzendware zu werden, über den dann andere verfügen. Und an einer anderen Stelle sagt Delp: »Wehe dem Menschen, der ohne Leidenschaft zu leben versucht.« Aber die Leidenschaft »muss in eine Verhaltenheit eingefangen werden, die ihr alles lässt an Wucht und Feuer und ernster wirkender Liebe zum Menschen: die ihr aber zugleich alles nimmt, was jeder Leidenschaft leicht eignet an Blindheit, an Verlorenheit, an Distanz- und Instinktlosigkeit.« Der Mensch braucht also die Leidenschaft, um sich mit Kraft für eine menschlichere Welt einzusetzen. Aber seine Aufgabe besteht darin, seine Leidenschaft in eine gute Form zu fassen.

Von ihrem Ursprung her ist Leidenschaft in erster Linie eine starke Kraft, die den Menschen zu guten und bösen Zielen drängen kann. Sie kommt nicht aus dem Verstand, sondern aus der seelischen Verfasstheit des Menschen. Die platonische und stoische Philosophie hat den Menschen dazu aufgefordert, seine Leidenschaften zu überwinden und in seiner Seele unabhängig davon zu werden. Auch die frühen Mönche sprechen von »apatheia« als dem Ziel des geistlichen Weges. Es geht aber nicht darum, die Leidenschaften zu unterdrücken oder abzuschneiden, sondern frei zu werden vom Beherrschtwerden durch die Leidenschaften, um sie einfließen zu lassen in alles, was ich tue: in meine Spiritualität, in meine Liebe zu einem Menschen, in meine Arbeit, in meinen Einsatz für die Menschen.

In diesem Sinn brauchen wir heute wieder leidenschaftliche Menschen. Ich habe den Eindruck, dass wir heute die Leidenschaft verlernt haben. Vorherrschend ist heute ein gesellschaftliches Klima, das uns immer mehr dazu führt, cool zu sein, nur für uns selbst zu sorgen, uns nicht zu viel einzumischen. Doch ohne Leidenschaft kann man keine Politik machen. Ohne Leidenschaft kann man die Welt nicht verbessern. Ohne sie geht nichts voran in dieser Welt. Psychologen sagen, selbst in der Sexualität habe die Leidenschaftlichkeit abgenommen. Man will zwar Sexualität genießen, aber man hat Angst vor zu großer Leidenschaft, Angst, von der Liebe übermannt zu werden.

Die Leidenschaft, die Kraft und Ausdauer, die sie schenkt, sollte nicht nur das junge Erwachsenenalter auszeichnen. Jeder braucht diese Kraft, damit sein Leben für ihn selbst und für die Welt fruchtbar wird, dass er über sich hinausschaut und sich für die Gestaltung einer menschlicheren Welt einsetzt. Auch die Spiritualität braucht Leidenschaft, sonst wird sie kraftlos und fade – ein langweiliges, narzisstisches Kreisen um sich selbst, von dem nichts mehr ausgeht.

Wir sollen uns also – ganz gleich in welchem Alter wir gerade stehen – von der Leidenschaftlichkeit der jungen Erwachsenen anstecken lassen. Zugleich aber ist es unsere Aufgabe, unsere Leidenschaften so in unser Leben zu integrieren, dass wir nicht von den Leidenschaften gelebt werden, sondern dass wir leidenschaftlich leben und uns mit Leidenschaft für die Menschen und für Gott engagieren.

Die erste und die zweite Lebenshälfte

Der französische Moralist Jean de La Brugere hat einmal gesagt: »Die meisten Menschen leben die erste Hälfte ihres Lebens so, dass die zweite Hälfte nur noch schwieriger wird.« Da ist etwas dran. Wie wir das Alter erleben, das hängt immer davon ab, wie wir bisher gelebt haben. Wer in der ersten Lebenshälfte nur das Äußere kennt, nur Geldverdienen, Arbeiten, ein Haus bauen, der wird sich in der zweiten Lebenshälfte schwer tun, wenn das, was bisher sein Leben ausgemacht hat, wegfällt. Im Alter kann man nicht weiterhin Häuser bauen. Da kann man sich nicht mehr durch die Arbeit definieren. Da zeigt sich, worauf ich mein Lebenshaus gebaut habe.

C. G. Jung bringt noch einen anderen Aspekt, warum sich Menschen die zweite Lebenshälfte erschweren. Wer in der ersten Lebenshälfte nicht gelernt hat, zu kämpfen, an sich zu arbeiten, sich in die Konflikte des Lebens einzulassen, der tut sich schwer, in der zweiten Lebenshälfte gelassen zu werden. Wer nicht wirklich gelebt hat, der kann auch sich und sein Leben nicht loslassen. Er hat nichts, was er loslassen kann. Das Loslassen macht ihm Angst. Denn dann hat er nichts in der Hand. Er hat nichts anderes als das Äußere. Den inneren Reichtum hat er vernachlässigt. Wenn der äußere Reichtum ihm genommen wird, steht er arm da. Davor haben viele Menschen Angst. Und so verbringen sie die zweite Lebenshälfte damit, krampfhaft an ihrem Besitz festzuhalten, krampfhaft die Zeit auszufüllen, damit sie ihre eigene Bedeutsamkeit vor aller Welt beweisen. Sie stehen immer unter Druck, sich und ihre Lebendigkeit und ihre Wichtigkeit zu beweisen. Weil sie nicht wirklich leben, müssen sie etwas vorweisen, um zu beweisen, dass sie noch am Leben sind, dass mit ihnen noch zu rechnen ist.

Wer zu seinem Alter steht, bleibt lebendig

Sich als Erwachsener zu verkleiden macht noch keinen Erwachsenen. Sich als Jugendlicher zu verkleiden macht nicht jung. Offensichtlich gibt es Menschen, die sich schwer tun, sich ihrer jeweiligen Lebensphase und ihrer Wahrheit zu stellen. Wir beobachten heute einen Jugendwahn. Auch manche alte Menschen verfallen diesem Wahn. Sie lassen sich von den Erwartungen der anderen bestimmen. Sie meinen, sie wären von der Gesellschaft nur akzeptiert, wenn sie jung und dynamisch aussehen. C. G. Jung nennt das eine Pervertierung des Menschseins. Man vergisst den Wert des Alters und möchte ewig jung bleiben. Doch dann reift man nicht, dann wird man nicht weise. Man lebt ständig gegen seine eigene Natur. Denn ob man will oder nicht, man wird doch älter.

Katja Gelinsky berichtet in der FAZ vom 2.11.2008, dass die Schönheitsoperationen in den USA in den letzten 10 Jahren um 450 % gestiegen sind. Im Jahr 2007 wurden in den Vereinigten Staaten 11,7 Millionen medizinische Kosmetikbehandlungen vorgenommen. Auch Männer unterziehen sich zunehmend solchen Operationen. Der Hintergrund dieser Tendenz ist eine Ökonomie des Aussehens. Falten und Tränensäcke kann man sich im Beruf nicht mehr leisten. Nur wer jung und hübsch ist, hat Aussicht auf Erfolg. Hier werden Werte wie Erfolg und Jugendlichkeit absolut gesetzt. Die wahren Werte des Menschseins, seine Würde, seine Weisheit, seine Menschlichkeit zählen nicht mehr. Wer sich diesem Diktat der Jugendlichkeit beugt, verbiegt sich selbst. Er lebt als ein Gehetzter.

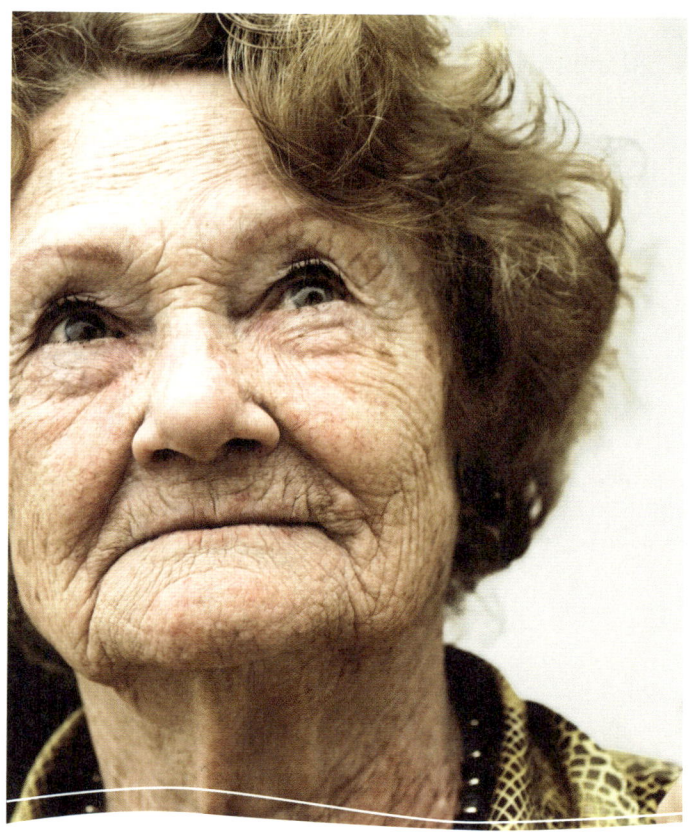

Denn ständig hetzt er seinem jugendlichen Aussehen nach, das auch bei noch so vielen Operationen nicht festzuhalten ist. Jemand hat angesichts der hochgeschminkten Alten einmal gesagt, das sei »Kriegsbemalung« – weil sie das Alter als ihren Feind ansehen.

Wer sich als jugendlich verkleidet, wird deshalb nicht jung. Im Gegenteil, er unterwirft sich dem Diktat der Jugend. Aber er wird dabei immer älter. Er kann seine Jugendlichkeit nicht bewahren. Er könnte das, indem er gerne alt wird. Er läuft ihr vielmehr hinterher, weil er nicht alt werden will. Wer zu seinem Alter steht, der bleibt lebendig. Und Lebendigkeit ist das eigentliche Kennzeichen von Jugendlichkeit. Der Psalmist lobt solch einen Alten, dass sein Baum frisch bleibt und ständig Frucht bringt. Aber es ist für den alttestamentlichen Weisen kein Alter, der die Jugend

kopiert, sondern einer, der im Gesetz des Herrn meditiert, der sich also auf die Aufgabe des Alters einlässt und sich Zeit nimmt zur Stille und Meditation. Er bleibt letztlich lebendig. Er verfolgt wach das Zeitgeschehen und hat etwas zu sagen. Er muss sich nicht beweisen. Gerade in seiner inneren Freiheit allen Erwartungen gegenüber bleibt er innerlich jung und lebendig.

Nimm dein Alter an

Der Prozess des Alterns kann nur gelingen, wenn ich anschaue, was sich bei diesem Prozess in meiner Seele tut. Sich seiner eigenen Wahrheit zu

Heiterkeit steckt an

In der Nähe eines heiteren Menschen kann man sich nicht über den Weltuntergang unterhalten. Da kann man sich nicht in einem Jammern über die Zustände dieser Welt ergehen. Der Heitere verschließt die Augen nicht vor der konkreten Situation dieser Welt. Er verdrängt das Dunkle nicht. Aber er sieht alles aus einer anderen Perspektive heraus, letztlich aus einer Perspektive des Geistes, der auch die Finsternis durchschaut, bis er auf den leuchtenden Grund Gottes darin stößt.

stellen kann weh tun. Es ist nur zu leicht verständlich, dass viele dieser schonungslosen Selbsterkenntnis im Alter ausweichen. C. G. Jung nennt einige Fluchtmöglichkeiten alter Menschen vor sich selbst. Da ist einmal das krampfhafte Festhalten am Jungsein. Man will sich dem Alter nicht stellen, man will sich jung halten, man joggt und treibt Sport und ahmt in Kleidung und Auftreten die Jungen nach. Man will sich mit Gewalt jung halten. C. G. Jung meint, unsere biologische Lebenslinie sei ein Halbkreis. Ab der Lebensmitte neigt sie sich wieder nach unten. Wenn ich mich damit aussöhne, wird meine psychologische Reifungslinie nach oben gehen. Doch wenn ich mich krampfhaft jung halte und gegen meine Biologie lebe, wird meine psychologische Linie abknicken. Jung nennt das Festhalten am Jungsein eine Perversion. »Ein Junger, der nicht kämpft und siegt, hat das Beste seiner Jugend verpasst, und ein Alter, welcher auf das Geheimnis der Bäche, die von Gipfeln in Täler rauschen, nicht zu lauschen versteht, ist sinnlos, eine geistige Mumie, welche nichts ist als erstarrte Vergangenheit. Er steht abseits von seinem Leben, maschinengleich sich wiederholend bis zur äußersten Abgedroschenheit. Was für eine Kultur, die solcher Schattengestalten bedarf!« Der Weg geht von außen nach innen. Wir müssen Altwerden annehmen als Chance, in uns neue Welten zu entdecken.

Lass die Spatzen pfeifen

Viele junge Menschen leiden heute an Perspektivelosigkeit. Das hat auch seelische Konsequenzen. Depressionen nehmen gerade bei Jugendlichen immer mehr zu. Johannes Bosco war ein charismatischer Seelsorger, ein Freund gerade »schwieriger« Jugendlicher im Turin des 19. Jahrhunderts. Sein soziales Gewissen, seine Einfühlungskraft in andere, vor allem auch seine optimistische Lebenseinstellung hat die jungen Menschen angezogen. Dieser Seelsorger setzte als Erzieher auch schwieriger junger Menschen nicht auf Zwangsmittel. Er setzte auf Liebe und Vertrauen. Er hat das Wort Jesu von der Sorglosigkeit verstanden. Jesus verweist auf das Vertrauen der Vögel. Sie singen einfach und vertrauen darauf, dass Gott sie nährt. Daraus formuliert Don Bosco seinen Rat: »Machs wie der Vogel, der nicht aufhört zu singen, auch wenn der Ast bricht. Denn er weiß,

dass er Flügel hat.« Realismus und Bodenhaftung sind wichtig. Aber
manchmal bräuchten wir auch etwas von der Leichtigkeit des Vogels.
Er singt, auch wenn der Ast, auf dem er sitzt, bricht. Wie der Vogel so
hat auch unsere Seele Flügel. Sie kann uns über die alltäglichen Probleme hinweghelfen. Sie beflügelt uns und hilft so, alles von einer anderen
Warte aus zu betrachten. Dann relativieren sich unsere Sorgen. Mitten in
unserer Angst, dass uns der Boden, auf dem wir stehen, schwankt, erhe-
ben wir uns mit unserer Seele zum Himmel. Dort kann uns die Angst
nicht mehr erreichen. Don Boscos Rat: »Fröhlich sein und die Spatzen
pfeifen lassen!«

Mitte des Lebens – Chancen in der Lebenskrise

Krisen gibt es im Leben aus unterschiedlichen Gründen immer wieder.
Aber in der Lebensmitte – zwischen 40 und 50 Jahren – konfrontieren
sich viele Menschen mit ganz bestimmten Fragen. Sie haben eine Familie
gegründet, ein Haus gebaut, sich im Beruf eine gute Stellung geschaffen.
War es das? Soll das nun so weitergehen? Welche Ziele gibt es jetzt noch?
Genügt das alles?

Der Mensch in der ersten Lebenshälfte baut nach außen hin eine klare
Identität auf. Er kennt sich im Leben aus. Er hat seine Rolle gefunden.
Doch – so der Psychologe C. G. Jung – die Gefahr ist, dass er sich mit
seiner »persona«, mit seiner Maske, identifiziert. In der Lebensmitte rebel-
liert die Seele dagegen. Da tauchen im Traum auf einmal verdrängte
Bereiche unserer Seele auf. Alpträume lassen uns aufschrecken. Das Wort
»Alptraum« leitet sich von den Elfen her, von unterirdischen Wesen, von
Gespenstern der Seele, die uns nachts heimsuchen. In der Jungschen Psychologie spricht man von »Schatten«. Gemeint sind die unterdrückten,
verdrängten, nicht gelebten Seelenanteile. Jungs Annahme: der Mensch
hat in sich gegensätzliche Pole: Liebe und Aggression, Verstand und
Gefühl, Helles und Dunkles, Milde und Härte, Verantwortung und Freiheit, Disziplin und Disziplinlosigkeit. In der ersten Lebenshälfte verlegen
wir uns normalerweise stark auf eine Seite der inneren Gegensätzlich-
keit. In der Lebensmitte meldet sich der vernachlässigte Pol zu Wort.

Da hat sich ein Mann immer diszipliniert gezeigt. Er war ein treuer Ehemann und im Beruf zuverlässig. Auf einmal bricht er aus, legt jedes Verantwortungsgefühl für andere beiseite und will nur noch seine eigenen Ideen ausleben. Oder eine Mutter, die sich für ihre Kinder hingegeben hat, entdeckt ihre eigenen Bedürfnisse und lebt sie nun aus, ohne Rücksicht auf die Familie zu nehmen.

Den Schatten annehmen

Wir wundern uns oft über scheinbar plötzliche innere Brüche im Leben eines Menschen. Doch diese Brüche hängen oft damit zusammen, dass wir die Schattenseiten allzu stark verdrängt haben. Je mehr wir sie verdrängen, desto stärker melden sie sich zu Wort. Die Aufgabe wäre, die Einseitigkeit der ersten Lebenshälfte auszugleichen, indem wir auch die Schattenseiten anschauen und ihnen eine gewisse Berechtigung zugestehen. Den Schatten annehmen heißt noch nicht, ihn ausleben. Jung warnt vor der Gefahr, dass wir das Kind mit dem Bad ausschütten. Wir

leben nun die Schattenseiten und vernachlässigen das bisher Gelebte. Damit werden wir wieder einseitig. Es kommt jetzt darauf an, die beiden Seiten zu integrieren. Jung spricht vom persönlichen Schatten und vom kollektiven Schatten. Diesem kollektiven Schatten ordnet er die Gegensätze anima und animus zu. Sie stehen für die weiblichen und männlichen Seelenanteile, die jeder Mann und jede Frau in sich trägt. In der ersten Lebenshälfte projiziert der Mann seine anima auf die Frau und die Frau ihren animus auf den Mann. Doch in der Lebensmitte kommt es darauf an, die Projektion zurückzunehmen und anima und animus in sich selbst zu integrieren. Nur wenn Mann und Frau sich dieser Aufgabe stellen, werden sie ganze Männer und ganze Frauen und können einander respektieren.

Den Schritt nach innen tun

Ab der Lebensmitte müssen wir uns mit dem Abnehmen der Kräfte vertraut machen. Wer in der Lebensmitte diesen Schritt verweigert und ewig jung bleiben will, der bleibt psychisch stehen und erstarrt. Jetzt entscheidet es sich, ob jemand den Reifungsschritt nach innen wagt oder aber ob er sich im Äußerlichen verliert. Wer sich nur nach außen orientiert, der wird entweder zum Prinzipienreiter, eng und borniert, oder aber er lebt in ständiger Unruhe, muss täglich Neues beginnen, um der eigenen Wahrheit auszuweichen. Ab der Lebensmitte bleibt der lebendig, der sich seiner Seele stellt und auf die Regungen seiner Seele hört und der bereit ist, sich auf das Sterben einzulassen, sich und alles, was er nach außen hin geschaffen hat, loszulassen, um sich auf das Neue einzulassen, das in ihm geboren werden will: letztlich auf die Gottesgeburt in seinem Herzen und auf das Aufgehen des neuen Lebens, das wir in der Auferstehung Jesu feiern.

Bei manchen geht die Krise der Lebensmitte still vor sich. Sie lassen sich auf das Neue ein, und unmerklich verwandeln sie sich. Sie werden stiller, leben bewusster, interessieren sich für philosophische und religiöse Fragen. Bei anderen meldet sich die Lebenskrise heftiger zu Wort. Sie reagieren etwa mit körperlichen Krankheiten. Auf einmal streikt

der Körper. Häufig sind in der Lebensmitte Schwindelgefühle zu beobachten. Sie können zeigen, dass man innerlich schwindelt, dass das Leben nicht mehr übereinstimmt mit der Seele. Oder die Distanz zwischen Realität und Idealen, die man sich bisher geschaffen hat, ist so groß, dass einem davon nur schwindlig werden kann. Viele wollen die körperlichen Symptome möglichst schnell mit starken Medikamenten in Griff bekommen. Sie hören nicht auf ihren Leib und das, was die Seele durch ihn sagen will.

Einladung zur Veränderung

Wir sind in Gefahr, die Krise der Lebensmitte als einen Unfall zu sehen, den man schnell reparieren muss, damit wir wieder so weiterleben können wie früher. Damit würden wir die Herausforderung – und die Chance – der Lebensmitte überspringen. Die Krise der Lebensmitte lädt uns ein, unser Leben zu verändern, mehr nach innen zu gehen als im Äußeren aufzugehen, die bisher vernachlässigten Seiten unserer Seele anzuschauen und ihnen Raum zu lassen. Wir werden nicht mehr die

Alten sein. Die Lebensmitte zwingt uns zum Kurswechsel. In ihr entscheidet es sich, ob die nächsten Jahre gelingen werden. Keiner kann an seiner Wahrheit auf Dauer vorbeileben, ohne Schaden zu erleiden.

Der deutsche Mystiker Johannes Tauler deutet die Krise der Lebensmitte als Werk des Heiligen Geistes. Wenn sich ein Mensch zu sehr eingerichtet hat in seinem Lebenshaus, dann macht es Gott wie eine Frau, die etwas sucht. Sie verschiebt die Schränke, stellt die Stühle auf den Tisch, um – in Auslegung des Gleichnisses von der verlorenen Drachme in Lukas 15,8 - 10 – nach der verlorenen Drachme, nach dem ursprünglichen und unverfälschten Bild Gottes zu suchen. Tauler meint, Gott möchte uns durch die Krise in den eigenen Seelengrund führen. Dort finden wir die Drachme. Dort entdecken wir das authentische Bild Gottes von uns. Dort erkennen wir, welche neuen Möglichkeiten sich für unser Menschsein auftun. So könnte man die Aufgabe der Lebensmitte darin sehen: »Mensch werde wesentlich! Komme in Einklang mit deinem wahren Wesen!«

Erwachsenenalter – Verantwortung für andere

Da die Lebensmitte nicht bei jedem Menschen gleich liegt, kann man auch das Erwachsenenalter nicht genau abgrenzen. Wir können sagen, es komme nach der Krise der Lebensmitte und dauere bis Anfang der 60er-Jahre, also etwa von 45 bis 60 oder 65. Ein symbolisches Datum ist der 50. Geburtstag. Da ist der Mensch in der Blüte seines Erwachsenseins. 50 ist eine symbolische Zahl. Es ist die Zahl der Abrundung. Alles, was kantig und brüchig war in unserem Leben, rundet sich ab. Christen feiern am 50. Tag Pfingsten, das vom griechischen Wort Pentekoste, der 50. Tag, kommt. Der deutsche Mystiker Tauler meint, mit 50 Jahren werde der Mensch zu einem Gefäß des Heiligen Geistes. Da werde er mit dem Heiligen Geist erfüllt, der alles in ihm verwandelt und fruchtbar werden lässt. An Pfingsten – so sagt uns die Kirche – vollendet sich die Frucht von Ostern, an dem das neue Leben in der Auferstehung Jesu aufgebrochen und aufgeblüht ist. So steht das 50. Lebensjahr für die Erfüllung des Menschen. Der Mensch steht im Zenit. Er ist

So wie der Große Gelbe Fluss
Niemals rückwärts fließt,
So kann auch der Mensch nie
In seine Kinheit zurückkehren.

Aus China

körperlich gesund, er ist gewachsen an Weisheit. Er steht voll im Leben.
Aber er muss nicht mehr kämpfen. Bei den Römern brauchte man ab
dem 50. Lebensjahr keine Kriegsdienste mehr zu leisten. Wir haben es
nicht mehr nötig, gegen andere zu kämpfen und uns im Kampf zu
behaupten. Wir dürfen einfach wir selbst sein. Wir arbeiten aus dem
heraus, was uns Gott geschenkt hat. Aber wir müssen uns nicht mehr
gegenüber andern beweisen. So lädt uns das 50. Lebensjahr ein,
gelassener zu werden. Das drückt auch der jüdische Brauch aus, alle
50 Jahre ein Jubeljahr zu feiern, in dem man die Äcker brach liegen ließ
und die Sklaven in die Freiheit entließ. Mit 50 brauche ich nicht ständig
zu ackern und alles zu bearbeiten. Es braucht auch die Zeit der Muße,
in der ich auf meine Seele höre. Und ich soll meine Sklaven entlassen.
All das, was ich mit äußerster Disziplin in mir gefangen gehalten habe,
meine Bedürfnisse, meine Gefühle, meine unterdrückten Wünsche,
darf ich frei lassen. Das heißt nicht, dass ich auf einmal nur noch meine
Bedürfnisse lebe. Das Freilassen geschieht vielmehr aus dem Vertrauen,
dass die befreiten Sklaven wissen, wie Leben geht. Ich muss meine
Bedürfnisse nicht mehr unterdrücken, weil der innerste Personkern so
stark ist, dass er mit ihnen umgehen kann, ohne von ihnen bestimmt
zu werden.

In diesem Alter des Erwachsenseins haben die Menschen Verantwortung
übernommen: Verantwortung für ihre Familie, für die Firma, für die sie
arbeiten, für die Freunde und für die Gesellschaft, in der sie sich vielleicht auch politisch engagieren. Verantwortung ist heute eine Tugend,
um die sich viele drücken. Umso wichtiger sind Menschen, die als reife
Erwachsene Verantwortung übernehmen für die Welt, in der sie leben.
Gerade weil Verantwortung zu übernehmen nicht mehr selbstverständlich ist in einer Welt, in der der Infantilismus zunimmt, in der man immer
nur Erwartungen an die Welt stellt, anstatt sich verantwortlich für sie
einzusetzen, ist Verantwortung zu einem Schlüsselbegriff der modernen
Ethik geworden und hat andere Begriffe wie Tugend, Gesetz, Gesinnung,
Pflicht abgelöst. Albert Schweitzer fordert eine Steigerung des Verant-
wortungsgefühls. Der Kern einer Ethik grenzenloser Verantwortungen ist
für Schweitzer die Ehrfurcht vor dem Leben. Max Weber hat die Verant-
wortungsethik einer bloßen Gesinnungsethik gegenübergestellt, die im
Dritten Reich gescheitert ist. Carl Friedrich von Weizsäcker fordert eine

umfassende christliche Weltverantwortung. Die Christen sollen ihre Verantwortung für Frieden und Gerechtigkeit und die Bewahrung der Schöpfung aktiv wahrnehmen.

Verantwortung heißt: Antwort geben. Die erste Antwort ist die Gott gegenüber. Gott hat uns ins Dasein gerufen. Wir antworten auf diesen Ruf mit unserem Leben, indem wir es verantwortlich leben, indem wir das einmalige Bild, das Gott sich von jedem von uns gemacht hat, sichtbar werden lassen. Verantwortung hat etwas mit Gehorsam zu tun. Wir horchen auf das, was Gott uns sagt, um darauf mit unserem Tun zu antworten. Die Bibel zeigt uns schon in den ersten Kapiteln, wie schwer sich der Mensch tut, Verantwortung für sein Handeln zu übernehmen. Adam übernimmt für sein Tun keine Verantwortung, sondern schiebt die Schuld auf Eva. Eva macht die Schlange für das Essen der verbotenen Frucht verantwortlich. Verantwortung heißt biblisch aber auch, die Verantwortung für seine Mitmenschen wahrzunehmen. Auch das muss der Mensch erst durch Leiden lernen. Als Kain Abel erschlagen hat, stellt ihn Gott zur Rede: »Wo ist dein Bruder Abel?« Doch Kain weigert sich, die Verantwortung für seinen Bruder zu übernehmen: »Ich weiß es nicht. Bin ich der Hüter meines Bruders?« (Gen 4,9) Wir sind verantwortlich dafür, wie es unserem Bruder und unserer Schwester geht. Wir können uns vor dieser Verantwortung nicht drücken.

Verantwortung heißt auch, dass wir unserem Gewissen entsprechend leben, dass wir auf die leisen Impulse unseres Gewissens antworten. Das Gewissen mahnt uns, den ethischen Normen entsprechend und letztlich unserem Wesen gemäß zu leben. Doch das Gewissen ist auch der Ort, an dem Gottes Ruf an uns ergeht. Gott ruft uns zu einer Aufgabe. Die Bibel spricht von Berufung. Jesus beruft seine Jünger. Und er sendet sie aus, damit sie seine Botschaft verkünden und die Menschen heilen und von ihren unreinen Geistern befreien. Die Jünger Jesu haben also eine Sendung für diese Welt. Daher meint die Verantwortung nicht nur, an den Bruder oder die Schwester neben uns zu denken, sondern uns zu überlegen, was unsere Sendung ist, wozu uns Gott berufen hat. Jeder von uns hat eine Sendung in dieser Welt wahrzunehmen. Die Sendung kann sein, als Vater oder Mutter eine Familie zu gründen und für sie verantwortlich zu sein. Die Sendung kann aber auch über den Familienkreis hinausgehen. Der eine fühlt in sich den Ruf, ein Projekt für Behinderte oder ein Projekt für die Bewahrung der Schöpfung ins Leben zu rufen und sich für eine menschlichere Umwelt einzusetzen. Der eine fühlt sich zum Politiker berufen, der andere zum Forscher, der mithilft, dass künftige Generationen menschlicher in dieser Welt leben können. Der andere fühlt sich berufen, durch seine Worte oder durch sein künstlerisches Schaffen in dieser Welt etwas sichtbar werden zu lassen, das auf den Sinn hinweist, den wir alle brauchen, um in dieser Welt sinnvoll leben zu können.

Kindheitsspuren

Wo hast Du Dich als Kind eins gefühlt?
Was hast Du am liebsten gespielt?
Welches Märchen war Dein
Lieblingsmärchen?
Welche Geschichten hast Du geliebt?
Welche Vorbilder hast Du gehabt?
Von wem hast Du als Kind geschwärmt?
Was wolltest Du selber von dem Leben, das
Dich an anderen fasziniert hat?
Was hat Dich angesprochen (Natur,
Gottesdienst, Spielen, Musik, Malen)?
Versuche in all diesen Fragen nach Deinem
wahren Selbst zu suchen, nach dem
ursprünglichen und unverfälschten Bild
Gottes in Dir!

Mit vierzig beginnt
das Altsein der Jungen,

mit fünfzig das
Jungsein der Alten.

Aus Frankreich

Der jüdische Philosoph Hans Jonas hat das Prinzip Verantwortung zum Schlüsselbegriff seiner Philosophie erhoben. Wir sind nicht nur verantwortlich für die Folgen unseres Handelns. Wir müssen vorausschauend Verantwortung für diese Welt übernehmen. Wir sind verantwortlich dafür, wie die Menschen nach uns leben können, ob diese Welt noch bewohnbar ist. Hans Jonas nimmt die Verantwortung der Eltern für ihre Kinder als archetypisches Bild für jede Verantwortung. Die Eltern fühlen sich verantwortlich für das ganze Kind, für seinen Leib und seine Seele, für sein Werden und Sich-Entfalten, für seine Zukunft. So sind wir für diese Welt und für das Menschenganze verantwortlich. Verantwortung muss immer fragen: Was kommt danach? Wohin wird es führen? Wie vereinigt sich das jetzt Geschehende mit dem ganzen Gewordensein dieser Existenz?

Als Erwachsene, die schon ein Stück Geschichte miterlebt haben, haben wir einen Sinn für den Wert der Geschichte. Wir tragen eine geschichtliche Verantwortung. An uns hängt es, wie die Zukunft weitergeht. Wir müssen über uns hinausschauen. Alles, was wir denken und tun, hat Auswirkungen auf die Zukunft und gestaltet sie. Es genügt nicht, einfach nur so für sich dahinzuleben. Unsere Gedanken prägen diese Welt. Unsere Taten graben sich in diese Welt ein. Jeder hat seine einmalige Ausstrahlung und formt mit seiner Lebensspur diese Welt mit. Ein Gedanke, der einmal geäußert worden ist – so meint es Albert Einstein – kann nicht rückgängig gemacht werden. Wir sind verantwortlich dafür, welche Gedanken wir um uns ausstreuen. Unsere Gedanken drücken wir mit unserer Sprache aus. Daher beginnt die Verantwortung beim Sprechen. Sind meine Worte Worte, die Leben wecken oder verhindern, die ermutigen oder lähmen, die aufrichten oder beugen, die Hoffnung vermitteln oder Verzweiflung? Hans Jonas hat diese Verantwortung in unserem Denken, Sprechen und Handeln in einem Grundsatz zusammengefasst: »Handle so, dass die Wirkungen deiner Handlung verträglich sind mit der Permanenz echten menschlichen Lebens auf Erden.«

Verantwortung zu übernehmen kennzeichnet die Menschen im Erwachsenenalter. Aber es ist eine Herausforderung an alle. In jedem Alter sind wir aufgerufen, die Verantwortung für unser eigenes Leben zu übernehmen. Das beginnt schon in der Adoleszenz. Da hat es keinen Sinn mehr, andere für seine Probleme verantwortlich zu machen, also die Eltern anzuklagen, dass man zu wenig Liebe bekommen habe. Irgendwann ist es nicht mehr so wichtig, wie meine Kindheit war. Irgendwann einmal muss ich die Verantwortung für mein Leben übernehmen. Es kommt auf mich an, was ich aus dem mache, was ich mitbekommen habe. Auch wenn ich Verletzungen erlebt habe, ist es meine Aufgabe, die Wunden in Perlen zu verwandeln, anstatt andere dafür anzuklagen. Nur wer die Verantwortung für sich selbst und für sein Leben übernimmt, wird auch fähig werden, für andere Menschen und für diese Welt Verantwortung zu übernehmen.

Innere Jugend ist keine Frage des Alters, sondern der inneren Haltung

Es gibt geistig unbewegliche jüngere Menschen und alte Menschen, die voller Hoffnung, Begeisterung und innerem Leben und Schwung sind. Alte Menschen sollten sich nicht wie Jugendliche gebärden. Aber sie sollen durchaus innerlich jung bleiben. Es gibt eine innere Jugend. Diese innere Jugend ist eine Haltung des Menschen. Sie zeigt sich in innerer Beweglichkeit, in Lebendigkeit, Wachheit und Offenheit. Auch die Begeisterungsfähigkeit gehört zur Jugend. Wer sich schon als junger Mensch für nichts begeistern kann, wer einfach nur so dahinlebt und nur dem Konsum verfallen ist, der lebt nicht wirklich, den kann man nicht als jung bezeichnen. Denn jung sein hat mit Frische und Lebendigkeit zu tun. Wir alle werden älter. Und jeder erlebt das Älterwerden anders. Jeder lebt es auch anders. Der eine freut sich, dass er schon älter ist. Der andere versteckt am liebsten sein Alter. Auch da ist es wichtig, dass wir unser Älterwerden akzeptieren und mit den Jahren wachsen. Seit 18 Jahren arbeite ich im Recollectiohaus, in das Priester und Ordensleute kommen, die entweder ausgebrannt sind oder einfach etwas für sich und ihre innere Regeneration tun möchten. Bei den Vorgesprächen habe ich manchmal den Eindruck: Diese Schwester ist 70 Jahre alt. Aber sie ist noch voller Vitalität und innerer Frische. Und dann kommt ein Priester, der erst 58 Jahre alt ist. Aber er wirkt alt. Wenn wir im Team über unseren Eindruck der künftigen Gäste sprechen, dann spielt das innere und äußere Alter immer eine Rolle. Wir trauen jedem Menschen in jedem Alter noch eine Wandlung zu. Aber wenn wir den Eindruck haben, jemand ist innerlich alt und

unbeweglich und ohne Schwung, dann tun wir uns schwerer
mit der Hoffnung, dass er wieder zum Leben kommt. Oft macht es
uns traurig, wenn ein Mensch so frühzeitig altert. Vielleicht hat dieser
Mann oder diese Frau selbst die Hoffnung aufgegeben. Er lebt einfach
nur noch so dahin. Aber er hat keine Träume mehr. Er lässt sich nicht
mehr begeistern. Er ist verbraucht. Es ist keine Glut mehr in ihm, die
brennt und auch andere wärmt. Von solchen Menschen geht etwas
Niederdrückendes aus.

»Man ist so alt, wie man sich fühlt«, heißt ein oft gehörtes Wort. Es
bezieht sich auf die innere Jugend. Wenn sich alles schwer anfühlt, wenn
ich Angst habe vor allem Neuen, dann bin ich »alt«, ganz gleich, in welchem Lebensalter ich gerade stehe. Das Wort darf aber nicht das konkrete
Alter ausblenden. Ich darf mit 70 Jahren nicht so tun, als ob ich noch 30
wäre. Damit würde ich mein konkretes Alter verdrängen. Aber ich kann
mich mit 70 Jahren durchaus noch innerlich jung fühlen. Ich bin offen für
das, was das Leben noch bietet. Ich bin interessiert am Zeitgeschehen.
Ich bin wissbegierig. Ich lese viel und unterhalte mich gerne, weil mich
das Leben der Menschen interessiert. Diese innere Jugend sollen wir uns
in jedem Lebensalter bewahren.

Der amerikanische General McArthur sagte im Jahr 1945: »Man altert
nicht, weil man eine bestimmte Anzahl von Jahren gelebt hat, man altert,
weil man sein Ideal aufgegeben hat. Die Jahre lassen die Haut runzlig
werden, auf sein Ideal verzichten macht die Seele alt.« Junge Menschen
haben Ideale. Manche werden in ihrem Idealismus enttäuscht und geben
alle Ideale auf. Oft genug werden sie dann zynisch. Für McArthur ist das
ein Zeichen einer alten Seele, die sich nicht mehr begeistern kann, die
sich nicht mehr von einem Ideal ansprechen lässt, sondern einfach alles,
was sie übersteigt, ablehnt. Zur inneren Jugendlichkeit gehört der Idealismus, den wir uns bis ins hohe Alter bewahren. Wie hat der alte Albert
Schweitzer geschrieben: »So lange die Botschaften der Schönheit, Freude,
Kühnheit und Größe dein Herz erreichen, so lange bist du jung.«

Älterwerden heißt immer auch: neu anfangen

»Man muss sich immerfort verändern, erneuern, verjüngen, um nicht zu verstocken«. Das hat der 80-jährige Goethe gesagt. Goethe war offensichtlich mit 80 Jahren noch innerlich jung. Er ist innerlich nicht stehen geblieben, sondern hat am Leben teilgenommen, aber auf andere Weise als in seinen jungen Jahren. Mit Verjüngen meint auch Goethe nicht, dass er sich den Jungen anpassen sollte. Verjüngen bedeutet vielmehr, innerlich jung bleiben, sich immer wieder an die innere Quelle erinnern, die in einem fließt. Die innere Quelle, letztlich die Quelle des Heiligen Geistes, strömt ständig in uns. Sie erneuert alles in uns. Der Heilige Geist macht alles neu. Wir brauchen diesen erneuernden Geist Gottes in uns, um lebendig bleiben zu können.

Wer sich nicht verjüngt, der verstockt. Er erstarrt innerlich. Er wird steif wie ein Stock. Alle Lebendigkeit und Beweglichkeit ist aus ihm gewichen. Das ist eine Verfälschung des Lebens.

Auf der einen Seite beenden wir mit dem Alter eine aktive Phase. Aber diese Beendigung ist nur bei denen ganz klar, die durch eine Pensionierung von ihrer Arbeit entbunden werden. Bei vielen anderen ist es ein fließender Übergang vom aktiven Dasein zum mehr beschaulichen Dasein. Aber Alter ist nie nur Beendigen eines früheren Zustandes. Es ist immer auch ein Neuanfang. Es gibt Neues zu erfahren und zu erleben, Neues zu lernen und zu entdecken an sich selbst, an den Menschen seiner Umgebung und in der Welt. Aber diesen bewussten Anfang kann nur der setzen, der bereit ist, sich von dem bisher Gelebten zu verabschieden. Wenn der Pensionär nur seiner Arbeit und seiner Bedeutung, die er in der Arbeit hatte, nachtrauert, wird er verstocken und erstarren. Nur wenn er die Arbeit loslässt, wird er sich mit neuem Schwung dem zuwenden, was ihn erwartet. Das kann durchaus auch eine neue Tätigkeit sein. Aber vor allem ist es der Prozess der Reifung, der im Alter eine neue Form annimmt. Gerade weil der alte Mensch weiß, dass sein Leben endlich ist, ist es seine Aufgabe, bis zuletzt lebendig zu bleiben, bewusst am Leben Anteil zu nehmen und innerlich offen zu sein für alles, was sich ihm täglich darbietet. Wenn jedem Anfang »ein Zauber« innewohnt, wie Hesse in seinem Stufengedicht sagt, dann gilt das für das ganze Leben, bis zuletzt.

Menschliche Reife: erwachsener werden und sich eine kindliche Seele bewahren

Papst Gregor der Große erzählt in der Lebensbeschreibung des heiligen Benedikt etwas, was zunächst seltsam anmutet. Benedikt habe schon von früher Jugend an das Herz eines reifen Mannes gehabt: ein »cor senile«, »ein altes Herz«. Papst Gregor meint mit diesem eigenartigen Ausdruck nicht, dass Benedikt schon in seiner Jugend »senil« gewesen sei, also innerlich erstarrt. Vielmehr können wir dieses Wort nur verstehen, wenn wir die Wertschätzung des Alters bei den Römern berücksichtigen.

So sagt Cicero in seinem Buch »Über das Alter«: »Die größten Staaten sind durch die Jungen ins Wanken gebracht, durch die Alten gestützt und wieder aufgerichtet worden.« Als junger Mensch das Herz eines Alten in sich tragen meint also, dass Benedikt schon als Kind voller Weisheit war, dass er ein inneres Wissen in sich hatte, das durch das Oberflächliche hindurch das eigentliche Wesen der Dinge erkannt hat.

Kindheit und Alter sind also nicht nur als Pole des Lebens oder gar als Gegensätze zu verstehen. Beide Lebensphasen verkörpern Aspekte des Menschseins oder repräsentieren etwas, das zur Menschlichkeit dazugehört. Jesus fordert uns, also auch und gerade die älter Werdenden, auf, wie die Kinder zu werden. Denn nur wer das Himmelreich annimmt wie ein Kind, wird hineingelangen. (Vgl. Mk 10,15) Die Haltung des Kindes meint die Offenheit. Gott ist der immer neue, der unser Leben erneuern möchte. Himmelreich bedeutet, dass Gott in uns herrscht und nicht die Macht oder das Geld. Wenn Gott in uns herrscht, sind wir innerlich frei und heil und ganz. Wir kommen in Berührung mit dem ursprünglichen Bild Gottes in uns. Doch das Reich Gottes kann man nicht kaufen oder durch Leistung erwerben. Es braucht die Haltung des Kindes, das sich beschenken lässt, das sich dem Neuen, das sich Gott gegenüber öffnet.

Der alte Picasso sagt übrigens etwas ähnlich Paradoxes zur inneren Beziehung von Kindheit und Alter: »Es dauert lang, jung zu werden.« In die Haltung des Kindseins oder des Jungseins – so meint Picasso mit diesem Satz wohl – muss man bewusst hineinwachsen. Und das braucht lange. Das meint, dass wir die Haltung des Kindes sehr schnell verlieren und mit anderen Haltungen überdecken. Daher müssen wir uns diese innere Lebendigkeit und Offenheit des Kindes wieder erwerben. Wir sollen nicht infantil bleiben. Dann würden wir uns nicht weiterentwickeln. Die Kunst des Lebens besteht darin, dass wir auf der einen Seite immer reifer und erwachsener werden, auf der anderen Seite aber das innere Kind in uns bewahren. Die Psychologie spricht davon, dass wir mit dem inneren Kind in Berührung kommen sollen, das eine Quelle von Inspiration und Lebendigkeit ist. Und das innere Kind hat ein Gespür für seine Einmaligkeit. »Ich bin ich. Ich bin, wer ich bin.« Insofern ist es Zeichen des reifen Menschen, wenn er seine kindliche Seele bewahrt. Er bleibt dann innerlich lebendig und offen für das Geheimnis seines Lebens. In jedem Alter.

Die Erlaubnis, langsamer zu werden

Heute sind die Dinge etwas wert, die schnell gehen und schnell Ertrag bringen. Die Welt im Ganzen wird immer schneller. Jungsein wird meist gleichgesetzt mit schnell sein, es heißt flexibel und mobil sein. Wenn wir aber Jungsein mit Schnellsein gleichsetzen, dann soll der ältere Mensch nicht jung bleiben. Da soll er lieber seine kindliche Seele bewahren. Auch das Kind ist langsam. Es genießt die Langsamkeit. Wenn die Eltern es anspornen, sich schneller anzuziehen, genießt es das Kind, bewusst langsam zu sein. Es lässt sich nicht gerne hetzen. Es braucht Zeit zum Spielen. Der alte Mensch hat wieder einen neuen Sinn für die Langsamkeit entdeckt. Es gibt ja das berühmte Kultbuch »Die Entdeckung der Langsamkeit«. Langsamkeit ist auch Zeichen von Spiritualität. Der alte Mensch kann es sich erlauben, wieder langsamer zu werden. Mitten im Leben stehend können wir bei der Arbeit nicht langsam sein. Sonst würden wir in kurzer Zeit unsere Stelle verlieren. Doch auch dann braucht es den Gegenpol: die Langsamkeit. Es gibt Menschen, die die Hektik bei der Arbeit auch in ihre Familien bringen. Sie sind kein Segen für ihre Familie. Die Kinder wollen nicht die Hektik des Vaters, sondern seine Langsamkeit, seine Präsenz. Sie möchten, dass er sich Zeit für sie nimmt. So besteht die Kunst des Lebens darin, durchaus schnell und effektiv zu arbeiten, aber immer auch langsame Zeiten zu haben, in denen man sich Zeit lässt, in denen man die Langsamkeit der Bewegungen genießt. Die Zeit des Betens oder des Gottesdienstes dient seit jeher der Verlangsamung unseres Lebens. Mitten in der Schnelligkeit des Lebens gönnen wir uns Inseln der Verlangsamung.

Leben ist Wandel –
von Anfang an

Jedes Leben wandelt sich. C. G. Jung meint, wer sich der Wandlung verweigere, der erstarre innerlich. Lebendig bleibt nur der, der bereit ist, sich zu wandeln. Das Leben selber verwandelt uns, wenn wir uns dem Leben stellen. Und jedes Alter stellt seine eigene Aufgabe. Der junge Mensch muss sich seinen Stand im Leben erkämpfen. C. G. Jung warnt davor, in der Jugend schon zu sehr auf spirituelle Werte abzuheben. Das wäre oft ein Ausweichen vor den Herausforderungen der Jugend. Aufgabe des reiferen Alters jedoch sei es, die Persönlichkeitswerte zu entwickeln. So schreibt Jung: »Umgekehrt ist das übertriebene Zurücksehen des reiferen Alters nach den sexuellen Werten der Jugend ein kurzsichtiges und öfters feiges und bequemes Ausweichen vor der Kulturpflicht der Anerkennung der Persönlichkeitswerte und vor der von ihr geforderten Unterwerfung unter die Hierarchie der Kulturwerte. Der junge Neurotiker hat Angst vor der Erweiterung seiner Lebenspflichten, der alte vor der Verengerung und Einschränkung der gewonnenen Lebensgüter.«

Nicht stehen zu bleiben auf unserer Lebensreise, nicht zu erstarren, sondern immer wieder neu anzufangen, in diesem Wechsel von Abschied und Neubeginn dem Ruf des Lebens zu folgen und so in eine

immer größere Weite zu gelangen, das gehört zu dieser Kunst der Wandlung. Hermann Hesse hat sie in seinem berühmten Stufen-Gedicht beschrieben: „Es muss das Herz bei jedem Lebensrufe bereit zum Abschied sein und Neubeginne, um sich in Tapferkeit und ohne Trauern in andre, neue Bindungen zu geben. Und jedem Anfang wohnt ein Zauber inne, der uns beschützt und der uns hilft zu leben."

Wer zu einer solchen Wandlung bereit ist, der wird auch die jugendliche Lebendigkeit in sich bewahren, auch wenn er an Lebensjahren älter wird. Auf der einen Seite geht es darum, dass der junge Mensch sich den Aufgaben der Jugend stellt und der alte Mensch den Anforderungen des Älterwerdens. Auf der anderen Seite aber geht es darum, dass auch der alte Mensch die innere Jugend bewahrt.

Davon schreibt auch Albert Schweitzer: »Bewahre dein Alter, die Jugend ist nicht nur ein Lebensabschnitt. Jugend ist ein Geisteszustand, sie ist Schwung des Willens, Wegsamkeit der Fantasie, Stärke der Gefühle, Sieg des Mutes über Feigheit, Triumph der Abenteuerlust über die Trägheit. Niemand wird alt, weil er eine Anzahl Jahre hinter sich gebracht hat. Man wird nur alt, wenn man seinen Idealen Lebwohl sagt. Mit den Jahren runzelt die Haut, mit dem Verzicht auf die Begeisterung aber runzelt die Seele. Du bist so jung wie deine Zuversicht, so alt wie deine Zweifel. So jung wie dein Selbstvertrauen, so alt wie deine Furcht. So jung wie deine Hoffnungen, so alt wie deine Verzagtheit. So lange die Botschaften der Schönheit, Freude, Kühnheit und Größe dein Herz erreichen, solange bist du jung.« So geht es beim Älterwerden nicht um ein Erstarren, sondern um eine ständige Verwandlung. Das Ziel der Verwandlung ist, dass das Eigentliche durch das Uneigentliche hindurchscheint, dass das Ursprüngliche sich zeigt und all das Sekundäre, was sich über das ursprüngliche Bild Gottes gelegt hat, zurückweicht. Verwandlung geschieht, ob wir wollen oder nicht. Aber es geht auch darum, dass wir einverstanden sind mit dem inneren Prozess der Verwandlung. Sonst verbrauchen wir zu viel Energie, um den alten Status aufrechtzuerhalten. Doch diese Energie fehlt uns dann zum Leben. Nur wer bereit ist, sich ständig zu wandeln, der bleibt innerlich jung und lebendig, obwohl er nach außen immer älter wird und auch zu diesem Älterwerden steht. Wer die Verwandlung verweigert, der erstarrt, der wird schon als junger Mensch innerlich alt.

Wer möchte noch mal zwanzig sein?

Kinder haben Jugendlichen gegenüber ein gespaltenes Verhältnis. Auf der einen Seite wollen sie auch so groß und stark sein wie die jungen Männer, die sie faszinieren. Sie wollen so schön aussehen wie die jungen Frauen. Auf der anderen Seite wollen sie auch Kind bleiben. Wenn sie sich in ihrem Kindsein wohlfühlen, dann betrachten sie die Jugendlichen als alt. Dann spotten sie über sie, um sich in ihrer eigenen Identität zu stärken.

»Ich möchte nicht mehr 20 sein!«, sagen die einen, die die Schwierigkeiten, unter denen junge Menschen aufwachsen, sehen. Andere trauern gerade dieser Zeit der Jugend nostalgisch nach. Wer sagt, er möchte nicht mehr 20 sein, drückt damit seine Zufriedenheit mit seinem jetzigen Alter aus. Er ist froh, dass er manche Unreife hinter sich gelassen hat. Er hat es nicht mehr nötig, anderen zu imponieren. Er ist gerne so alt, wie er ist. Er hat die Vorteile seines Alters erfahren: seine Gelassenheit, seine Reife,

seine Erfahrung. Er hat es nicht mehr nötig, sich zu beweisen. Er hat sich und der Welt schon bewiesen, dass er etwas kann, dass er einen Wert hat. Jetzt fühlt er sich frei.

Wer dagegen seiner verflossenen Jugend nachtrauert, bekennt damit, dass er sich eigentlich von seiner Jugend her definiert. Er sieht seinen

Das Glück kommt zu Besuch

Je mehr wir direkt das Glück wollen, desto weniger werden wir es erreichen. Ich kann das Glück nicht bewusst anstreben. Glücklich werde ich sein, wenn ich liebe, wenn mir etwas gelingt, wenn ich etwas erfahre, was mich tief berührt. Ich kann mich für die Liebe entscheiden.
Ich kann mich bemühen, meine Arbeit gut zu tun, damit sie mir gelingt. Ich kann mich der Musik aussetzen, einen Spaziergang durch eine wunderschöne Landschaft machen. Wenn ich ganz in dem bin, was ich gerade tue, im Musikhören, im Wandern, im Schauen, im Schmecken, dann kommt das Glück zu mir. Ich kann nicht zum Glück kommen, um es zu erhaschen. Das Glück wird mich besuchen, wenn ich mich auf das Leben einlasse, wenn ich offen bin für das Überraschende, dass das Leben für mich bereithält.

Wert nur darin, jung auszusehen, von anderen umschwärmt zu werden, bewundert zu werden. Letztlich drückt er mit seinem Nachtrauern seine eigene Unreife aus. Er ist innerlich stehen geblieben. Er ist mit dem äußeren Alter nicht mitgewachsen. Er hat sich psychisch nicht weiterentwickelt. Daher erlebt er einen Zwiespalt zwischen dem, was er ist, und dem, was er sein möchte.

Wer gerne lebt, der lebt – in der Situation, in der er sich gerade biografisch befindet – auch den Abschnitt seines Lebens gerne, in dem er gerade steht. Er ist letztlich ein Lebenskünstler, während der, der seiner vergangenen Jugend nachweint, nicht wirklich zu leben versteht.

Sein Alter akzeptieren heißt, seinem Alter entsprechend leben

Wie stellt man fest, dass man älter wird, wie, ob man alt ist? Ein äußeres Merkmal, dass ich älter werde, ist sicher das Geburtsdatum. Das soll ich nicht überspringen. Aber ob ich mich mit so und so viel Jahren schon alt fühle, ist etwas anderes. Ich gestehe mir ein, dass ich nicht mehr 50 bin, sondern 64. Der erste Schritt besteht also darin, es mir bewusst zu machen, wie alt ich bin. In mir kommen dann unwillkürlich Erinnerungen und Vergleiche hoch. Als mein Vater so alt war, was hat er da noch getan, wie habe ich ihn da erlebt? Oder wenn ich meine Mitbrüder anschaue, die jetzt 70 und 80 Jahre alt sind. Wie haben sie in meinem Alter gelebt? Dann merke ich, dass sie in diesem Alter immer noch sehr aktiv und vital waren und es auch teilweise heute noch sind.

Ein zweiter Schritt besteht darin, mir einzugestehen, dass ich älter geworden bin und nicht mehr die gleiche Kraft habe wie früher. Ich kann immer noch mit dem Auto zu Vorträgen fahren. Ich habe immer noch Lust zum Bücherschreiben. Manchmal habe ich sogar den Eindruck, dass ich mehr arbeite als früher. Aber ich muss mit fortschreitenden Jahren auch akzeptieren, wenn der Körper mir Signale sendet, die ich früher so nicht kannte. Wenn ich mich nachts beim Heimfahren müde fühle oder wenn ich Angst vor einer weiten Fahrt im Winter habe, dann merke ich, dass ich die Impulse meines Leibes und meiner Seele ernst nehmen muss. Ich muss mir eingestehen, dass das nicht alles immer so weitergeht, dass mir das Alter auch Grenzen setzt, die ich akzeptieren muss. Gerade die Angst vor weiten Fahrten nehme ich nicht als etwas, das ich überwinden muss, sondern als Ausdruck meiner Seele, die mich auf mein Maß hinweisen möchte.

Das Alter zu akzeptieren heißt nicht, dass ich jetzt nichts mehr kann und mich zur Ruhe setze. Es geht nur darum, meinem Alter entsprechend zu leben und mir manches einzugestehen, was nicht mehr so geht wie früher. Für manche Aufgaben habe ich nicht mehr die Spannkraft. Dafür habe ich mehr Gelassenheit und mehr Erfahrung, und die Vorträge setzen mich nicht mehr unter Druck. So gleicht das Alter manches aus. Ich brauche nur ein Gespür, dass ich meinem Alter gemäß arbeite und lebe und mich auch so fühle. Ich brauche nicht den alten Greis zu mimen. Aber ich muss auch nicht die Jungen kopieren. Ich bin so alt, wie ich bin: Wenn ich das akzeptiere, bleibe ich innerlich lebendig. Aber mein Daseinsgefühl hat sich gewandelt. Ich fühle mich heute anders als vor 10 Jahren. Wie ich mich in 10 Jahren fühlen werde, weiß ich nicht. Ich nehme mir jedoch vor, nicht nur die Signale meines Körpers ernst zu nehmen, sondern auch innerlich auf mich zu hören und jeweils im Einklang mit mir zu sein. Dann, so bin ich zuversichtlich, werde ich lebendig bleiben und authentisch.

Altes lassen, damit Neues entsteht

Das Leben ist immer beides: Vergangenheit und Zukunft. Ich muss akzeptieren, dass manches vorbei ist und nicht mehr wiederholt werden kann. Meine Jugend ist vorbei. Ich kann nicht mehr die gleichen Bergtouren machen, die ich als Jugendlicher unternommen habe. Ja, ich spüre, dass ich mir nicht mehr das Gleiche zumuten kann wie noch vor 5 Jahren. Das ist ein Abschiednehmen von Vergangenem, das auch weh tut. Ich muss betrauern, dass manches vorbei ist. Doch wenn ich betrauere, dass ich manches nicht mehr kann, entdecke ich zugleich das Potenzial, das Gott mir geschenkt hat und das in meiner Seele bereitliegt.

Es ist nie zu spät, neu anzufangen. Mit jedem Augenblick fangen wir neu an. Auf der einen Seite muss ich akzeptieren, dass vieles in meinem Leben geworden ist, das nicht rückgängig zu machen ist. Ich bin der geworden, der ich bin. Aber wie ich auf das, was ich geworden bin, reagiere, was ich aus dem mache, was ich bin, das liegt an mir. Und das ist eine ständige Herausforderung. Anfangen heißt ja: mein Leben selbst in die Hand nehmen. Das, was mir vorgegeben ist, in die Hand nehmen und es gestalten.

Papst Leo der Große hat das Geheimnis des Weihnachtsfestes so gedeutet, dass Gott mit uns einen neuen Anfang feiert. Als Lateiner spricht er von »initium«. Das lateinische Wort für Anfang meint ein »Hineingehen«. Die deutsche Sprache denkt an die Hände, die etwas in die Hand nehmen und gestalten. Die Lateiner denken an das Gehen. Wir gehen immer wieder neue Wege. Wenn Gott in uns geboren wird, dann fängt das Leben in uns neu an, dann gehen wir in einen neuen Bereich hinein. Wir sind nicht festgelegt durch die Vergangenheit. Wir können neue Wege gehen. Unser Leben bekommt einen neuen Glanz.

Unser Leben ist ein ständiges Sterben und Neugeborenwerden. Altes muss gelassen werden, und Neues will entstehen. Altes muss absterben, damit das neue Leben zu blühen beginnt. So dürfen wir die Hoffnung nie aufgeben, dass unser Leben in die ursprüngliche Gestalt hineingelangt, die Gott sich von uns gemacht hat. Es ist nie zu spät, neu anzufangen. Aber der neue Anfang hebt die Vergangenheit nicht auf. Er formt sie nur um, er gestaltet sie so, dass das reine Bild Gottes in uns aufleuchtet. Nicht nur wir selbst können immer wieder einen neuen Anfang setzen. Gott selbst fängt mit uns neu an. Er schenkt uns sein unverbrauchtes göttliches Leben, um unser Leben zu erneuern.

Ich höre immer wieder die Klage von alten Menschen, dass ihre Lebensträume zerbrochen sind. Sie konnten ihre Lebensträume nicht verwirklichen, aus welchen Gründen auch immer. Oft ist da ein resignierender Ton bei ihren Erzählungen. Das Leben ist so anders gelaufen, als sie es geplant und erhofft hatten. Ich sage dann immer, dass die ursprünglichen Lebensträume zwar nicht verwirklicht worden sind. Aber die Essenz, die in dem Lebenstraum steckte, die ist noch in ihnen. Und es ist ihre Aufgabe, jetzt in diesem Augenblick die Essenz dieses Lebenstraumes zu leben und sie zu verbinden mit dem, was sie gelebt haben. Das, was sie gelebt haben, war nicht umsonst. Das hat ihre Erfahrung bereichert. Und jetzt geht es darum, wieder an den ursprünglichen Traum heranzukommen und sich zu fragen, wie ich ihn heute leben kann. Ich kann mein Leben nicht rückgängig machen. Aber ich kann das bisher Gelebte mit dem verbinden, was in mir noch schlummert und noch nicht so zum Leben gekommen ist, wie ich mir das vorgestellt habe.

Denn ein ehrenvolles Alter besteht nicht
in einem langen Leben;
es wird nicht nach der Zahl der Jahre gemessen.
Viel mehr gilt für die Menschen Einsicht als
graues Haar
und mehr als Alter ein Leben ohne Makel.

Das Buch der Weisheit 4,8 – 9

Wichtig ist es, die Krise der Lebensmitte bewusst zu erleben

Die Lebensmitte spielt eine bedeutsame Rolle in der eigenen Wahrnehmung des Älterwerdens. Es kann für jeden eine andere Erfahrung sein. Für den einen mag es ein erschrecktes Innehalten sein, das mit Angst erfüllt ist und auf die eigene Endlichkeit, auf die Begrenztheit der Zeit hinweist. Für andere ist sie eher ein positives Innehalten, das in einer Art Rück- und Vorblick den Sinn des Ganzen bewusst macht.

Wer sich nicht wandelt, erstickt

Jeder Aufbruch macht zuerst einmal Angst. Denn Altes, Vertrautes muss abgebrochen werden. Und während ich abbreche, weiß ich noch nicht, was auf mich zukommt. Das Unbekannte erzeugt in mir ein Gefühl von Angst. Zugleich steckt im Aufbruch eine Verheißung, die Verheißung von etwas Neuem, nie Dagewesenem, nie Gesehenem. Wer nicht immer wieder aufbricht, dessen Leben erstarrt. Was sich nicht wandelt, wird alt und stickig. Neue Lebensmöglichkeiten wollen in uns aufbrechen.

C. G. Jung hat die Lebensmitte als entscheidende Phase im menschlichen Leben überhaupt gesehen. Unsere biologische Lebenslinie ist wie ein Halbkreis. In der Lebensmitte ist sie am Höhepunkt angekommen. Wer das nicht wahrhaben will, dessen psychologische Lebenslinie wird nach unten einknicken. Nur wer sich damit aussöhnt, dass seine biologische Lebenslinie abnimmt, der wird psychologisch reifer, dessen psychologische Lebenslinie wird weiter nach oben zeigen. In der Lebensmitte beginnt ein Paradigmenwechsel. Es geht nicht mehr darum, nach außen noch mehr zu erreichen. Die Seele meldet sich in Träumen oder auch in psychosomatischen Beschwerden zu Wort und zeigt, dass wir uns der inneren Welt zuwenden sollen. Wer diesen Weg nach innen verweigert, der wird immer rastloser. Er verdrängt die Regungen seiner Seele, indem er sich ganz und gar auf die Arbeit verlagert oder indem er auf einmal konservativ wird und die äußeren Normen absolut setzt. Das vorschriftsmäßige Benehmen wird zum »Ersatz für die geistige Wandlung«.

In der Lebensmitte muss man sich mit den bisher verdrängten Schattenseiten auseinandersetzen. Das, was sich in der Seele tut, muss beachtet werden. Der Weg geht mehr nach innen und nicht mehr nur nach außen. Wer diesen Richtungswechsel in der Lebensmitte überspringt, der bleibt innerlich stehen. Er verkrampft sich immer mehr. Und er tut sich schwer damit, älter zu werden. Er möchte an seiner Jugend festhalten und bleibt innerlich stehen. Es entwickelt sich nichts mehr in ihm. Daher ist die bewusst erlebte Krise der Lebensmitte die Bedingung, dass wir in guter Weise alt werden können und uns den Themen stellen, die das Älterwerden mit sich bringt.

Das Ausscheiden aus dem Arbeitsleben – ein bedeutsamer Einschnitt

Wenn für einen Menschen von einem Tag auf den anderen Beruf, Firma, Karriere, Leistung, Verantwortung für andere keine Rolle mehr spielen, kann das zur Lebenskrise werden. Das Ausscheiden aus dem Beruf ist also ein radikaler Einschnitt im Prozess des Älterwerdens. Viele trifft dieser Schnitt völlig unvorbereitet. Sie haben sich nur vom Beruf her definiert. Jetzt fühlen sie sich als Nichts. Da ist einmal das verunsicherte Selbstwertgefühl. Manche trauen sich gar nicht zu sagen, dass sie schon pensioniert sind. Denn sie können mit der neuen Rolle noch nicht umgehen. Sie ist ihnen noch fremd. Bei anderen gerät das Leben durcheinander. Sie verlieren den Rhythmus und den Sinn in ihrem Leben. Manche fangen dann das Trinken an, um die leere Zeit totzuschlagen. Es ist unsere Aufgabe, uns auf diesen Einschnitt vorzubereiten. Eine wichtige Vorbereitung ist, dass wir uns nicht allein vom Beruf her definieren, dass wir nicht aufgehen in der Rolle, die der Beruf uns gibt, in der Rolle des Lehrers, des Arztes, des Polizisten, des Abteilungsleiters. Wer sich nur von der Rolle bzw. einer bestimmten Funktion her definiert, der verliert sich selbst, wenn dieses Gerüst wegfällt. Es gibt uns zwar eine gewisse Sicherheit. Aber wir sollten schon, während wir diese Funktionen ausüben oder bestimmte Rollen zu spielen haben, eine innere Distanz dazu aufbauen. Wir dürfen nicht in der Rolle aufgehen. Daheim in der Familie spielen wir eine andere Rolle. Auch in der Freizeit fällt uns eine andere Rolle zu. Wer sich daran gewöhnt hat, nicht nur in einem einzigen Bezug zu leben, sondern ganz bewusst verschiedene Rollen zu spielen, tut sich leichter, wenn eine Rolle – der Beruf etwa oder ein bestimmtes Amt – wegfällt.

Eine andere Weise der Vorbereitung wäre, sich schon als Berufstätiger einige Hobbys zuzulegen. Das kann das Lesen sein, Musizieren, Basteln, den Garten pflegen oder Wandern. Dann werden wir uns als Pensionäre freuen, Zeit für unsere Hobbys zu haben. Aber wir können nicht nur von Hobbys leben. Es ist schön, dafür freie Zeit zu haben. Doch wir brauchen auch einen Sinn in unserer Tätigkeit. Daher wäre es gut, sich zu überlegen, wo ich mich als Pensionär noch engagieren kann. Ich fühle mich noch rüstig. Ich will noch etwas Sinnvolles für andere tun. Es gibt ja viele sinnvolle Tätigkeiten, die ich als Pensionär erfüllen kann: die Mitarbeit in der Pfarrei, das Engagement für einen Verein oder für bestimmte Projekte in der Gemeinde, in der ich lebe, oder auch weltweite Projekte wie der Naturschutz oder der Einsatz für Flüchtlinge oder Migranten.

Letztlich ist es auch eine spirituelle Herausforderung, sich auf die Pensionierung vorzubereiten. Ich frage mich, was ich eigentlich aus meinem Leben machen und welchen Sinn ich ihm geben möchte. Da kommen

Grundfragen hoch wie: Wer bin ich eigentlich? Worauf setze ich? Wohin gehe ich? Woher definiere ich mich? All diese Fragen führen mich letztlich auf Gott als den eigentlichen Grund meines Lebens. Wenn ich mein Lebenshaus auf Gott baue, dann hat es festen Grund, auch wenn das Fundament der Arbeit und der beruflichen Rolle wegfällt.

Wer Lust hat, soll bis ins hohe Alter arbeiten können

Die Züricher Journalistin Klara Obermüller hat ein Buch über die Zäsur des Ruhestands geschrieben. Ihre Erfahrung ist aufschlussreich und gilt wohl nicht nur für sie: Obwohl sie gedacht hatte, sie hätte sich auf den Ruhestand vorbereitet, traf sie dieser Einschnitt in ihrem Leben doch großenteils unvorbereitet. Ihre Stimmung wurde eher depressiv. Ihre Reaktion ist nicht untypisch: Sie hat die Leere, die jetzt entstand, mit Arbeit zugeschüttet. Das Schwierigste an der Erfahrung der Pensionierung war für sie, dass sie nicht mehr dort war, wo Entscheidungen fallen. Sie konnte nicht mehr mitbestimmen und gestalten.

Wie geht man mit einer solchen Erfahrung um? Klara Obermüller plädiert dafür, dass man solange arbeiten solle, wie man Lust hat. Allerdings sollte man, so meint sie, seine eigenen Grenzen gut kennen und beachten. Man sollte ein Gespür dafür entwickeln, wann es genug ist mit der Arbeit. Und sie stellt die skeptische Frage: »Wann stelle ich fest, dass ich nachlasse, dass meine Arbeit nicht mehr das Niveau hat, das ich oder die Leute von mir erwarten? Und wer sagt es mir dann? Das ist ein Problem, das mich sehr beschäftigt.« Wir sollten heute sicher fließendere Grenzen zwischen Arbeit und Pensionierung schaffen. Im Kloster machen wir die Erfahrung, dass die Mitbrüder arbeiten können, so lang sie wollen. Doch irgendwann gibt es den Zeitpunkt, wo es ihnen schwerfällt, sich einzugestehen, dass sie die Arbeit nicht mehr machen können, entweder weil die Augen nachlassen oder weil die Hände nicht mehr so geschickt sind. Wenn einer sich dann nur von der Arbeit her definiert hat, tut er sich schwer, sich auf etwas anderes einzulassen. Auch für die Umgebung wird es dann immer schwieriger, richtig damit umzugehen.

Jede Lebensphase hat ihre eigene Herausforderung

In der Kindheit geht es darum, sich dem Leben anzuvertrauen, Vertrauen zu Vater und Mutter und dadurch zum Leben überhaupt und zu den Menschen zu gewinnen. In der Jugend ist es unsere Aufgabe, die eigene Identität zu entwickeln und sich auszustrecken nach etwas, das größer ist als wir selbst. Wir brauchen als Jugendliche Vorbilder und Ideale, um unsere eigenen Kräfte zu entfalten und unseren Stand im Leben zu finden. Der Erwachsene hat die Aufgabe, Frucht zu bringen, einmal in der Familie, die er gründet, und in den Kindern, die er bekommt, zum anderen in dem Werk, das er vollbringt. In der Lebensmitte gibt es eine Neuorientierung. Der Weg geht von außen langsam nach innen. Ich brauche einen neuen Sinn in meinem Leben. Der kann nicht mehr nur im äußeren Aufbau bestehen. So gilt es, ab der Lebensmitte sich mit dem Älterwerden und Sterben auseinanderzusetzen und Zugang zum eigenen Innern zu finden. Im Alter geht es dann darum, das Werk loszulassen, das man

Mache Dich auf

Wir sind oft nicht zufrieden mit dem, was wir gerade leben. Aber zugleich haben wir Angst, aufzubrechen, das Vertraute abzubrechen und einen inneren und äußeren Umbruch zu wagen. Aber das Leben werden wir nur erfahren, wenn wir bereit sind, uns immer wieder auf den Weg zu machen.

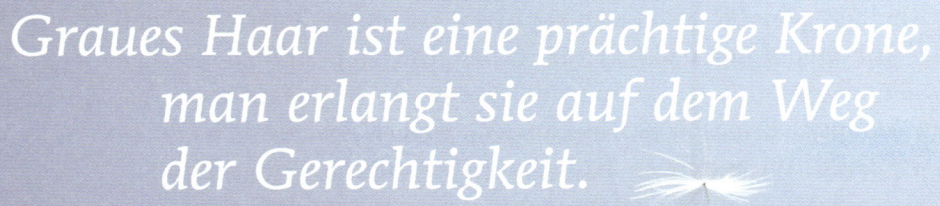

Graues Haar ist eine prächtige Krone,
man erlangt sie auf dem Weg
der Gerechtigkeit.

Das Buch der Sprichwörter 16,31

aufgebaut hat, Beziehungen loszulassen, die eigenen Kräfte, die Macht und den Einfluss loszulassen, die man hatte, damit das Neue des Alters sich entfalten kann. Diese Neuheit des Alters besteht in der Weisheit, Milde, Gelassenheit und Freiheit.

Das Alter selber hat wiederum verschiedene Phasen. Die erste Phase beginnt mit der Pensionierung. Da geht es darum, die Arbeit und die Bedeutung, die man in der Arbeit hatte, loszulassen und sich etwas Neues aufzubauen. Pensionäre sind ja oft noch rüstig. Sie sollen sich Aufgaben suchen, für die sie sich engagieren können. Ehrenamtliche Aufgaben warten auf sie. Die zweite Phase beginnt bei jedem zu einem anderen Zeitpunkt, beim einen mit 70, beim anderen mit 75, beim Nächsten erst mit 80. Man spürt, dass man sich auch von den neuen Aufgaben zurückziehen muss, weil man sie nicht mehr zufriedenstellend leisten kann oder weil andere Schritte fällig sind, Schritte nach innen, in die Stille, in das bloße Sein. Und schließlich gibt es die dritte Phase, in der man die Krankheit akzeptiert und durchleidet bis zum Tod. Auch diese Phase sieht bei jedem anders aus. Dem einen ist eine längere Krankheit erspart. Er geht ziemlich schnell von der Aktivität in die Passivität und in den Tod über. Bei anderen tritt eine Phase der Hilflosigkeit dazwischen, entweder körperlicher Hilflosigkeit oder aber auch geistiger Hilflosigkeit in der Demenz. Solche Phasen in guter Weise zu bewältigen ist eine eigene Aufgabe. In der Demenz selbst kann man nicht mehr viel lernen. Da ist der Wille, etwas zu ändern, gleichsam ausgelöscht. Aber wir können uns vorher darauf einstellen und einüben, dass wir uns in der Demenz ganz und gar loslassen, dass wir selbst unsere Selbstverfügung und Selbstbestimmung loslassen, unser Bewusstsein aufgeben, damit wir ohne allen äußeren Schein in die Tiefe unserer Seele gelangen, fern von allem, was wir noch kommunizieren können.

Jedes Alter kennt seine eigene Herausforderung. Jedes Alter kennt aber auch seine spezifischen Ängste und Hoffnungen. Kinder haben Angst vor dem, was sie bedroht. Sie haben Angst vor dem Unbekannten, das ihnen in der Nacht im Traum begegnet. Und sie haben Angst vor Menschen, die sie laut anschreien oder die bedrohlich auf sie wirken. Aber Kinder leben auch in der Hoffnung, dass ihr Leben gelingen wird, dass Gott sie schützt und dass er ihnen eine besondere Aufgabe zugedacht hat. Jugendliche haben oft Angst vor der Zukunft, dass sie das Leben nicht schaffen, dass sie in der Ausbildung nicht so gut abschneiden, dass sie nicht die Arbeit bekommen, die sie erfüllt. Und Jugendliche haben die Hoffnung, dass sie das Leben meistern werden, dass sie ihre Lebensträume erfüllen werden, dass ihr Leben einen Sinn hat.

Die Menschen mittleren Alters leben in der Angst, dass das Leben an ihnen vorbeigegangen ist. Sie fragen sich, ob das schon alles war, was sie bisher gelebt haben. Und sie haben Angst, durch das, was in ihrer Seele an Turbulenzen hochkommt, aus ihrer Bahn geworfen zu werden. Zugleich hoffen sie, dass sie neu einen Sinn in ihrem Leben finden, um dessentwillen es sich lohnt, weiterzukämpfen und weiterzuarbeiten. Das höhere Alter hat Angst vor den eigenen Grenzen, vor der Hilflosigkeit, vor der Bedeutungslosigkeit, vor der Einsamkeit, vor der Krankheit, die sie zum Pflegefall werden lässt. Alte Menschen haben Angst, anderen zu Last zu fallen. Und doch hoffen sie darauf, dass sie ihr Leben in guter Weise abrunden können, dass sie bis zuletzt geistig wach bleiben, dass sie in ihrem Alter zum Segen werden für ihre Familien und dass Gott ihnen einen gnädigen Tod schenken möge.

Nur wer sich seiner Wahrheit stellt, wird heil und ganz

»Erwarte das Alter / diese heilsame Zeit / die hart genug ist / dich neu auszumessen«, heißt es in einem Gedicht von Wilhelm Gössmann. Ja, das Alter kann eine heilsame Zeit sein. Aber sie ist es nicht auf den ersten Blick. Auf den ersten Blick sehen wir im Alter mehr das Harte, das Abnehmen der Kräfte und die Krankheiten und Beschwerden, die immer häufiger auftreten. Doch Wilhelm Gössmann nennt das Harte des Alters das, was uns neu ausmisst. Wenn wir im Alter den Begrenzungen unseres Lebens begegnen, werden wir neu ausgemessen. Es wird deutlich, was uns wirklich gemäß ist. Unsere Wahrheit wird sichtbar. Der eigenen Wahrheit zu begegnen, ist oft genug schmerzlich. Dennoch ist es auch heilsam. Nur wer sich seiner Wahrheit stellt, wird heil und ganz – in jedem Alter.

Eine Begrenzung des Alters ist die eigene Einsamkeit. Auch sie hat den Sinn, uns mit der eigenen Wahrheit zu konfrontieren. Anstatt uns abzulenken, sollen wir in der Einsamkeit uns selbst erkennen und uns Gott hinhalten, damit im Lichte Gottes offenbar wird, was in uns ist. Die frühen Mönche bringen die eigene Wahrheit mit der Demut in Beziehung. Demut bedeutet, den Mut zu haben, in die Tiefen der eigenen Seele hinabzusteigen, um die Wahrheit meiner Seele zu entdecken. Indem ich in die Abgründe meiner Seele hinabsteige, erkenne ich, was alles in mir liegt. Ich lerne mich in allen Dimensionen meines Seins kennen. Das ist das neue Ausmessen, das die heilsame Zeit des Alters an uns vollzieht, wenn wir bewusst auf das Alter warten, wenn wir uns bewusst darauf einstellen, dass wir älter werden.

Was ist das Ziel unseres Weitergehens auf dem eigenen Lebensweg? Das Ziel unseres Wachsens und Reifens ist, dass wir immer mehr in das ursprüngliche und unverfälschte Bild hineingelangen, das Gott sich von jedem von uns gemacht hat. Sich zu wandeln und sich immer mehr selbst zu entdecken, immer mehr so zu leben, dass das Eigentliche durchbrechen kann durch das Uneigentliche, das Echte durch den Schein und so zu innerer Lebendigkeit und Echtheit zu kommen – das ist gemeint, wenn ich von diesem ursprünglichen Bild spreche. Dieses Bild ist oft genug verdunkelt durch die Erwartungen, die die Eltern oder die Lehrer und Erzieher an uns hatten, oder aber durch die Bilder, die wir uns selbst gemacht haben, durch die Bilder unseres Ehrgeizes, unserer Größenfantasien oder aber durch die Bilder unserer Selbstentwertung. Diese uns von außen übergestülpten Bilder sollen wir auf unserem Lebensweg immer mehr loslassen, damit das ursprüngliche Bild in uns klarer zum Vorschein kommt.

Es ist ganz normal, dass dieses ursprüngliche Bild sich im Lauf des Lebens mit anderen Bildern mischt. Aber unsere Aufgabe ist es, immer genauer hinzuschauen, was wirklich für uns stimmig ist, wo wir nur Erwartungen anderer erfüllen und wo wir dem gerecht werden, was Gott eigentlich von uns will. Unser wahres Wesen soll im Lauf unseres Lebens immer klarer aufscheinen. Wenn die äußeren Rollen und Masken wegfallen, kann der ursprüngliche Glanz unserer Seele aufstrahlen. Je älter wir werden, desto durchlässiger sollen wir werden für diesen wahren Glanz unserer Seele.

Verwandlung geschieht an uns

Der Wandel, den wir im Älterwerden erleben, unterscheidet sich von der Bereitschaft zu Änderung, Mobilität und Flexibilität, die wir im Beruf ständig zu beweisen hatten. Im beruflichen Leben mussten wir uns wandeln, indem wir uns an die äußeren Situationen immer wieder neu anpassen mussten. Wir mussten uns auf neue Arbeitskollegen einstellen, auf die Umstellungen im Betrieb, etwa auf die EDV, auf neue Techniken und neue Programme. Und die Familie hat uns immer wieder neu herausgefordert. Da war eine innere und äußere Beweglichkeit gefragt. Diese Flexibilität hat unser Leben sicher verwandelt. Aber die Verwandlung, die im Alter ansteht, sieht anders aus. Wir sollen uns durchaus auch anpassen an die Situation, die uns das Alter beschert. Aber es geht nicht mehr nur um äußere Wandlung, sondern um einen inneren Wandlungsprozess. Das Ziel der Verwandlung ist immer, dass das Eigentliche zum Vorschein kommt. Im Alter fällt vieles Äußere weg. Das ist die Chance, dass das innere Wesen durchscheint.

Verwandlung ist etwas anderes als Änderung. Wir mussten während unseres Lebens uns selbst immer wieder ändern. Wir mussten unsere Verhaltensweisen verändern und uns auf andere Herausforderungen einstellen. Wandlung geschieht, wenn wir sie zulassen. Das Leben wandelt uns. Das Alter wandelt uns. Es bricht das Äußere weg, damit das Innere aufscheint. Wandlung geschieht an uns. Unsere Aufgabe ist, sie an uns geschehen zu lassen, uns auf den Prozess der Verwandlung einzulassen, damit immer mehr der Kern und die Essenz unseres Lebens zum Vorschein kommen.

Was wir beim Älterwerden lernen müssen

Mein Vater hat im Alter noch Russisch gelernt, weil ihn der russische Mensch interessiert hat. Er konnte die Sprache nicht so sprechen, dass er sich mit einem Russen gut unterhalten konnte. Aber das Lernen hat ihn lebendig gehalten. Es hat sein Interesse an Russland und am Wesen des russischen Menschen wachgehalten. So ist es gut, wenn alte Menschen

auch im Äußeren noch etwas lernen, wenn sie neue Sprachen lernen, wenn sie auf ihren Reisen neue Kulturen kennenlernen und dann auch Bücher darüber lesen. Manche alte Menschen lernen noch, auf dem Computer zu schreiben. All das sind sinnvolle Lerngelegenheiten, die den alten Menschen innerlich lebendig halten.

Doch das eigentliche Lernen bezieht sich im Alter auf andere Bereiche. Der alte Mensch muss lernen, sich selbst anzunehmen und sich auszusöhnen mit seiner Lebensgeschichte. Er muss lernen, sich selbst und seine Rollen, die er bisher gespielt hat, loszulassen. Und er muss lernen, zurückzutreten und anderen den Vortritt zu überlassen. Das sind alles Lernprozesse, die nur über ein schmerzliches Betrauern gehen, dass die vergangenen Rollen und Arbeiten vorbei sind. Durch das Betrauern dessen, was uns im Alter genommen wird, kommen wir in Berührung mit dem, was uns im Alter geschenkt wird, mit neuer Gelassenheit und Weisheit.

Neugeburt

Wir müssen in unserem Leben immer wieder von neuem geboren werden, damit unser Leben lebendig bleibt. Eine Krise, die alles zerbricht, was wir bisher aufgebaut haben, kann eine Chance zu einer Neugeburt sein. Das Feuer, in das wir geraten, kann ein Bild für das Neue sein, das in uns geboren werden will.

Wer auch im Alter noch bereit ist zu lernen, wer sich gerne mit Menschen unterhält, um von ihnen zu erfahren, was sie bewegt, wer andere nach dem fragt, was er nicht weiß, der bleibt lebendig. Mit ihm unterhalten sich auch jüngere Menschen gerne. Denn die Fragen der Alten fordern sie heraus, klarer zu formulieren, was sie eigentlich bewegt. Die Fragen halten nicht nur die alten Menschen lebendig, sondern auch die jungen. Wer aufhört zu fragen, weil er schon alles weiß, der erstarrt. Wer nicht mehr fragt, sondern nur noch selbst von seinen vergangenen Taten erzählt, der geht anderen auf die Nerven. Das Lernen des alten Menschen hat eine andere Qualität als das Lernen der Jungen. Es ist ein dauerndes Suchen nach der Wahrheit, nach dem, was uns wirklich trägt und unserem Leben Sinn gibt. Aber es ist auch ein Interesse am Geheimnis des Lebens und der Lebenden.

Gelungen altern: Wer authentisch lebt, wird Vorbild

Vorbilder sind vor allem für junge Menschen wichtig. Sie wecken in ihnen die Kraft, die in ihnen steckt, damit sie sie entfalten und auf ein Ziel hin konzentrieren. Doch auch der alte Mensch braucht noch Vorbilder. Gerade wenn er sich auf neue Prozesse einlässt, die er noch nicht beherrscht, braucht er Vorbilder, an denen er ablesen kann, dass ihnen das Annehmen ihres Alters und das Loslassen alter Rollen gelungen ist. Er braucht Vorbilder, die ihm den Wert des Alters vor Augen halten, die ihm zeigen, wie gelungenes Altwerden aussieht. Daher lesen alte Menschen gerne Biografien. Sie möchten wissen, wie anderen Menschen das ganze Leben gelungen ist. Sie interessieren sich beim Lesen der Biografien nicht nur für die Großtaten der beschriebenen Personen, sondern gerade auch für ihre letzten Lebensjahre, wie sie mit dem Alter und dem Sterben fertig geworden sind.

Doch zugleich ist es auch die Aufgabe alter Menschen, für andere zum Vorbild zu werden. Ich kann mich als alter Mann nicht hinstellen und auf mich als Vorbild verweisen. Das wäre peinlich und wäre Ausdruck von Hochmut. Und ich kann mir nicht vornehmen, ich möchte für andere Vorbild sein. Denn damit setze ich mich selber unter Druck. Ich werde

Vorbild sein, wenn ich authentisch lebe. Und alte Menschen haben
die Verantwortung, dass sie in sich stimmig sind, dass sie im Einklang
sind mit sich selbst. Dann werden sie zum Vorbild für andere. Das
bedeutet nicht, dass alte Menschen nach außen hin einen perfekten
Eindruck machen, um ja Vorbild sein zu können. Die jungen Menschen
merken, ob jemand Vorbild sein möchte oder ob er es wirklich ist.
Alles, was zu gemacht ist, durchschauen sie. Doch der Anspruch, Vorbild
zu sein, kann uns auf den Weg führen, an uns zu arbeiten. Er weckt in
uns die Verantwortung. Wir sollen uns nicht gehen lassen. Wir sollen
bewusst unser Alter leben, nicht nur, damit das eigene Leben gelingt.
Wir haben immer auch schon eine Verantwortung für andere. Wenn

wir unser Alter gut leben, werden wir auch zum Segen für andere. Umgekehrt, wenn wir nur verbitterte und unzufriedene Alte werden, die auf Gott und die Welt schimpfen, dann haben wir einen negativen Einfluss auf unsere Umgebung. Wir haben noch eine Aufgabe als alte Menschen, nicht indem wir viel leisten, sondern indem wir authentisch leben. Wer authentisch lebt, der ist immer ein Vorbild für andere. Manchmal kann uns dieser Anspruch, ein Vorbild für andere zu sein, helfen, uns nicht mit dem Erreichten zufriedenzugeben und innerlich stehen zu bleiben, sondern an uns zu arbeiten, innerlich weiterzusuchen und weiterzuwachsen. Wir leben nie für uns allein, auch im Alter nicht, sondern immer in Solidarität und in Verantwortung für andere. Alles, was wir für unsere eigene Entwicklung und Reifung tun, tun wir immer auch für die anderen. Dadurch schaffen wir ein Klima, in dem auch andere Lust bekommen, an sich zu arbeiten und innerlich weiterzukommen.

Nicht an der Leistung hängt der Wert

In der beruflichen Phase erfahren viele Sinn über ihre Arbeit, ihren Beruf. Immer wieder taucht die Frage auf: Kann man im Alter weiter produktiv sein? Gehört Arbeit auch zum Alter dazu? Welche Möglichkeiten hat man, Dinge zu schaffen und sich selbst darin auszudrücken, wenn man pensioniert ist? Ist es wichtig, im Alter noch zu arbeiten und etwas zu leisten?

Vor einiger Zeit habe ich Jörg Zink besucht, um ein gemeinsames Projekt zu besprechen. Ich war tief beeindruckt von seiner Schaffenskraft im Alter. Mit seinen 86 Jahren steht er jeden Morgen um 4.00 Uhr auf und setzt sich an seinen Schreibtisch, um etwas zu schreiben. Die ersten vier Stunden des Morgens dienen ihm der kreativen Arbeit. Natürlich kann das nicht jeder alte Mensch. Aber viele geistig tätige Menschen haben bis ins hohe Alter hinein eine ungeheure Schaffenskraft bewiesen. Sie stehen nicht mehr unter Druck, etwas schreiben zu müssen. Aber es hält sie lebendig, ihre Gedanken zu formulieren und sich überhaupt mit Themen zu beschäftigen, die die Welt heute bewegen.

Früher haben die alten Männer und Frauen in der Landwirtschaft weitergearbeitet. Ihre Arbeit hat sich verändert. Die Großmutter hat den Haushalt gemacht, während die Bäuerin im Stall und auf dem Feld arbeiten konnte. Der Großvater hat auf dem Hof geholfen. Er hat den Hof in Ordnung gehalten und gemäß seinen Kräften weitergearbeitet. Das war ein Segen für ihn und für den Hof. Aber die Arbeit war den Kräften des alten Menschen angemessen. Er musste nicht einfach das, was er mit 50 Jahren geleistet hat, auch im Alter noch leisten. Insofern muss sich die Arbeit im Alter wandeln. Es geht nicht mehr um Leistung, sondern um eine sinnvolle Beschäftigung, die aber mehr ist als bloße Selbstbeschäftigung. Sie muss auch anderen noch einen Nutzen bringen.

Manche Menschen haben im Alter ihre kreativen Fähigkeiten entdeckt. Da beginnt eine Frau im Alter noch mit dem Malen. Oder ein Mann richtet sich eine kleine Schreinerwerkstatt ein, um für den Haushalt noch ein paar gediegene Möbel herzustellen. Oder eine alte Frau setzt sich hin und strickt für ihre Enkelkinder Socken und Pullover. All das sind sinnvolle Beschäftigungen, die für den alten Menschen zum Segen werden, aber auch für die, für die er noch arbeitet und die die selbst gestrickten Socken ein Leben lang schätzen als Ausdruck einer Liebe, die bleibt.

Aber es gibt keine Normen für das Alter. Nicht jedem ist es gegeben, im Alter kreativ zu sein. Und wir sollten die alten Menschen auch nicht verzwecken. Wenn alte Menschen noch sinnvolle Tätigkeiten für sich finden, dann sollten die anderen sie darin unterstützen. Aber es gibt auch alte Menschen, die das Gefühl haben, genug in ihrem Leben gearbeitet zu haben. Jetzt möchten sie sich anderen Dingen zuwenden: dem Lesen, dem Musikhören, dem Reisen, der Stille. Auch das ist legitim. Wir dürfen den Wert eines alten Menschen nicht an seiner Leistung messen. Vielmehr geht es darum, ob er lebendig bleibt. Der eine bleibt lebendig, indem er auch nach außen etwas tut. Der andere bleibt lebendig, indem er am Leben interessiert ist, indem er sich weiterbildet, indem er wach die Zeit beobachtet und sich seine Gedanken macht.

Wenn Du älter wirst,
fange an auf deine Kinder zu hören.

Aus China

Sich mit Dingen beschäftigen, die wirklichen Wert haben

»Wer rastet, der rostet«: Das sagen viele, die vom »Rentnerstress« befallen sind und – kaum sind sie aus den beruflichen Pflichten und Bindungen entlassen – im sogenannten »Ruhestand« noch mehr Aktivitäten, noch heftigere Unruhe entwickeln als früher. Ob das sinnvoll ist, ist die Frage.

Sicherheit

Besitz gibt dem Menschen immer auch Sicherheit. Er sichert ihn gegenüber etwaigen Nöten und Mangelseiten ab. Sicherheit ist ein Grundbedürfnis des Menschen. Aber zugleich erfahren wir eine existentielle Unsicherheit. Wir können uns nicht letzte Sicherheit verschaffen, weder durch Besitz, noch durch Wissen, noch durch bestimmte Lebensformen. Versicherungen verdienen heute ein Vermögen bzw. kosten den ein Vermögen, der meint, sich gegen alles versichern zu müssen. Armut meint auch das Loslassen von Sicherheiten.
Die Sorge führt zu Unruhe und Hektik, sie trübt das menschliche Herz. Das Vertrauen schenkt Freiheit, Gelassenheit und eine andere Qualität von Sicherheit, die Gewissheit, in Gottes Hand zu sein.

In jedem Sprichwort – und so auch in dem zitierten – steckt ein Körnchen Wahrheit. Wer nichts tut und sich nur ausruht auf dem Vergangenen, der kann leicht rosten wie ein Eisen, das vom Rost befallen wird. Doch wenn sich Rentner vom Stress bestimmen lassen, dann stimmt etwas nicht mehr. Dann wollen sie sich mit ihrem Stress beweisen, dass sie noch leistungsfähig sind. Dann ist ihre Arbeit zu sehr vom eigenen Ego geprägt. Und ein egozentriertes Arbeiten alter Menschen schreckt uns eher ab. Da haben wir den Eindruck, dass jemand nicht loslassen kann, dass er Angst hat, nicht mehr gebraucht zu werden. Er definiert sich nur über seine Arbeit und das, was er leistet. Damit aber weigert er sich, die Schritte der Reifung zu tun, die seinem Alter angemessen sind.

Es ist sicher nicht sinnvoll, als Rentner noch mehr zu arbeiten als zuvor. Manchmal prahlen Rentner damit, was sie noch alles tun, dass sie überhaupt keine Zeit haben. Aber dieses Prahlen ist nur Zeichen einer pervertierten Welt. C. G. Jung sagt, solche Menschen würden das Wesentliche des Alters übersehen, nämlich: auf das Rauschen der Bäche zu hören und auf die leisen Impulse der Seele zu horchen. Im Alter noch mit seiner Arbeit zu prahlen ist Zeichen eines narzisstischen Menschen, der nur um sich selbst kreist und vor aller Welt beweisen muss, wie viel er noch zu leisten imstande ist.

Als ein 70–jähriger Mann dem Meditationslehrer und Zenmeister Karlfried Graf Dürckheim voller Stolz erzählte, dass ihm noch eine gefährliche Bergbesteigung gelungen sei, vor der sogar junge Menschen zurückschrecken, antwortete ihm der Graf: »Das ist eine Torheit. Was hat es für einen Sinn, wenn Sie sich mit Leistungen Mut machen, die Ihr Alter bald nicht mehr zulassen wird, anstatt dass Sie sich mit Dingen beschäftigen, die bleibenden Wert haben?«

Körper und Gesundheit

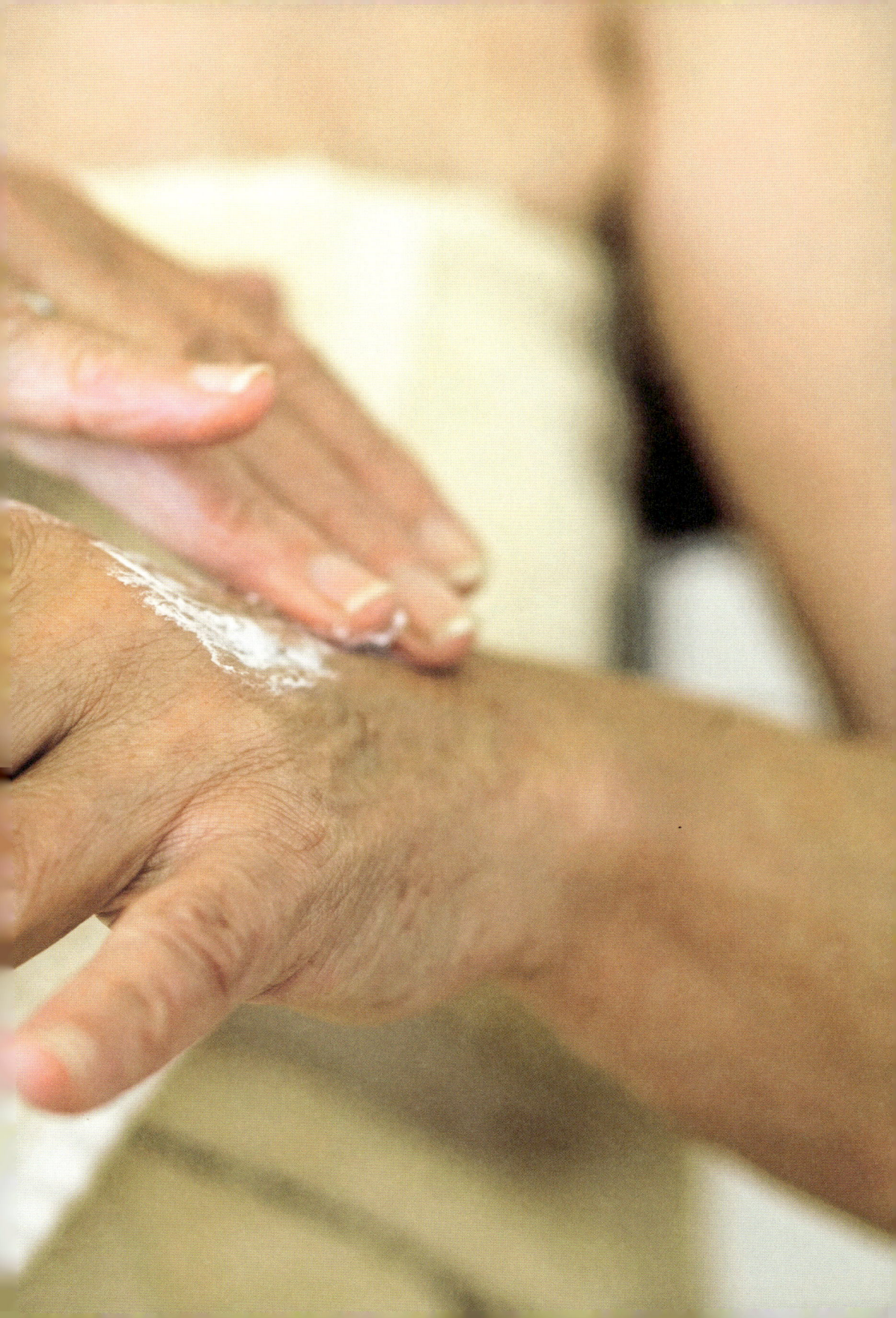

An unserem Körper spüren wir den Prozess des Älterwerdens hautnah. Dieser Prozess beginnt schon sehr früh. Manche Frauen genieren sich, wenn sie mit 40 Jahren ein graues Haar in ihrer sonst dunklen Haarpracht entdecken. Oder sie genieren sich wegen ihrer Falten im Gesicht. Viele versuchen heute, diese körperlichen Anzeichen des Älterwerdens durch Schönheitsoperationen zu vertuschen. Doch glücklich sind sie damit auch nicht. Wir haben oft ein Schönheitsideal von unserem Körper, das gegen unsere Natur ist. Jeder Körper ist schön, wenn das Innere durch ihn hindurch scheint. Es gibt die spezifische Schönheit der Jugend, der Lebensmitte und des Alters. Manchmal wird das Gesicht mit dem Alter noch schöner. Es wird immer durchscheinender für den Geist, oft auch für die Liebe und Milde. Wenn ein Gesicht Liebe und Milde ausstrahlt, dann schaut man es gerne an. Dann hat es seine eigene Schönheit.

Aber es geht nicht nur um die Schönheit. Das Alter zeigt uns auch, dass manches an unserem Körper verbraucht ist. Beim einen ist der Rücken der schwache Punkt. Der andere hat Probleme mit den Knien und mit dem Gehen. Manchmal nehmen die Schmerzen zu, und die Ärzte sagen uns, dass sie nie mehr ganz verschwinden. Oder das Gehör lässt nach.

Oder die Sehkraft. Wir müssen mit den Beschwerden des Leibes leben. Wir können sie nicht ignorieren. Wir dürfen aber auch nicht jammernd ständig darum kreisen. Es gilt, sich damit auszusöhnen und die eigenen Grenzen zu akzeptieren.

Doch es gibt auch heute viele alte Menschen, die sich guter Gesundheit erfreuen. Sie sollen dankbar sein, wenn sie auch im Alter kaum Krankheiten erleiden, wenn sie noch rüstig sind und lange Wanderungen und sogar Bergtouren machen können. Aber die Gesundheit darf nicht dazu verführen, die eigenen Grenzen zu übersehen und die Jungen noch mit sportlichen Leistungen übertreffen zu wollen. Wer dankbar seine Gesundheit genießt, der weiß auch, dass sie Geschenk ist, das ihm von einem Tag auf den anderen genommen werden kann. So fällt es ihm leichter, sich damit auszusöhnen, wenn der Leib ihm seine Grenzen aufzeigt.

Wenn im Alter der Leib sich zu Wort meldet, ist es auch eine Chance, bewusster mit ihm umzugehen. Ein Mann erzählte mir, er habe seinen Körper trainiert. Aber er habe ihn letztlich wie eine Maschine behandelt, die geölt und gewartet werden muss. Er hatte kein Gespür für seinen Leib und die leisen Impulse, die er ihm gab. Erst als er älter wurde und das Alter sich anmeldete, entwickelte er ein Gefühl für seinen Körper und das, was er ihm sagen wollte. So kann das Alter auch eine Chance sein, bewusster mit seinem Leib umzugehen und auf seine Signale zu hören.

Wie wichtig sind Wohlbefinden und Gesundheit?

Die Frage ist immer, wie ich Wohlbefinden und Gesundheit definiere. Das körperliche Wohlbefinden ist nicht das Wichtigste. Entscheidend ist, ob ich mit mir selbst im Einklang bin, auch wenn ich körperliche oder seelische Schmerzen habe. Wenn wir Wohlbefinden als physische Schmerzfreiheit definieren, dann bleiben wir auf einer oberflächlichen Ebene. Und dann werden wir das Wohlbefinden verlieren, sobald Schmerzen und Krankheiten – etwa beim Älterwerden – auftauchen. Entscheidend ist, dass ich alles, was in mir ist, bejahe und mich damit aussöhne. Das bedeutet Heilsein. Heilsein hat mit Ganzsein zu tun. In der Bibel wird Gott immer der Gott des Heils genannt. Zum Heil gehört für die Bibel, dass Gott das, was in uns unvollkommen ist, was verwundet und verletzt ist, heilt. Dabei geht es immer auch um die Heilung der inneren Zerrissenheit. Viele Menschen sind mit sich selbst im Zwiespalt. Wenn man in der Antike einem andern Menschen Heil gewünscht hat, »Heil sei dir«, dann meinte man nicht nur die körperliche Gesundheit. Es sollte vielmehr alles für den Menschen gut sein. Alles sollte im Einklang mit seinem innersten Wesen sein. Heil bedeutet für die Menschen die Erfahrung von Freiheit, von Frieden, von Liebe und Gerechtigkeit. Wenn wir vom Unheil sprechen, dann schwingt dieses ganzheitliche Verständnis noch mit. Denn dann meinen wir, etwas sei nicht gut. Etwas sei aus dem Lot gefallen. Etwas sei bedroht in seinem innersten Wesen. Heilsein heißt für die Bibel letztlich immer, dass ich mit mir selbst im Einklang bin, aber zugleich auch in Gottes Gnade stehe, unter seinem Segen und Schutz, und dass ich letztlich mit ihm eins bin. Erst im Einssein mit Gott kann ich alles, was sich in mir selbst bekämpft, zusammenbringen als Heilsein und Ganzsein. Und dieses Heilsein kann ich auch erfahren, selbst wenn ich körperliche oder seelische Schmerzen habe und auch wenn es mir, nach den äußeren Maßstäben geurteilt, nicht sehr gut geht.

Schönheit kommt von innen

Menschen, die darunter leiden, dass die Zeit, ja dass ihr Leben sich in ihrem Gesicht zeigt, kann man nur raten: Sie sollen dazu stehen, dass sie älter werden. Das Alter hat seine eigene Schönheit. Es widerspricht der Schönheit, wenn sie künstlich hergestellt ist. Ein glattgezurrtes Gesicht eines alten Menschen wirkt eher peinlich. Solche Menschen tragen nur noch eine Maske zur Schau. Doch hinter der Maske spürt man die Leere, die einem da entgegenkommt. Da ist es ehrlicher, zu seinem Altsein zu stehen. Mein Gesicht ist immer dann schön, wenn ich ganz darin bin, wenn ich ausgesöhnt bin mit mir selbst. Das ist meine Aufgabe, ja zu sagen zu mir selbst, dankbar zu sein für das Leben. Diese innere Haltung wird dann die Schönheit bewirken. Dann wird aus meinem Gesicht etwas

ausstrahlen, das den Menschen guttut. Wir sehen es einem Menschen an, wenn er verbissen ist, unzufrieden, enttäuscht über sich selbst und über die Welt, die ihn nicht mehr so hofiert wie früher.

Altwerden ist eine spirituelle Herausforderung. Wenn ich die innere Schönheit meiner Seele entdecke, den Reichtum, der – wie Jesus sagt – in uns ist, dann werde ich auch nach außen eine gute Ausstrahlung haben. Dann ist es nicht mehr so wichtig, ob ich Falten im Gesicht habe. Entscheidend ist, ob aus meinem Gesicht Dankbarkeit, Gelassenheit und Heiterkeit strömen oder aber Gram, Unzufriedenheit, Klage und Verbitterung. Allerdings gehört zum Älterwerden durchaus, dass ich meinen Körper pflege. Es gibt alte Menschen, die die Körperpflege vernachlässigen. Sie sehen verwahrlost aus. Sie merken gar nicht, dass von ihnen ein unangenehmer Geruch ausgeht. Solche Menschen meiden wir lieber. Den Körper pflegen soll jedoch aus Liebe zum eigenen Leib geschehen. Wer gegen seinen Leib wütet und ihn gewaltsam auf jung trimmen möchte, dem wird der Leib immer wieder einen Strich durch die Rechnung machen. Er wird trotz aller Bemühungen die Spuren des Alters nicht verdecken. Wer jedoch seinen Körper liebevoll pflegt, weil er gerne in seinem Leib wohnt, der strahlt auch innere Schönheit aus.

Gesundheit kann man nicht festhalten

Die Fortschritte der Medizin haben auch die gesundheitlichen Möglichkeiten des Alters gesteigert. Es ist eine Tatsache, dass sich heute viele alte Menschen einer guten Gesundheit erfreuen. Sie können noch lange

Wanderungen machen, sogar auf hohe Berge steigen. Wer so gesund ist
und noch voller Kraft, soll dafür dankbar sein und es genießen. Viele
haben im Alter auch weniger mit den üblichen Krankheiten wie Erkältung
und Grippe zu tun als früher. Sie haben ihre Lebensform gefunden und
sind mit sich im Einklang. Sie stehen nicht mehr unter Stress. So fallen
die typischen Stresskrankheiten weg.

Wer sich auch im Alter noch seiner Gesundheit erfreuen darf, sollte dies
tun – und Gott dankbar sein, dass er ihm ein beschwerdefreies Alter
geschenkt hat. Aber niemand kann sicher damit rechnen, dass das immer
so sein wird. Irgendwann können auch die Beschwerden des Alters
kommen. Man sollte sie aber auch nicht herbeireden. Wer dankbar ist für
seine Gesundheit, verdrängt damit keineswegs sein Alter. Das tut nur, wer
die Warnsignale des Körpers nicht wahrnehmen will. Die Dankbarkeit
für die eigene Gesundheit weiß auch darum, dass sie Geschenk ist, das

Beschimpfe keinen alten Mann,
denn auch von uns werden
manche alt werden.

Das Buch Jesus Sirach 8,6

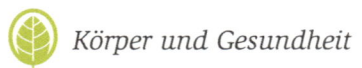

wir nicht festhalten können, das uns vielmehr irgendwann auch aus der Hand genommen werden kann. Darauf sollen wir nicht ängstlich starren, aber nüchtern damit rechnen.

Eine 80–jährige Frau erzählte mir, dass sie noch nie so im Einklang mit sich war wie jetzt mit 80 Jahren. Doch mit 82 Jahren kamen dann körperliche Beschwerden hinzu. Da war es dann nicht mehr so einfach, das anzunehmen. Wir können uns nicht aussuchen, wann die körperlichen Beschwerden sich melden. Wir sollen dankbar sein, solange wir gesund sind. Aber wir sollen es als Geschenk annehmen und nicht als etwas, was wir festhalten könnten. Irgendwann wird es auch anders werden. Wie die Schwäche kommt, plötzlich oder allmählich, ob sie zu einem langen

Neuer Geschmack am Leben

Wer dankbar auf sein Leben blickt, der wird einverstanden sein mit dem, was ihm widerfahren ist. Er hört auf, gegen sich und sein Schicksal zu rebellieren. Er wird erkennen, dass täglich neu ein Engel in sein Leben tritt, um ihn vor Unheil zu schützen und ihm seine liebende und heilende Nähe zu vermitteln. Versuche es, mit dem Engel der Dankbarkeit durch den kommenden Monat zu gehen. Du wirst sehen, wie Du alles in einem andern Licht erkennst, wie Dein Leben einen neuen Geschmack bekommt.

Siechtum oder zum plötzlichen Tod führt, das können wir uns nicht aussuchen. Es geht nur darum, bereit zu sein für das, was das Leben mit sich bringt, was Gott uns zumutet.

Es ist eine wichtige Aufgabe des alten Menschen, sich mit seinen Krankheiten auszusöhnen. Irgendwann wird die Krankheit nicht mehr geheilt werden. Man muss damit leben. Die einen leben resigniert mit der Krankheit. Die anderen versuchen, sie zu verdrängen und nach außen trotzdem stark und gesund zu erscheinen. Die Krankheit zerbricht mein Selbstbild. Aber ich bin nicht nur der Starke und Gesunde. Mein wahres Selbst ist jenseits von Gesundheit und Krankheit. So lädt mich die Krankheit ein, meine bisherigen Selbstbilder zerbrechen zu lassen, um aufgebrochen zu werden für mein wahres Selbst, für den inneren Kern, der nicht von der Krankheit infiziert ist. Und die Krankheit ist eine Herausforderung, durchlässig zu werden für Gott. Nicht mehr meine Kraft strahlt aus meinem Gesicht, sondern die Milde und Barmherzigkeit Gottes.

Das ist das Ziel. Doch der Weg dorthin ist nicht einfach. Wenn die Schmerzen nicht weggehen, fällt es nicht leicht, sich mit ihnen auszusöhnen. Und doch führt kein Weg daran vorbei. Wenn ich mich mit meinen Schmerzen nicht aussöhne, werde ich mich als Verlierer fühlen, weil alle Medizin und alle therapeutischen Maßnahmen nicht helfen, die Schmerzen zu beseitigen. Die Schmerzen nicht zu beachten gelingt auch nicht. Freundlich mit den Schmerzen umzugehen bedeutet für mich: ich fühle mich in den Schmerz hinein. Es tut weh. Aber ich versuche, durch den Schmerz hindurchzugehen. Dann ahne ich, dass auf dem Grund des Schmerzes Frieden ist. Der Schmerz führt mich dann in mein Inneres, in den Raum, in dem Gott in mir wohnt, in dem ich heil bin und ganz, schmerzfrei, erfüllt von Gottes Liebe und Milde. Der Schmerz zwingt mich, bei mir zu bleiben und in mir in den Bereich jenseits des Schmerzes einzutreten. Der Schmerz ist die beständige Erinnerung, ihn zu überschreiten in den schmerzfreien Raum auf dem Grund meiner Seele. Das ist nicht leicht. Manchmal können wir die Schmerzen kaum aushalten. Dann gelingt es uns nicht, über sie hinauszugehen. Dann sollten wir nach einer guten Schmerztherapie suchen. Wir sollen uns mit den Schmerzen auch nicht überfordern, sondern die Hilfen in Anspruch nehmen, die uns die heutige Schmerztherapie bietet.

Kann Krankheit einen Sinn haben?

Bei vielen Krankheiten erkennen wir ihren Sinn unmittelbar. Die Krankheit hat den Sinn, mich auf mein Maß aufmerksam zu machen. Ich habe mir zu viel aufgeladen und nicht bemerkt, dass ich es nicht schaffe. Ich traue mich nicht, etwas abzugeben oder bei einer Anfrage Nein zu sagen. So zwingt mich manchmal die Krankheit, mir eine Pause zu gönnen und mir den Freiraum zu nehmen, den ich mir vom Willen her nicht zu nehmen traute. Allerdings soll ich nicht allzu sehr nach den Ursachen der Krankheit fragen, sonst gerate ich in Gefahr, mich bei jeder Krankheit selbst zu beschuldigen, dass ich etwas verkehrt gemacht hätte. Dann vermittelt mir jede Krankheit Schuldgefühle, die mich nur noch kränker machen. Vielmehr soll ich nach ihrem Sinn fragen: Was will mir die Krankheit sagen? Worauf will sie mich hinweisen? Was soll ich ändern in meinem Leben? Dann kann ich manchmal durchaus dankbar sein für die Krankheit. Es gibt auch körperliche Krankheiten, die mich vor psychischer Überlastung beschützen. Es gibt Menschen, die vielleicht in eine Psychose abdriften würden, wenn sie diese Krankheit nicht hätten. So können Ärzte, Psychologen und Seelsorger im Gespräch mit Kranken oft feststellen, dass die Krankheit nicht nur schlimm ist, sondern einen Sinn hat und neue Lebensmöglichkeiten eröffnet.

Aber es gibt auch Krankheiten, die sinnlos erscheinen. Die Krankheit eines Kindes, die zum Tod führt, ein Krebs, der eine junge Mutter trifft, der Gehirntumor, der den Vater in seiner größten Schaffenskraft heimsucht und nicht mehr operiert werden kann, in all diesen Krankheiten können wir keinen Sinn erkennen. Wir können nicht verstehen, warum Gott es zulässt, dass die junge Mutter stirbt und ihre kleinen Kinder alleinlassen muss. Hier hat es auch wenig Sinn, sofort nach einem Sinn zu fragen. Wir müssen die Sinnlosigkeit aushalten. Der Theologe Karl Rahner meint: Nur wenn wir die Unbegreiflichkeit des Leids annehmen, können wir etwas von der Unbegreiflichkeit Gottes erahnen. Dann wird die Unbegreiflichkeit des Leids zu einem Teil der Unbegreiflichkeit Gottes. Aber gerade so kann uns die Krankheit vor die Frage stellen, was denn der Sinn unseres Lebens überhaupt ist. Offensichtlich entsteht der Sinn nicht allein durch langes Leben, durch Leistung und Sorge für andere. Eine unheilbare Krankheit verweist mich auf eine andere Ebene. Es geht

*Auch wer heute schwarzes
Haar besitzt,
      wird möglicherweise
      einmal die Farbe wechseln.*

Japanisches Sprichwort

nicht darum, wie lange ich lebe, sondern dass ich in den Jahren, die Gott mir zugedacht hat, meine ganz persönliche Lebensspur in diese Welt eingrabe. Manche Menschen werden durch ihre unheilbare Krankheit hindurch immer durchsichtiger für den ursprünglichen und unverfälschten Glanz ihrer Seele. Die unheilbare Krankheit hat nicht in sich einen Sinn. Aber ich kann dem Auftreten der Krankheit einen Sinn geben – mit der »Trotzmacht des Geistes« (V. E. Frankl), zu der wir fähig sind.

Wie können wir Leiden verstehen und aushalten?

Wenn wir an etwas oder an uns selbst leiden, ist der erste Schritt immer, dass wir versuchen, das Leiden zu verstehen. Warum leide ich? Was macht mein Leiden eigentlich aus? Was tut mir weh? Oft klagen wir über das Leid. Aber wir machen uns keine Gedanken darüber, was uns denn wirklich weh tut. Manchmal sind wir wie Kinder, die einfach schreien und jammern, aber gar nicht genau wissen, was sie eigentlich wollen. Wir leiden, wenn unsere Erwartungen nicht erfüllt werden. Wir leiden, wenn wir selbst nicht so sind, wie wir sein möchten. Wir leiden, wenn ein lieber Mensch neben uns krank wird oder gar stirbt. Solches Leiden gehört zum Menschsein.

Aber trotzdem ist der Impuls wichtig, das Leiden zu verstehen. Allerdings kommen wir da oft an Grenzen. Wenn ein junger Mensch neben uns schwer krank wird und stirbt, dann können wir weder sein Leid noch das eigene Leid um diesen Menschen verstehen. Wir sind erst einmal sprachlos und müssen diese Sprachlosigkeit aushalten, um auf einer tieferen Ebene zu verstehen, was da eigentlich geschehen ist und was in uns so tiefes Leid auslöst. Auch wenn wir den gewaltsamen und jähen Tod eines jungen Menschen nie verstehen werden, so ist es doch wichtig, unser Leid um ihn zu verstehen, zu beobachten, was da in uns so tief getroffen wird. Vielleicht werden mit unserer Angst konfrontiert, selbst jung sterben zu müssen.

Manchmal werden wir auch erfahren, dass wir uns manches Leid selbst machen. Wenn wir nicht auf unsere innere Stimme hören und gegen unser Wesen handeln, dann führt das zu einem Leid, an dem wir selber »schuld sind«, weil wir es letztlich selbst verursacht haben. Aber es tut trotzdem weh. Oder wenn wir an unseren Vorstellungen vom Leben festhalten, die von der Realität nicht eingelöst werden, dann leiden wir an der Situation. Aber es ist letztlich ein Leiden, das wir uns selbst bereiten, weil wir nicht bereit sind, unsere Illusionen loszulassen. Aber auch da ist es wichtig, unser Leid zu verstehen. Wenn wir es verstehen, können wir leichter damit umgehen.

Der zweite Schritt ist, das Leiden zu deuten. Es liegt an mir, welche Deutung ich dem Leid gebe. Das Leid hat nicht immer in sich eine bestimmte Bedeutung. Deuten ist Sache des Menschen. Und es ist immer subjektiv. Jedoch kann ich das Leid nicht beliebig deuten. In der menschlichen Seele liegen verschiedene Deutungsmuster bereit. Und ich muss mich entscheiden, welcher Deutung ich den Vorzug gebe.

Heilsame Krisis

Es gibt Tränen, die loslassen, aber auch Tränen, die nur den Blick trüben, weil sie um das eigene Leid kreisen. Tränen der Trauer sind heilsam. Tränen des Selbstmitleids lassen uns nur in unserem eigenen Leid versinken. Sie lösen nichts, sondern überschwemmen uns.

Der Ruhm der Jungen ist ihre Kraft,
die Zier der Alten das graue Haar.

Das Buch der Sprichwörter 20,29

Ein beliebtes Deutungsmuster ist das der Strafe. Doch wenn ich Leid als Strafe deute, kann ich nicht gut damit umgehen. Dann fühle ich mich bestraft. Ich suche sofort die Schuld bei mir. Das zieht mich noch mehr nach unten und verstärkt mein Leiden. Von diesem Muster muss ich mich also verabschieden.

Ein anderes Deutungsmuster ist, das Leiden als Herausforderung zu sehen. Das ist schon hilfreicher. Ich kann zwar nicht sagen, Gott schickt mir das Leiden, um mich zu prüfen. Aber ich selbst kann das Leid als persönliche Herausforderung annehmen, mich nicht zerbrechen zu lassen, ihm zu widerstehen, zu kämpfen und trotzdem meinen Weg weiterzugehen. Oder ich kann das Leid als Weg deuten, auf dem ich eine andere seelische Ebene erreiche. Ich höre auf, oberflächlich zu leben. Das Leid zwingt mich, mich nach dem wahren Grund zu fragen, der mich trägt. Auf diese Weise kann ich mit dem Leid besser umgehen. Oder ich kann das Leid als spirituelle Herausforderung deuten. Ich verstehe es als etwas, das mich aufbricht für Gott. Henri J. M. Nouwen, der holländische Theologe und Psychologe, hat bei der Einweihung eines Hauses für Priester und Ordensleute, die an »Burn-out« leiden, gesagt: »Dort, wo wir gebrochen sind, zerbrechen auch die Rollen und Masken und die Panzer, die wir um unsere Seele gelegt haben. Dort werden wir aufgebrochen für unser wahres Selbst und auch aufgebrochen für Gott.« Das Leid kann uns also auch aufbrechen für die Menschen, sodass wir sie mit ihrem Kummer und ihrer Not besser verstehen.

Nur wer sein Leid versteht und es angemessen deutet, kann es aushalten. Wenn ich nur die Sinnlosigkeit des Leids sehe, werde ich innerlich zerbrechen. Dann zerbrechen nicht meine Rollen und Masken, sondern ich selbst zerbreche daran. Ich erinnere noch einmal an den jüdischen Therapeuten Viktor E. Frankl, der im Konzentrationslager erlebt hat, dass, wer sein Leid als sinnlos erlebte und ihm keinen Sinn abringen konnte, sich selbst nach kurzer Zeit aufgegeben hat und gestorben ist. Der Glaube ist eine wichtige Hilfe, das Leiden auszuhalten, ohne daran zu zerbrechen. Wenn ich mich auch in meinem Leid von Gott gehalten und getragen weiß und mitten im Leid den inneren Raum erfahre, in dem Gott in mir wohnt, dann hat dort hat das Leiden keinen Zutritt. Es kann mich nicht zerbrechen.

Ältere Menschen haben besondere Fähigkeiten

Altern ist keineswegs nur körperlicher Verfall oder Nachlassen geistiger
Fähigkeiten. Alte Menschen haben im Gegenteil sogar Fähigkeiten, die
jungen abgehen. Die Hirnforschung zeigt: Das menschliche Gehirn entwickelt sich weiter, produziert neue Zellen, entwickelt neue Wege zu
denken. Alte Menschen denken anders. Sie denken nicht schneller, aber
konzeptueller. Daraus kann eine neue Art der Verantwortung erwachsen sowie eine neue Art, über das »Wie« und »Warum« des Lebens
nachzudenken.

Nicht umsonst haben die Völker den alten Menschen besondere Weisheit zugesprochen. Weisheit hat nicht nur mit der Lebenserfahrung zu
tun, sondern auch mit einer neuen Weise zu denken. Das griechische
Wort für Weisheit »sophia« meint einen Menschen, der eine besondere
Geschicklichkeit hat, der die Kunst des Lebens versteht und der eine
kluge Einstellung zum Leben hat. Das lateinische Wort »sapientia«
kommt von »sapere« (= schmecken). Für die Römer ist der Mensch
weise, der sich selber schmecken kann, der ausgesöhnt ist mit sich

selbst und daher einen guten Geschmack verbreitet, der im Einklang ist mit sich selbst. Das deutsche Wort »Weisheit« kommt von »wissen«, das wiederum von einer Wurzel stammt, die »sehen, erblicken, erkennen« bedeutet. Weise ist also der, der viel gesehen hat, oder einer, der tiefer blickt, der den Dingen auf den Grund sieht. Der Weise hat eine eigene Weise entwickelt, die Dinge zu sehen und das Wesentliche zu erkennen.

Schon Cicero wusste um die besonderen Fähigkeiten alter Menschen. Er meint: Große Dinge werden nicht durch Muskelkraft, Geschwindigkeit oder physische Leistungsfähigkeit erreicht, sondern durch Nachdenken, Charakterstärke und Urteilskraft. Der alte Mensch hat weniger Muskelkraft als der junge, er wird langsamer, und seine physische Leistungskraft lässt nach. Aber er hat andere Fähigkeiten. Er denkt ruhiger nach. Er ist in seinem Charakter gefestigt, und er hat durch lange Erfahrung eine gute Urteilskraft entwickelt. So vermag er manchmal mehr zu leisten als junge Menschen, nicht weil er mehr arbeitet, sondern weil er seine besonderen Fähigkeiten einsetzt, weil er mit mehr Klugheit und Weisheit an die Sachen herangeht.

Viele Firmen meinen, sie müssten Angestellte, die über 55 sind, vorzeitig entlassen, weil sie zu teuer sind. Doch damit vergeuden sie ein hohes Potenzial, das in den alten Mitarbeitern steckt. Sie können manches nicht mehr so schnell tun wie früher. Manche Probleme erfassen sie nicht sofort. Doch dafür haben sie andere Fähigkeiten entwickelt. Sie sehen das Wesentliche, auf das es ankommt. Sie haben größere Erfahrung und können eine Einzeltatsache besser in das Ganze einordnen. Sie sehen die Zusammenhänge klarer. Diese Fähigkeiten alter Menschen sollte die Gesellschaft nicht vernachlässigen. Natürlich gibt es auch alte Männer, die ihre Aufgabe und ihren Posten nicht loslassen können, weil sie nicht gelernt haben, etwas anderes zu tun als bisher. In der Kirche sind es vor allem alte Männer, die das Sagen haben. Das birgt auch Gefahren in sich. Aber immerhin traut die Kirche einem alten Mann zu, ihr als Papst vorzustehen. Und oft entwickeln diese alten Männer erstaunliche Fähigkeiten. Papst Johannes XXIII., den seine Kritiker für einen harmlosen alten und gutmütigen Mann hielten, hat die Kirche und die Welt verändert, indem er ein Konzil einberief und zum »aggiornamento« aufrief. Der alte Mann hat die Fenster der Kirche weit aufgerissen und frische Luft hineingelassen. Er hatte nichts zu verlieren. Er musste nicht taktieren. Alte Menschen sind oft freier, das zu tun, was sie als richtig erkannt haben. Und sie haben oft ein besseres Gespür für das, was dran ist.

In den 80er-Jahren sprach der katholische Publizist Walter Dirks von den Zornigen Alten, die lauter als junge Theologen den Ruf nach Erneuerung von Gesellschaft und Kirche oder den Ruf nach Gerechtigkeit und Frieden erhoben. Zu ihnen gehörten neben Walter Dirks auch die Theologen Karl Rahner und Heinrich Fries. Sie haben auch als alte Männer ohne Angst ihre Stimme erhoben für eine erneuerte Kirche und für gerechtere Strukturen in der Welt. Sie hatten nichts zu verlieren. Die Dichtung hat die besonderen Fähigkeiten alter Menschen herausgestellt. Bert Brecht hat in seiner Kalendergeschichte über »die unwürdige Greisin« eine alte Frau beschrieben, die die von der Gesellschaft vorgeschriebenen Normen hinter sich lässt und mit dem Tod ihres Mannes ihr Leben schlagartig ändert, ihr Leben genießt, indem sie Kinos und Gasthöfe besucht und neue Freunde findet. Für ein freies und selbstbestimmtes Leben, so die Botschaft Brechts, ist es nie zu spät. Martin Walser spricht in einem ähnlichen Sinn vom »Altersnarren«, also dem Menschen, der sich ohne

Genieße jetzt!
Wer ständig hungert,
kann sich nicht satt essen,
wenn der Tisch überreich
gedeckt ist.

Anselm Grün

Rücksicht auf Konventionen und unbeeindruckt von den Mächtigen die Freiheit nimmt und die Wahrheit beim Namen nennt. Vielleicht hat Mark Twain am besten zusammengefasst, was all diese Beispiele gemeinsam haben, wenn er meinte: Die Alten sind deswegen so gefährlich, weil sie keine Angst mehr haben.

Die eigenen Grenzen selbstverständlich annehmen

Wer älter wird, erfährt es – nicht nur, wenn gut erzogene Jugendliche in der Straßenbahn aufstehen und einem den Platz anbieten: Die »Zipperlein« werden zahlreicher, die Anfälligkeiten und Beschwerden häufen sich, die gesundheitlichen Probleme werden größer. Man muss lernen, mit physischen Begrenzungen zu leben und mit einem schwächeren

Keine Sorge

Ängstliches Sorgen verdunkelt den Geist. Ich werde zwar für meine Zukunft sorgen. Aber ich werde nicht vernünftig handeln. Die Angst wird mich zu unsinnigen Ausgaben und Absicherungen treiben. Die Kunst besteht darin, für die Zukunft zu sorgen und zugleich die Sorge wieder loszulassen. Ich soll das tun, was in meiner Hand ist, und mich dann vertrauensvoll Gott überlassen.

Körper. Es ist ein schmerzlicher Prozess, sich mit seinen physischen Begrenzungen auszusöhnen. Natürlich ist man mit 60 nicht mehr so schnell wie mit 30. Der Arzt sagt einem irgendwann, dass die Schmerzen über den Rücken wohl nie mehr ganz weggehen werden, dass die Knie nicht besser werden und das Gehen immer beschwerlicher wird. Das sind keine rosigen Aussichten. Da kommt auch die Medizin an ihre Grenzen. Im Alter lässt sich nicht mehr alles reparieren. Manches kann zum Glück erleichtert und gelindert werden. Aber die Begrenzungen werden spürbarer und der Körper immer schwächer. Manche Menschen bedauern sich dann ständig vor anderen. Sie reden nur noch über ihre körperlichen Beschwerden und gehen damit ihrer Umgebung auf die Nerven. Andere versuchen, die Beschwerden zu verdrängen. Sie zwingen sich, noch genauso weit zu wandern, wie sie das früher konnten, auch wenn der Körper inzwischen nicht mehr mitmachen will.

Doch weder Jammern noch Verdrängen sind die angemessene Reaktion auf die körperlichen Beschwerden. Vielmehr ist ein stilles und selbstverständliches Annehmen der eigenen Grenzen gefordert. Wer seine Beschwerden annimmt, der spricht nicht ständig davon. Aber wenn er etwas tun soll, das über seine Kräfte geht, dann steht er zu seinen Grenzen. Er steht dazu, dass er den Aufzug braucht, weil er beim Treppensteigen mit seinem Herzen Probleme bekommt. Er steht dazu, dass er langsam aufstehen muss, dass er etwas mehr Zeit braucht, ins Auto zu steigen. Aber er macht davon kein Aufhebens. Er entschuldigt sich nicht, sondern nimmt es einfach an und steht dazu auch vor anderen. Diese Haltung gelingt aber nur, wenn ich vorher Abschied genommen habe von manchen Fähigkeiten. Abschied nehmen tut immer weh. Ich muss betrauern, dass ich nie mehr auf diesen oder jenen Berg steigen werde. Ich muss betrauern, dass ich keine weiten Fahrten mehr machen kann. Ich muss betrauern, dass ich nicht mehr tagelang auf die Enkelkinder aufpassen kann, weil es mich überfordert. Nur wenn ich das, was ich nicht mehr kann, betraure, werde ich Neues in mir entdecken, das in mir wachsen will. Und ich werde dankbar sein für das, was ich noch tun kann.

Die eigenen Grenzen –
eine spirituelle Herausforderung

Die äußeren Grenzen sind immer eine Chance, in sich Neues zu entdecken. Das Neue ist vielleicht die Fähigkeit, still zu werden, einfach nur
dazusitzen und durch das Fenster in die schöne Landschaft zu blicken.
Der Mann, der immer nur nach außen hin aktiv war, entdeckt auf einmal
die Fähigkeit, im Haushalt einiges zu erledigen. Vielleicht ist es die Fähigkeit zu kochen. Die Frau, die in der Pfarrei aktiv war und alle Feste organisiert hat, beginnt, für ihre Enkelkinder etwas zu stricken oder an sie in
aller Ruhe Briefe zu schreiben.

Die äußere Begrenzung ist immer auch eine spirituelle Herausforderung.
Wenn außen nicht mehr viel geht, kann ich nach innen gehen. Ich lerne
still zu werden, auf die Träume zu achten und auf die leisen Impulse, die
in meiner Seele hochsteigen, wenn ich einfach nur still dasitze. Ich kann
lernen, mich mit meiner Einsamkeit auszusöhnen. Und auf einmal fühle
ich mich auf neue Weise verbunden mit den Menschen um mich herum.
Aber ich fühle mich auch verbunden mit den Menschen, die mir im Tod
vorangegangen sind und von denen ich glaube, dass sie jetzt bei Gott
sind. Ich spüre eine neue Verbundenheit zu allem, was ist. Das schafft
in mir eine Fähigkeit, auch die Menschen um mich herum zu verbinden.
Ich werde auf einmal zum ruhenden Pol, zu dem andere kommen, um
von ihrer Zerrissenheit geheilt zu werden, um zerbrochene Beziehungen wieder zu heilen. Wer sich mit seiner äußeren Begrenzung aussöhnt
und sich auf den spirituellen Weg der Versöhnung mit sich und mit seiner
eigenen Lebensgeschichte einlässt, der wird in sich die Fähigkeit spüren,
zur Versöhnung in seiner Umgebung beizutragen. Er hat aufgehört zu
werten und zu verurteilen. Daher kommen die Menschen gerne zu ihm.
Sie wagen es, offen und ehrlich über sich zu reden. Denn sie haben das
Gefühl: Da hört einer zu, der mich nicht bewertet, der mich annimmt, so
wie ich bin.

Alter macht zwar immer weiß,
aber nicht immer weise.

Deutsches Sprichwort

Schrecken Demenz: Nichts liegt in unserer Hand

Dass das Gedächtnis nachlässt, dass einem Namen nicht mehr so schnell einfallen, dass man seine Brille immer häufiger verlegt und insgesamt etwas vergesslicher wird, ist nichts Ungewöhnliches, wenn man älter wird. Man kann es hinnehmen, man kann seine Gedächtnisfähigkeit aber auch trainieren. Bei vielen hat sich aber eine neue Angst eingeschlichen, die Angst davor, dement zu werden, also die Denkfähigkeit und die Orientierung überhaupt zu verlieren. Viele kennen in ihrer eigenen Umgebung alte Menschen, die dement geworden sind. Und sie haben Angst, ihnen könnte das auch widerfahren. Auch ich kenne das. Wenn ich Mitbrüder betrachte, die dement geworden sind, dann taucht in mir die Angst auf, ich könnte so werden. Für mich sind dann zwei Wege wichtig. Der erste Weg ist der Weg des Tuns. Was kann ich tun, um eine Demenz zu vermeiden? Psychologen und Ärzte meinen, wer bis zuletzt geistig aktiv ist, der würde nicht so leicht dement. Allerdings gibt es keine Garantie. Ein geistig so aktiver Mann wie Walter Jens wurde mit 84 Jahren auf einmal dement. Ich kann nur das Meine beitragen, um nicht dement zu werden. Und ich darf vertrauen, dass Gott mich davor bewahrt. Doch auch das Gottvertrauen ist keine Garantie dafür, nicht dement zu werden.

Daher ist der zweite Weg genauso wichtig: Ich stelle mir vor, was es für mich bedeutet, dement zu werden, meine Fähigkeit zu denken und zu schreiben zu verlieren. Das ist für mich eine spirituelle Herausforderung. Ich frage mich dann: Woher definiere ich mich? Definiere ich mich nur von meinen Fähigkeiten, von meiner geistigen Wachheit oder aber von Gott her? Wenn ich mich von Gott her definiere, dann kann mir die Demenz meine wahre Würde nicht nehmen. Sie nimmt mir nur das Ego. Das Ego, das alles in der Hand behalten möchte, das immer gut vor anderen dastehen möchte, wird zerbrochen. Und ich hoffe, dass durch dieses Zerbrechen meine Person ganz und gar aufgebrochen wird für Gott, dass durch die Demenz hindurch doch etwas in diese Welt hineinleuchtet, was nicht von dieser Welt ist.

Mich hat berührt, was Karl Rahner, über den ich meine Doktorarbeit geschrieben habe, kurz vor seinem Tod in einem Vortrag über das Älterwerden dazu gesagt hat. Rahner hat sich ja in seiner Theologie sehr

intensiv mit dem Tod auseinandergesetzt. Aber als er selbst mit dem eigenen Tod konfrontiert war, spürte er in sich trotz aller Theologie Angst
vor dem Tod. Er schreibt, dass man sich den Tod oft wünscht »in stiller,
gefasster Klarheit des Geistes«. Man sollte dazu das Seine beitragen. Doch
dann kommt Rahner darauf zu sprechen, es könnte ja auch ganz anders
werden. Man kann »in einen Zustand hinabstürzen, in dem man einfach
nicht mehr kann, wie man – angeblich – sollte, dann hat einem der ewige
Gott in seiner Liebe schon sanft alle Verantwortung für sein Leben abgenommen.« Das meint: Wir sollen uns auf ein gutes Sterben vorbereiten.
Aber wie dann das Alter und das Sterben auf uns zukommt, das liegt
nicht mehr in unserer Hand.

Es liegt nicht in unserer Hand, ob wir vorher dement werden und nicht
mehr über uns verfügen können. Rahner schreibt zu dieser Situation:
»Zur Aufgabe des Alters gehört es, rechtzeitig diese unbekannt auf uns
zukommende Situation des Alters und des Todes anzunehmen und zu
wissen: Alles kann Gnade sein, auch dann, wenn wir nur noch die hilflos
Besiegten sind.« In der Demenz sind wir die hilflos Besiegten. Aber auch
das kann noch Gnade sein. Gott nimmt uns in seiner Gnade die Verantwortung über uns. Er nimmt uns schon hinein in die Unbegreiflichkeit
seiner Liebe, in der wir mit unserer Demenz, auch mit all den unvernünf-
tigen und manchmal wütenden Phasen, geborgen sind.

Beziehungen
ändern sich – und
brauchen Pflege

Bevor ich im Folgenden auf die Beziehungen eingehe, die sich im Laufe des Lebens ändern, die Beziehungen zwischen Kindern und Eltern, zwischen den Eltern untereinander und zwischen Großeltern und Enkelkindern, möchte ich ein Märchen erzählen, das uns die Brüder Grimm überliefert haben:

Der alte Großvater und der Enkel
Es war einmal ein steinalter Mann, dem waren die Augen
trüb geworden, die Ohren taub, und die Knie zitterten ihm.
Wenn er nun bei Tische saß und den Löffel kaum halten konnte,
schüttete er Suppe auf das Tischtuch, und es floß ihm auch
etwas wieder aus dem Mund. Sein Sohn und dessen Frau ekelten
sich davor, und deswegen musste sich der alte Großvater endlich
hinter den Ofen in die Ecke setzen, und sie gaben ihm sein Essen
in ein irdenes Schüsselchen und noch dazu nicht einmal satt;
da sah er betrübt nach dem Tisch, und die Augen wurden ihm
naß. Einmal auch konnten seine zitterigen Hände das Schüssel-
chen nicht festhalten, es fiel zur Erde und zerbrach. Die junge
Frau schalt, er sagte aber nichts und seufzte nur. Da kaufte
sie ihm ein hölzernes Schüsselchen für ein paar Heller,

daraus musste er nun essen. Wie sie da so sitzen, so trägt der kleine Enkel von vier Jahren auf der Erde kleine Brettlein zusammen: »Was machst du da?« fragte der Vater. »Ich mache ein Tröglein«, antwortete das Kind, »daraus sollen Vater und Mutter essen, wenn ich groß bin.« Da sahen sich Mann und Frau eine Weile an, fingen endlich an zu weinen, holten also-fort den alten Großvater an den Tisch und ließen ihn von nun an immer mitessen, sagten auch nichts, wenn er ein wenig verschüttete.

Wenn die alten Eltern das, was sie den Kindern früher selbst gepre-digt haben, nicht mehr halten können, weil sie zitterig geworden sind, weil sie den Löffel nicht mehr halten können und sabbern, dann ist das für ihre erwachsenen Kinder eine Enttäuschung. Und manchmal können die Kinder das nicht aushalten, wie in diesem Märchen. Sie iso-lieren den alten Großvater, nicht weil der sich in ihre Erziehung hinein-mischt oder etwas Unrechtes tut, sondern nur, weil er alt ist und sein Verhalten nicht mehr ansehnlich. Sie übersehen den Schmerz des Groß-vaters. Der Enkel beobachtet genau, wie seine Eltern mit dem Großvater umgehen. Und er hält ihnen einen Spiegel vor. Er möchte auch eine hölzerne Schale machen, aus der dann seine Eltern essen sollen. Die Eltern schauen in diesen Spiegel und erkennen das Verletzende ihres Verhaltens.

Das Märchen zeigt, dass die Beziehung zu den alten Eltern nicht un-problematisch ist. Da ist manchmal die Pflege eine Last für die Kinder. Oder das Verhalten ist eben ekelerregend. Man kann und möchte es nicht mit ansehen. Unbewusst erwarten Kinder von den Eltern, dass sie sich bis ans Ende beherrschen können, dass sie alles im Griff haben, wie sie es immer hatten. Sie können die Hilfsbedürftigkeit ihrer alten Eltern nicht anschauen und annehmen. Das Märchen zeigt, dass der Großvater uns ja nur selbst vor Augen führt, was mit uns geschehen könnte. Keiner von uns hat die Garantie, dass er bis zuletzt diszipliniert ist und sein Leben selbst im Griff hat. Wir möchten unser Alter nicht zu Ende denken. Wir möchten uns nicht eingestehen, dass wir auch hilfs-bedürftig werden können. So ist das Alter immer auch für uns eine Her-ausforderung, uns der eigenen Wahrheit zu stellen, dem Prozess des

Älterwerdens bis hin zum Angewiesensein auf Hilfe und Unterstützung ins Auge zu sehen. Dann werden wir nicht nur barmherziger mit den Alten umgehen, sondern auch mit uns selbst.

So möchte ich im Folgenden auf die Beziehungen eingehen: auf die aktive Rolle der älteren Menschen in der Gesellschaft, die Beziehungen von älteren Menschen untereinander, die Beziehung zwischen den Erwachsenen und ihren alten Eltern und die Beziehung zwischen Enkeln und Großeltern. Beziehungen zwischen Menschen sind immer im Fluss. Und es ist gut, sich den Änderungen zu stellen. Viele werfen dem Ehepartner vor, dass er sich im Laufe seines Lebens geändert hat. Wir erwarten offensichtlich, dass er immer so bleibt, wie wir ihn kennengelernt haben. Doch das wäre eine statische Beziehung. Unsere Beziehungen sind immer in einem Prozess der Veränderung und Verwandlung.

Mit den Augen der Liebe

Lieben heißt nicht zuerst, liebevolle Gefühle zu haben. Lieben kommt von liob, gut. Es braucht zuerst den Glauben, das gute Sehen, um dann lieben, gut behandeln zu können. Liebe braucht erst eine neue Sichtweise. Bitte Deinen Engel der Liebe, dass er Dir neue Augen schenken möge, dass Du die Menschen um Dich und dass Du Dich selbst in einem neuen Licht sehen kannst, dass Du den guten Kern in Dir und den andern entdecken kannst.

Die Beziehungen zwischen alten und jungen Menschen sind heute zwei Gefährdungen ausgesetzt: nicht nur dem Jugendwahn, sondern auch der Jugendverdammnis. Entweder die alten Menschen verherrlichen die Jugend und versuchen, es ihr gleich zu machen. Doch das wirkt oft genug lächerlich. Sie wollen auch als alte Menschen immer noch jugendlich erscheinen, weil sie letztlich ihr Altsein ablehnen. Eine andere Weise der misslungenen Annahme des Älterwerdens besteht darin, die jungen Menschen zu verdammen. Man findet alles an ihnen schlecht. Wenn die Alten an ihre Jugend denken, war alles besser. Sie vergessen die Streiche, die sie den Erwachsenen damals gespielt haben. Und sie vergessen die Sorgen, die sie ihren Eltern gemacht haben. Indem sie auf die Jugend schimpfen, lenken sie ab von ihrem eigenen Altsein und letztlich von der Unfähigkeit, sich mit dem eigenen Alter auszusöhnen und den Wert des Altseins zu würdigen. An unserem Reden erkennen wir unsere Haltung dem Älterwerden gegenüber. Wie Alte über die Jugend sprechen, zeigt ihre eigene Versöhnung und ihr Unversöhntsein mit sich selbst. Umgekehrt offenbart das Reden der jungen Menschen über die Alten ihre Einstellung zum Leben. Daran erkennen wir, ob sie sich dem Prozess ihres eigenen Älterwerdens stellen oder ob sie ihn verdrängen und alles, was damit zusammenhängt, auf die Alten projizieren.

Eltern und Kinder können im Alter eine neue Beziehung aufbauen

Die Beziehung der Kinder zu den Eltern wird nicht unbedingt besser, wenn beide älter werden. Da gibt es Kinder, die schon längst eine Familie gegründet haben und mitten im Leben stehen. Sie sind so mit ihren Familien beschäftigt, dass der Kontakt zu den Eltern immer mehr abnimmt. Die Eltern warten darauf, dass die Kinder ihre Enkelkinder vorbeibringen, damit sie sich um sie kümmern können. Aber es geschieht für die Eltern zu selten. Andere Töchter oder Söhne haben den Kontakt zu den alten Eltern ganz abgebrochen. Ich habe die Hilflosigkeit von Eltern erfahren, denen ihre Kinder jeden Kontakt verbieten. Sie dürfen nicht anrufen. Wenn sie einen Brief schreiben oder eine Karte zu Weihnachten, wird die Post ungeöffnet zurückgeschickt. Sie wissen: Wenn sie die Tochter besuchen würden, würde sie ihnen nicht öffnen. Das tut weh. Die Eltern möchten ja gerne wissen, was sie verkehrt gemacht haben, womit sie die Tochter so verletzt haben. Und sie möchten alles besser machen. Aber die Tochter gibt ihnen keine Chance dazu. Die Eltern können nur hoffen und beten, dass die Tochter ihre eigene innere Verbohrtheit irgendwann einmal aufbricht und wieder Kontakt zu den Eltern sucht. Wenn sie die Beziehung für immer abbricht, dann schneidet sie sich ihre eigenen Wurzeln ab. Das tut ihr nicht gut.

Das vierte Gebot heißt: »Du sollst deine Eltern ehren!« Viele fühlen sich von diesem Gebot überfordert. Die Eltern haben sie so verletzt. Sie sehen keinen anderen Ausweg als die Distanz, um sich endlich frei zu machen von den Reglementierungen oder ständigen Entwertungen durch die Eltern. Die alten Eltern meinen, sie müssten immer noch alles bestimmen und beurteilen, was gut und schlecht, richtig und falsch ist. Doch auch wenn ich noch so sehr von den Eltern verletzt worden bin, hat das Gebot auch für mich eine heilende Wirkung. Ein holländisches Autorenteam hat dieses Gebot positiv gefasst: »Ich ehre meine Herkunft.« Wenn ich die Eltern verachte, verachte ich einen Teil von mir. Ich verachte meine Geschichte. Und das tut mir nicht gut. Ehren heißt nicht, dass ich alles gutheiße, was die Eltern getan haben. Aber ich muss respektieren, dass sie mir das, was sie konnten, gegeben haben. Vielleicht war es für mich zu wenig. Vielleicht hat mir manches nicht gutgetan. Dann ist es meine Aufgabe, mich davon zu distanzieren

Andere besuchen ihre alten Eltern. Aber sie finden keinen richtigen Zugang. Sie haben sich nichts mehr zu sagen. Sie spüren, dass sie in anderen Welten leben. Beide leiden an dieser Beziehungslosigkeit und können sie doch nicht überwinden. Andere haben Angst, von den alten Eltern vereinnahmt zu werden. Sie geraten wieder in die Kindrolle, sobald sie länger mit den Eltern zusammen sind. Daher versuchen sie, den Kontakt auf ein Minimum zu reduzieren. Letztlich erwarten sie von den Eltern, dass sie sich ändern. Aber die Eltern werden sich nicht ändern. Es ist meine Aufgabe, innere Distanz zu finden und mich nicht vereinnahmen zu lassen. Wenn ich nicht reagiere auf zu neugierige Fragen oder auf vereinnahmende Tendenzen, werden sie sich von alleine geben. Dann fühle ich mich nicht davon belastet. Ich lasse es bei den Eltern.

Eine Familie mit einem alten
Menschen in ihrer Mitte,
sie besitzt einen großen Schatz.

Aus Persien

Wie kann die Beziehung zwischen den schon älteren Kindern und ihren alten Eltern gelingen? Zunächst ist es für die Kinder wichtig, die Eltern zu lassen, wie sie sind. Sie sollen sich davon verabschieden, dass die Eltern sich ändern. Eine 60-jährige Frau hatte Probleme mit ihrer alten Mutter. Sie hat eine Therapie gemacht und gedacht, sie wäre nun zu einer neuen Beziehung zu ihrer Mutter fähig. Sie lud die Mutter zu einem gemeinsamen Urlaub ein. Doch der Urlaub war für sie eine Katastrophe. Sie hatte immer gehofft, dass die Mutter ihr sagen würde: »Du bist doch meine liebste Tochter. Du verstehst mich. Du kümmerst Dich um mich.« Ich sagte dieser Frau: »Dieses Wort werden Sie nie von Ihrer Mutter hören. Von dieser Illusion müssen Sie sich verabschieden. Sie sollen sich selbst mütterlich behandeln, anstatt von der Mutter dieses Verhalten zu erwarten.« Als Erwachsene erwarten wir, dass unsere Eltern stolz auf uns sind. Dann kränkt es uns, wenn die alten Eltern nur um sich selbst kreisen. Es ist wichtig, sie sein zu lassen. Ich gebe oft den Rat: »Wenn Sie Ihre alten Eltern besuchen, stellen Sie sich vor, Sie gehen ins Theater. Sie schauen zu, aber Sie spielen nicht mit. Dann ärgern Sie sich nicht über die Eltern. Sie lassen sie, wie sie sind. Aber Sie selbst lassen sich auch nicht in eine Rolle drängen. Sie bleiben Sie selbst.« Das ist keine Entwertung der Eltern. Die Eltern dürfen so sein. Ich werte ihr Verhalten nicht. Ich schaue es nur an, ohne mich von ihrem Verhalten bestimmen zu lassen.

Die alten Eltern müssen natürlich auch lernen, sich in ihrem Urteil zurückzuhalten. Es fällt ihnen nicht leicht, das Heft aus der Hand zu geben und zu vertrauen, dass die Kinder ihren Weg gehen, auch wenn der anders aussieht, als man sich das vorgestellt hatte. Die alten Eltern sollen sich weder dafür entschuldigen, was sie in der Erziehung verkehrt gemacht haben, noch sollen sie sich für unfehlbar halten. Sie haben getan, was sie tun konnten. Sie haben gegeben, was sie geben konnten. Vielleicht hatten ihre Kinder manchmal das Gefühl, es sei nicht genug gewesen. Aber jetzt haben die Kinder die Verantwortung, aus dem, was sie bekommen haben, etwas zu machen. Die alten Eltern sollen vertrauen, dass sie den Kindern genügend mitgegeben haben, das ihnen hilft, ihr Leben zu meistern. Dann werden die Begegnungen mit den Kindern von Gelassenheit und Vertrauen geprägt sein und nicht von Belehrungen oder Vorwürfen.

Enkel und Großeltern – eine besondere Beziehung

»Großeltern gehören zu Beginn des 21. Jahrhunderts zu den wenigen positiv besetzten Altersbildern«, sagt der Zürcher Soziologe Francois Höpflinger. Die gemeinsame Lebenszeit von Großeltern und Enkeln ist wegen der erhöhten Lebensdauer so lange wie nie. Noch nie hatten so viele Enkel Großeltern. Das ist positiv und unterscheidet die Beziehung von der Eltern-Kind-Beziehung. Denn Kinder reiben sich oft an den Eltern. Sie wachsen heran, indem sie von den Eltern lernen, aber auch, indem sie sich von ihnen abgrenzen. Ihre Reifung geschieht immer in Beziehung zu den Eltern. Und da jeder Reifungsprozess durch Krisen hindurchgeht, ist auch die Beziehung zu den Eltern ambivalent. Die Eltern fühlen sich für die Kinder verantwortlich. Daher müssen sie

Grenzen setzen, korrigieren, kritisieren, erziehen. Das ruft immer auch den Widerstand der Kinder hervor. Doch in diesem Ringen miteinander wächst das Kind heran und wird reif.

Die Beziehung zwischen Enkeln und Großeltern ist oft deswegen besser und besonders, weil sie unbelastet ist. Die Großeltern haben keine unmittelbare Verantwortung für die Enkelkinder. Sie können einfach zuhören, was ihnen die Enkel erzählen. Von ihrer eigenen Lebenserfahrung her können sie alles gelassener sehen. Und sie geben den Enkelkindern Sicherheit und Geborgenheit. Bei ihnen fühlen sich die Enkelkinder daheim, verstanden, angenommen. Und die Großeltern sind normalerweise großzügiger, die Wünsche der Enkelkinder zu erfüllen. Da gibt es ihr Lieblingsessen, wenn die Oma kocht. Oder aber die Oma erzählt interessante Geschichten von früher.

Sonnenkinder

Wenn ein froher Mensch zu uns kommt, sagen wir: „Jetzt geht die Sonne auf." Es gibt Sonnenkinder, die überall Fröhlichkeit und Lebendigkeit verbreiten. Ich wünsche Dir, dass Du für andere zur Sonne wirst. Vielleicht hast Du schon einmal erfahren, dass man zu Dir sagte: „Du strahlst heute wie die Sonne. Wenn Du den Raum betrittst, dann wird er heller und wärmer. Dann ist die Sonne unter uns mit ihrer Heiterkeit und Strahlkraft. Dann geht es uns besser."

Enkelkinder hören ihren Großeltern gerne zu, wenn sie aus der Vergangenheit erzählen. Sie sind so etwas wie personifizierte Erinnerung und vermitteln damit Erfahrungen und Werte, die sie früher gelebt haben. Das ist etwas anderes, als wenn jemand die Gegenwart ausblendet und nur in der Vergangenheit lebt. In solchen Erzählungen wird Geschichte weitergegeben, und die Enkel merken, dass sie auch in einer größeren Tradition leben und mit früheren Zeiten durch die eigene Familiengeschichte verbunden sind. So wird auch ihr Horizont erweitert. Und auch größere Zusammenhänge ihres eigenen Lebens werden bewusst.

Viele Großeltern blühen auf in ihrer neuen Rolle. Sie haben eine gute Beziehung zu den Kindern. Und sie sind dankbar, dass sie gebraucht werden, dass die Enkel gerne zu ihnen kommen und an ihnen hängen. Mein Bruder ist ganz stolz, dass seine Enkelin so von ihm schwärmt. Mittagsschlaf möchte sie nur neben dem Opa machen. Meine Schwester erzählte mir, wie ihre Enkelkinder in den USA an ihr und ihrem Mann hängen, wenn sie mal für ein paar Wochen dort zu Besuch sind. Die älteste Tochter muss mit ihren 8 Jahren, bevor sie in die Schule geht, noch kurz zu den Großeltern ins Bett. Warum sucht die Enkelin bei den Großeltern diese Geborgenheit, die ihr die Eltern doch auch in vorbildlicher Weise geben? Offensichtlich können Großeltern eine andere Form von Sicherheit und Geborgenheit schenken als die jungen Eltern. Alte Menschen strahlen Zuversicht aus: »Du schaffst das schon in der Schule.« Die Enkelin muss erst etwas von dieser Geborgenheit in sich aufnehmen, bevor sie in die Ungeborgenheit der Schule hinaus kann. Kinder spüren, dass von den Großeltern etwas ausgeht, das junge Eltern nicht zu geben vermögen. Es ist die Weite, die Milde, das Verstehen, das Vertrauen ins Leben, die Erfahrung. All das gibt den Kindern das Gefühl von Sicherheit und Halt. Und sie spüren, dass sie im Kontakt mit den Großeltern an ihren Wurzeln Anteil haben. Sie haben teil an ihrer Lebenserfahrung, an ihrer Kraft, das Leben zu meistern.

Oft können sich die Enkelkinder den Großeltern eher anvertrauen, weil sie sich nicht bewertet fühlen. Sie dürfen auch von ihren Ängsten erzählen oder von den Verletzungen, die sie erfahren haben, von ihren Empfindlichkeiten und von ihren Sehnsüchten. Sie können auch von ihren

Konflikten mit den Eltern reden, ohne dass sie beurteilt werden. Das öffnet ihr Herz. Sie wissen, dass die Großeltern das, was sie ihnen erzählen, bei sich behalten.

Großeltern geben etwas Besonderes weiter

Großelternzeit, so schrieb jemand, sei eine religiöse Entwicklungs- und Erziehungszeit. Denn Großeltern sollten religiöse Erziehungsdefizite wettmachen und den Enkeln Glauben vermitteln. Ich würde das so nicht formulieren. Denn dann wird den Großeltern wirklich eine Last aufgebürdet, die ihnen nicht guttut. Sie müssen die Enkelkinder nicht erziehen. Sie müssen auch die religiösen Defizite der Eltern nicht ausgleichen. Die Großeltern haben in diesem Sinn keine Verantwortung für die Erziehung der Enkelkinder. Es braucht die innere Freiheit der Großeltern

ihren Enkeln gegenüber. In dieser Freiheit können dann die Großeltern mit ihren Enkeln auch vom Glauben sprechen. Die Enkelin meines Bruders möchte mit ihm immer in die Kirche gehen. Kinder sind von sich aus oft neugierig. Und auf diese Fragen sollen die Großeltern eingehen. Sie sollen auch erzählen von ihrem Glauben, der sie getragen hat. Aber sie sollen den Enkeln den Glauben nicht aufdrücken. Sie können nur erzählen und das weitergeben, was sie erfahren haben. Aber sie sollen sich nicht unter Druck setzen, dass sie die Enkel überzeugen oder zum religiösen Leben hinführen müssten. Sie sollen vertrauen, dass das, was ihrer eigenen Erfahrung entspringt, auch in den Enkeln zu einem Samen wird, der irgendwann einmal aufgeht. Ich habe in Gesprächen mit Jugendlichen oft erfahren, dass sie den Glauben vor allem von der Großmutter gelernt haben. Das hat sie ihr Leben lang geprägt. Manche haben sich vom Glauben der Großmutter oder des Großvaters getragen gefühlt. Und manche haben bei den Großeltern ihre Liebe zum Beten gelernt. Manche verdanken gar ihre Berufung zum Ordensleben oder zum Priestertum der Frömmigkeit der Großeltern. Aber wenn die Großeltern ihre religiöse Erziehung zu sehr verzwecken, wenn sie damit unbedingt etwas erreichen wollen, dann erreichen sie die Enkelkinder nicht. Dann erzeugen sie eher Widerstand in ihnen.

Vielleicht geht die Beziehung aber auch umgekehrt. Nicht nur die Großeltern geben etwas Besonderes weiter. Auch die Enkel geben etwas Besonderes. Die Großeltern selber können nämlich über die Enkel wieder einen Zugang zu ihrer eigenen Kindheit bekommen, zu den verschütteten Möglichkeiten des Spielens und des ganz einfachen Lebens und auf ganz natürliche Weise »werden wie die Kinder«. Vielleicht öffnet die Beziehung zu den Enkeln ihnen daneben auch den hoffnungsvollen und liebenden Blick in eine Zukunft – über das eigene zeitlich begrenzte Leben hinaus.

Frauen erleben das Älterwerden anders als Männer

Natürlich gibt es keine generellen Regeln, wie Frauen das Älterwerden erleben. Aber dass Frauen vor ganz eigenen Herausforderungen stehen, das sagen viele. Für sie spielt die »biologische Uhr« eine Rolle, die Wechseljahre und damit der Abschied von der Gebärfähigkeit. Andere spüren das »Leere-Nest-Syndrom«, wenn die Kinder aus dem Haus gehen. Schönheitsideale spielen eine Rolle, die von den Medien und der Werbung vorgegeben werden, aber auch die Veränderungen in den Beziehungen, wenn die Partnerschaft in die Jahre – und damit vielleicht in die Krise kommt, die zur Folge hat, dass Männer sich einer jüngeren Frau zuwenden. Vielleicht ist auch die Pflege der alten Eltern ein Thema, das Frauen ganz besonders betrifft.

Viele Frauen, die sich sehr von ihrem Äußeren her definieren und denen es wichtig ist, in der Gesellschaft als jung und schön wahrgenommen zu werden, haben Probleme mit dem Altwerden. Wenn sie im Spiegel ihre Gesichtsfalten wahrnehmen oder wenn sie ihre ersten grauen Haare entdecken, dann geraten sie manchmal in Angst und Schrecken. Für sie ist Altwerden etwas Bedrohliches. Sie spüren, sie müssen sich verabschieden von der Sehnsucht, gesehen zu werden. Die Angst vor dem Altwerden ist eine Herausforderung, sich über die wahren Werte Gedanken zu machen. Der tiefste Wert eines Menschen besteht nicht darin, von anderen gesehen zu werden, anerkannt zu sein, als schön beurteilt zu werden. Ich muss in mir selbst stehen. Ich muss den eigenen Reichtum meiner Seele wahrnehmen. Dann treten solche Ängste in den Hintergrund.

Es ist oft nur die erste Phase des Älterwerdens, die den Frauen zu schaffen macht. Wenn sie sich dann ausgesöhnt haben mit ihrem Alter, dann entwickeln sie oft ganz andere Werte. Sie werden angezogen von den archetypischen Bildern der weisen Alten. Sie lesen die Märchen, in denen alte weise Frauen eine wichtige Rolle spielen. Die feministische Bewegung hat von Neuem das Bild der Hexe entdeckt, Hexe nicht im negativen Sinn, sondern als Verkörperung von Weisheit der Natur, von innerer Freiheit und von Fähigkeiten, die Menschen zu verzaubern und zu lenken.

Die Situation älterer Frauen ist verschieden, je nachdem ob eine Frau als Mutter Kinder hat oder kinderlos geblieben ist, ob sie verheiratet ist, verwitwet oder aber alleinstehend. Meine Mutter war 61 Jahre alt, als sie ihren Mann verlor. Sie hat danach noch 30 Jahre gelebt. Sie hat ihren Mann sehr geliebt. Aber sie hat nach seinem Tod nicht nur getrauert. Sie hat neue Fähigkeiten in sich entdeckt. Sie ist innerlich gewachsen und hat

Junge Leute wissen nicht,
was Alter ist,
und alte vergessen,
was Jugend war.

Aus Irland

mehr und mehr ihre eigene Identität entdeckt. So gibt es alte Frauen, die sich ausgesöhnt haben mit ihrem Schicksal – sei es der Tod ihres Mannes, der Tod eines Kindes, die Kinderlosigkeit – und ihre eigenen Stärken entwickeln. Es gibt aber auch Frauen, die daran zerbrechen, dass ihr Mann sie noch im Alter verlassen und sich einer jüngeren Frau zugewandt hat. Eine Frau hat alles für ihren Mann getan. Sie hat ihm den Rücken frei gehalten, damit er seine verantwortungsvolle Arbeit in der Firma leisten konnte. Jetzt nach der Pensionierung verlässt er sie und zieht zu einer jüngeren Frau. Das ist eine tiefe Verletzung. Die Frau kommt kaum darüber hinweg. Es ist verständlich, dass solche Verletzungen einen Menschen zerbrechen können. Manche werden dann bitter und verzweifeln an ihrem Leben. Sie machen sich nur Vorwürfe oder werden bitter im Bedauern darüber, was sie versäumt haben. Oder sie werden vom Zorn über den Mann, der sie verlassen hat, innerlich aufgefressen. Doch auch an solchen Kränkungen kann man wachsen. Die Frau darf sich dann nicht nur vom Mann her definieren, sondern soll ihre eigene Identität, ihre eigene Würde finden. Sie hat für den Mann gelebt. Das ist auch eine Leistung. Jetzt kann sie für sich selbst sorgen und leben. Dann wird sie an diesem Schicksal reifen und vielleicht gerade durch die Verletzung zu einer weisen Frau werden.

Alleinstehende Frauen haben oft Angst, wie es mit ihnen im Alter wird. Für sie wird niemand sorgen. Mit einem Altersheim können sie sich auch nicht immer anfreunden. So hoffen sie, dass sie möglichst bis zuletzt in ihrer Wohnung bleiben und ihr Leben meistern können. Doch wenn dann alte Freunde und Freundinnen wegsterben, wird es nicht einfach, sich mit der eigenen Einsamkeit auszusöhnen. Andere suchen sich frühzeitig einen Platz, entweder in einem Altenheim oder in einem Haus für »Betreutes Wohnen«. Es gibt heute viele Modelle, die alleinstehenden Frauen noch einen guten Lebensabend ermöglichen. Entscheidend ist aber nicht nur die äußere Wohn- und Pflegesituation, sondern die innere Bereitschaft, sich mit seinem Leben auszusöhnen. Da gibt es Phasen, in denen die Trauer hochkommt über all das, was man nicht leben konnte. Vielleicht hatte man den Lebenstraum, eine Familie zu gründen. Doch aus diesem Wunsch ist nichts geworden. Aber das Leben ist dennoch wertvoll. Es geht dann darum, sich selbst nicht aufzugeben, innerlich lebendig zu bleiben, interessiert am Leben, offen für die Mitmenschen und offen für Gott. Dann werden solche Frauen zum Segen für andere. Es gibt viele weise Frauen, die durch die Ehe weise geworden sind. Es gibt aber auch viele, die als Alleinstehende zur Weisheit gefunden haben.

Männer altern anders

Männer erfahren das Älterwerden anders als Frauen. Sie stehen oft unter dem Druck, sich beweisen zu müssen. Wenn sie nun älter werden, erhöhen sie den Druck auf sich selbst. Sie arbeiten dann nicht selten noch mehr. Oft sind sie umtriebiger, wenn sie älter werden. Sie werden unruhig, müssen immer etwas tun, um sich und den anderen zu beweisen, dass sie unbegrenzt belastbar sind. Manchmal kommt auch eine Torschlusspanik hoch. Es bleibt nicht mehr viel Zeit, all das, was einem

Akzeptiere Deine Gefühle

Männer tun sich oft schwer, sich mit ihren Gefühlen und mit ihrem Innenleben zu beschäftigen. Sie gehen der ehrlichen Selbsterkenntnis lieber aus dem Weg und verlagern ihre Energie auf den Beruf, in dem sie sich für ihre Familie aufopfern. Doch je weniger sie sich selbst erkennen, desto mehr Angst haben sie vor dem Unbekannten in sich. Und desto ängstlicher reagieren sie auf das, was die Kinder ihnen als Spiegel vor Augen halten.

*Mit jedem Tag des Lebens
kommt ein Stück Weisheit hinzu.*

Vietnamesisches Sprichwort

wichtig ist, durchzuführen und zu Ende zu bringen. Ältere Männer werden oft ungeduldig. Sie können kaum warten. Wenn sie etwa beim Supermarkt nicht gleich drankommen wollen, kann man das beobachten.

Diese Unruhe ist meistens ein Zeichen für die Angst, nicht mehr gebraucht zu werden. Durch die Umtriebigkeit zeigt man, dass man noch gebraucht wird. Andere haben Angst vor der Leere, die auftaucht, wenn sie nicht mehr ihre alte Tätigkeit ausüben. Daher wollen sie sich selbst und den anderen beweisen, dass sie ihre Arbeit noch lange bewältigen können. Manchmal ist diese Unruhe auch irrational. Sie haben das Gefühl, sie müssten noch dies oder jenes schaffen, bevor sie sterben. Manchmal decken sie auch die Angst vor dem Sterben mit ihrer Aktivität zu.

Auch Männer müssen lernen, im Älterwerden andere Werte in sich zu entwickeln: die Weisheit und Reife des Alters. Auch hier gibt es den Archetyp des weisen alten Mannes, des Einsiedlers, zu dem die Menschen kommen, um Rat zu suchen. Wer durch die Umtriebigkeit hindurch gegangen ist, der gelangt oft zu einer großen inneren Ruhe. Dann geht von ihm etwas aus. Er wird dann zum weisen Alten, zu dem man gerne geht, um Orientierung im eigenen Leben zu finden.

Für die Männer ist die Pensionierung oft ein stärkerer Einschnitt als für die Frauen. Sie haben sich lange vom Beruf her definiert. Jetzt werden sie nicht mehr gefragt. Sie haben ihre Rolle verloren, die sie im Berufsleben gespielt haben. Sie waren Abteilungsleiter oder Vorarbeiter. Sie galten etwas. Sie haben sich mit ihrer Rolle identifiziert. Jetzt müssen sie ihre Identität jenseits der Rolle finden. Sie als Mensch sind gefragt, mit ihrer Lebenserfahrung, aber vor allem mit ihrem Charakter. Jetzt muss sich zeigen, welche Person hinter der Rolle hervorkommt.

Männer tun sich auch schwerer mit dem Nachlassen der körperlichen Kräfte. Wenn sie erkennen, dass sie handwerklich nicht mehr so geschickt sind, weil die Hände zittern, dass sie nicht mehr die Kraft haben, große Wanderungen zu machen oder hohe Berge zu besteigen, mit den Skiern steile Hänge abzufahren, dann fällt es ihnen oft schwer, sich mit dieser Begrenzung auszusöhnen. Wenn sie krank sind, neigen sie dazu, es zu verdrängen. Oder aber sie werden wehleidig. Sie kreisen nur noch um ihre Krankheiten. Oft werden sie dann depresssiv, sehen keinen Sinn mehr in ihrem Leben. Zur Krankheit zu stehen, ohne wehleidig darum zu kreisen, ist für den Mann keine leichte Aufgabe. Aber manche reifen daran.

Manche haben auch Probleme, wenn ihre sexuelle Potenz nachlässt. Die Pharmaindustrie hat sich die Angst der Männer vor dem Nachlassen ihrer Potenz zunutze gemacht und potenzsteigernde Pillen entwickelt. Doch damit wird das Problem nicht gelöst. Männer, die ihren Wert nur aus der sexuellen Potenz beziehen und nicht erkennen, dass im Alter andere Werte und Stärken gefragt sind, bleiben innerlich stehen. Sie entwickeln sich nicht weiter.

Immer wieder begegne ich älteren Männern, die nach der Pensionierung von ihrer Frau verlassen wurden. Die Frau hat es nicht mehr ausgehalten, weil die Ehe für sie leer geworden ist. Das ist eine tiefe Kränkung für den Mann. Er hatte gedacht, er sei ein guter Ehemann. Er habe finanziell für die Familie gesorgt und alle Kraft für sie eingesetzt. Aber

vielleicht hat er die Beziehung vernachlässigt. Jetzt ist sie leer geworden. Er ist innerlich stehen geblieben, während seine Frau sich weiterentwickelt hat. Männer tun sich dann schwer, für sich allein zu sorgen. Doch es gibt auch Männer, die dann aufwachen. Sie werden gute Hausmänner, halten das Haus sauber, kochen für sich. Und sie machen sich auch auf einen inneren Weg. Sie fangen an, Bücher zu lesen, Kurse zu besuchen. Sie spüren, dass sie menschliche Defizite haben. Nun wollen sie dem Geheimnis des Menschseins auf die Spur kommen. Aber es ist immer ein Prozess der Trauer, durch den sie hindurch gehen müssen. Manche überspringen diesen Prozess und gehen sofort auf die Suche nach einer neuen Frau, weil sie es allein nicht aushalten. Ich muss erst betrauern, dass meine Ehe gescheitert ist, dass ich als Mann innerlich zurückgeblieben bin. Dann werde ich auf dem Grund meiner Seele neue Fähigkeiten und Möglichkeiten entdecken.

Im Alter fühlt sich Liebe anders an

Erfahrungen, wie sie im Folgenden eine Frau um die 60 schildert, sind nicht ungewöhnlich: »Mein Mann hat sich in eine jüngere Frau verliebt. Er meint, es sei die Frau seines Lebens. Wir sind 35 Jahre glücklich verheiratet. Jetzt droht unsere Ehe auseinanderzugehen.«

Es ist leider oft so, dass sich ältere Männer in jüngere Frauen verlieben. Das hat viele Gründe. Es ist natürlich, dass der Mann auch in der Ehe andere Frauen attraktiv findet. Doch oft verliebt er sich in eine jüngere Frau, um seinem eigenen Alter aus dem Weg zu gehen. Er hat die Hoffnung, durch die jüngere Frau selbst jünger zu werden. Doch das gelingt nicht. Er macht sich damit etwas vor. In 10 Jahren wird er für die jüngere Frau ganz und gar nicht mehr attraktiv sein. Und er wird sich selbst überfordern, wenn er spürt, dass er mit der Jugend seiner Frau nicht mehr mithalten kann.

Dass sich ein Mann in eine andere Frau verliebt, dagegen kann er selbst nichts machen. Aber es ist seine Verantwortung, wie er damit umgeht. Ich verliebe mich in die Frau, die etwas in sich hat, was auch in mir ist, was ich aber bei mir vernachlässigt habe. Dann wäre das Verlieben die Aufgabe, das von mir Vernachlässigte in mir zu pflegen und zu verwirklichen. Und das Verlieben bringt mich in Berührung mit meiner Fähigkeit, zu lieben. Vielleicht hat sich die Liebe zu meiner Frau durch 35 Jahre Ehe abgenutzt. Es sind keine prickelnden Gefühle mehr in der Liebe. Die Eroskraft ist verloren gegangen. Dann wäre das Verlieben die Chance, die eigene Ehe wieder mit der ursprünglichen Liebe in Berührung zu bringen. Natürlich kann die Liebe nicht mehr so sein wie vor 35 Jahren. Aber es ist trotzdem gut, sich an diese Liebe zu erinnern. Dann erkennen wir, was uns am andern damals so fasziniert hat. Das, was uns fasziniert hat, ist ja weiterhin in ihm. Wir müssen es nur wieder neu anschauen.

Was könnte die Frau tun? Der erste Schritt, den sie tun könnte, wäre, ihren Mann zu verstehen, ohne ihm Vorwürfe zu machen. Aber zugleich sollte sie ihn erinnern, dass sie füreinander und für ihre Kinder Verantwortung übernommen haben, dass Liebe nicht nur ein Gefühl ist, sondern auch Treue und Fairness und Verlässlichkeit bedeutet. Und sie sollte mit ihrem Mann gemeinsam überlegen, wie ihre Ehe wieder lebendiger werden kann. Es kann eine Hilfe sein, gemeinsam eine Paartherapie zu machen oder in eine Eheberatung zu gehen. Dort können beide anschauen, was sie noch füreinander bedeuten, aber auch, was sie einander entfremdet hat, was in all den Jahren zu kurz gekommen ist, wo Verletzungen und Enttäuschungen um des lieben Friedens willen unter den Teppich gekehrt wurden. Dieses Anschauen der eigenen Ehe ist oft schmerzlich. Aber es kann die Chance sein, manches zu verändern. Zugleich ist das Anschauen der eigenen Ehe eine Einladung, sich über den Sinn der Liebe, der Treue und der Partnerschaft Gedanken zu machen. Welche Werte tragen uns heute? Im Alter fühlt sich die Liebe anders an. Da geht es nicht mehr nur um Verliebtsein, sondern um das Stehen zum anderen, um das Annehmen des anderen so, wie er ist. Wir werden uns dann von romantischen Illusionen verabschieden, die wir oft unbewusst in uns tragen. Da ist die romantische Illusion, dass wir immer tiefe Gefühle von Liebe spüren müssen, die uns glücklich machen. Die Gefühle der Liebe wandeln sich. Aber entscheidend ist die Liebe als bedingungsloses Annehmen des anderen. Die Liebe schafft einen Raum, in dem der andere er selbst sein kann, aber zugleich auch immer mehr in die Gestalt hineinwächst, die seinem Wesen entspricht.

Wenn sich in der Paartherapie oder in der Eheberatung zeigt, dass die Ehe nicht mehr tragfähig ist, weil die Verletzungen zu stark sind, weil man sich heillos zerstritten oder sich völlig voneinander entfremdet hat, dann wäre es wichtig, das Scheitern der Ehe zu betrauern. Es tut weh, sich einzugestehen, dass ein Lebenskonzept, für das man über 35 Jahre alle Kraft eingesetzt hat, zerbrochen ist. Aber durch das Betrauern hindurch

Liebe nehmen – Liebe geben

*Wenn wir aufhören uns zu verausgaben,
wenn wir uns die Liebe nehmen, die uns
angeboten wird, dann wird auch unser
Weg in die immer größere Schwachheit
und Leere gestoppt. Wir brauchen nur
die Augen zu öffnen. Es wird uns von
vielen Menschen Liebe und Zuwendung
angeboten. Wir müssen sie nur ergreifen.
Wir sollen von unseren Eltern die
Liebe nehmen, die sie uns schenken.
Jeder durfte sich etwas vom Zipfel des
Gewandes bei seinem Vater oder bei
seiner Mutter nehmen. Es gibt keine
Eltern, die ihren Kindern gar nichts
geben. Auch wenn das Geben unserer
Eltern beschränkt war, haben wir alle
schon genommen. Und nur weil wir
genommen haben, können wir geben.*

können wir in uns neue Möglichkeiten entdecken und auf den Grund der eigenen Seele gelangen. Dort werden wir vielleicht erkennen, dass wir uns nicht nur als Ehepartner definieren, sondern unseren tiefsten Grund in Gott haben, dass wir einmalig und einzigartig sind und unseren Wert nicht allein von unserem Partner beziehen.

Es gibt aber nicht nur das Scheitern einer langen Beziehung, sondern auch das Gelingen. Es ist schön, wenn wir alte Ehepaare sehen, die über 30, 40, ja 50 und 60 Jahre miteinander gelebt haben und gemeinsam ihren Weg gegangen sind. Sie sind sich so vertraut geworden. Einer kennt den anderen und nimmt ihn an, so wie er ist. Ihre Liebe ist nicht mehr leidenschaftlich, aber treu und dennoch zärtlich. Sie helfen einander. Sie werfen dem anderen sein Alter und seine Begrenzungen nicht vor, sondern tragen sie miteinander. In ihrem Miteinander spürt man die große Liebe, die sie trägt und die sich jetzt im Alter verwandelt hat in ein bedingungsloses Annehmen des anderen. Sie teilen die gemeinsamen Erinnerungen an die vielen Jahre, die sie zusammen erlebt haben, an die Krisen und dunklen Zeiten, die sie miteinander durchgestanden haben, an die Geburt ihrer Kinder und deren Entwicklung, an all das, was sie gesehen haben, worin sie für andere zum Segen geworden sind, und an den Segen, der von ihrer gemeinsamen Liebe ausgegangen ist in diese Welt. Solche alten Ehepaare, die sich in ihrer gegenseitigen Liebe ein Leben lang tragen, sind ein Hoffnungszeichen für viele junge Ehen, die oft genug Angst haben, ob ihre Liebe ein Leben lang ausreichen und immer lebendig bleiben wird. Es gibt die Liebe, die dem andern für immer treu ist und ihn bis über die Schwelle des Todes begleitet.

Wir sind selbst dafür verantwortlich, dass wir lebendig bleiben

Manche ältere Paare sind von ihrer Beziehung enttäuscht. Sie sagen: Unsere Partnerschaft ist langweilig geworden. Wir haben uns nicht mehr viel zu sagen. Wir kennen einander in- und auswendig. Die Faszination durch den anderen ist vorbei. Dann stellt sich die Frage, wie man trotzdem gut und fair miteinander als Paar weiterleben kann.

Klugheit ist nicht im Alter,
sondern in der Vernunft begründet.

Türkisches Sprichwort

Zunächst gilt es, sich nüchtern einzugestehen, dass die Partnerschaft langweilig geworden ist und dass man einander nicht mehr viel zu sagen hat. Und die Partner sollen es betrauern. Denn es tut weh, sich das einzugestehen. Aber dann können sie gemeinsam überlegen, ob das so bleiben muss. Gibt es nicht doch noch viele Bereiche, für die sie sich gemeinsam interessieren? Oder haben sie sich nichts mehr zu sagen, weil sie die Reaktionen des anderen schon so genau kennen und die Frau es z.B. leid ist, dass ihr Mann sie ständig belehrt und ihr beweisen will, dass sie Dinge nicht versteht? Dann wäre es hilfreich, sich diese eingefahrenen Reaktionsmuster bewusst zu machen. Es hilft nicht weiter, dem Partner nur vorzuwerfen, dass er ständig belehrt. Denn vielleicht merkt er das gar nicht. Wenn die Partner miteinander sprechen, dann muss das ohne Vorwürfe und ohne Wertungen geschehen. Sie sollen einfach nur analysieren, was das Miteinander so schwer macht. Und dann können sie überlegen, was sie ändern können. Sie werden nicht alles ändern können. Manches muss man an sich und am anderen und am Miteinander einfach ertragen. Aber wenn ich es annehme als unsere Begrenztheit, dann macht es mich nicht mehr bitter.

Der zweite Schritt wäre, sich einzugestehen, dass weder mein Partner noch ich selbst die Attraktivität besitzen, die wir einmal hatten. Wir kennen einander, sowohl körperlich als auch seelisch. Das muss aber nicht Langeweile bedeuten. Es kann auch zum Vertrautsein führen. Wir sind uns vertraut. Wir kennen uns, aber wir nehmen uns so an, wie wir sind. Das braucht eine gewisse Gelassenheit und auch Demut. Wenn wir aufhören, am anderen herumzunörgeln, dann schaffen wir den Raum, in dem wir selbst sein dürfen, wie wir sind. Wir müssen nicht ständig beweisen, dass wir attraktiv sind. Das heißt nicht, dass wir nicht an uns arbeiten. Es braucht ja auch die Spannung des Lebendigen. Und lebendig bleiben wir nur, wenn wir bereit sind zu wachsen und uns weiterzuentwickeln.

Der dritte Schritt wäre, sich von der Fixierung auf die Partnerschaft zu lösen und den jetzigen Zustand als Einladung zu verstehen, dass jeder auch etwas für sich selbst tut. Jeder hat seine eigenen Interessen. Wenn wir die verfolgen, wenn wir uns weiterbilden, dann haben wir auch wieder etwas zu erzählen. Jeder kann von dem Gebiet, auf dem er

kompetent ist, dem anderen erzählen. Wichtig ist nur, dass wirklich die
Bereitschaft besteht, auch vom Partner zu erfahren, was ihn beschäftigt
und bewegt.

Im Alter dürfen wir dankbar sein für die Treue des Partners. Aber wir
dürfen nicht alles von ihm erwarten. Ich kenne alte Ehepaare, die zu
große Erwartungen an den Partner haben. Je weniger sie selber leben,
desto größer wird die Erwartung an den anderen. Wenn das Leben im
Alter eingeschränkt wird und man sich nicht mehr in sein Hobby oder in
eine Arbeit flüchten kann, dann ist es oft so, dass wir vom anderen die
Erfüllung unseres Lebens erwarten. Er muss uns lebendig halten. Doch
bei aller Treue, die wir vom andern erwarten dürfen, sind wir doch für
unsere innere Lebendigkeit selbst verantwortlich. Im Alter werden wir
beides erleben: wie dankbar wir uns auf die Treue des anderen verlassen
dürfen; aber auch, dass jeder letztlich sein eigenes Leben lebt und jeder
für seine Lebendigkeit sorgen muss. Wenn wir das Leben nur vom anderen erwarten, überfordern wir ihn. Manche alten Männer können es nicht

Sich-Verstehen

*Sich-Verstehen heißt, dass keiner den
andern für sich benutzt, sondern dass
beide gut zueinander stehen, dass sie in
guter Beziehung zueinander stehen. Das
gelingt aber nur, wenn jeder für sich selbst
gut stehen kann. Ich kann mich mit dem
Freund nur dann gut verstehen, wenn ich
mich selbst verstehe, wenn ich genügend
Selbsterkenntnis gewonnen habe.*

annehmen, wenn sie krank werden und auf Hilfe angewiesen sind. Dann projizieren sie ihre mangelnde Selbstannahme auf ihre Frau und kritisieren ständig an ihr herum. Die Frau darf das nicht auf sich beziehen, sondern soll ihrem Mann zutrauen, dass er sich mit seinen Begrenzungen aussöhnt. So gibt es gerade im Alter neue Herausforderungen für die Partnerschaft. Jeder reift bis zuletzt weiter. Jeder muss sein Leben

Alleinsein – ein Segen

Viele Menschen haben heute Angst vor dem Alleinsein. Sie fühlen sich nicht, wenn sie allein sind. Sie brauchen ständig andere Menschen um sich, um sich überhaupt am Leben zu fühlen. Aber das Alleinsein kann auch ein Segen sein.

In der Einsamkeit spüre ich, was mein Menschsein eigentlich ausmacht, dass ich an allem teilhabe, am All der Schöpfung, letztlich an dem, der alles in allem ist. Wenn Dich der Engel des Alleinseins in diese grundlegende Erfahrung Deines Menschseins hineinführt, dann schwindet in Dir alle Angst vor Einsamkeit und Alleingelassenwerden. Denn Du spürst, dass Du dort, wo Du allein bist, mit allem eins bist. Dann erfährst Du Dein Alleinsein nicht als Vereinsamung, sondern als Heimat, als Daheimsein. Daheim sein kann man nur, wo das Geheimnis wohnt.

lang lernen, seine Vorstellungen vom Leben loszulassen und sich mit der eigenen Realität und mit der Wirklichkeit seines Partners oder seiner Partnerin aussöhnen.

Auch in der älteren Partnerschaft braucht es beides: Alleinsein und Gemeinschaft, Nähe und Distanz, Gönnen und Lassen

Männer und Frauen haben heute, anders als das vielleicht in der Generation vorher noch der Fall war, ein partnerschaftliches Verhältnis eingeübt, das sich dann auch nach der Pensionierung positiv auswirkt, wenn noch mehr Zeit bleibt, das gemeinschaftliche Leben zu gestalten. Aber auch das andere gibt es noch: dass Frauen der Pensionierung ihrer Männer, die im Beruf aufgehen, mit einer gewissen Angst entgegensehen. Und nicht selten hört man auch heute noch Klagen wie die: »Seit mein Mann nach seiner Pensionierung ständig daheim ist, gehen wir einander auf die Nerven und machen uns das Leben schwer.«

Wenn die alte Rollenverteilung nicht mehr funktioniert und man auf einmal ständig zusammen ist, ist es in der Tat nicht immer einfach, zu einer neuen Form des Miteinanders zu finden. Die Pensionierung kann und sollte aber Anlass sein, ein neues Verhältnis von Nähe und Distanz zu schaffen. Die Frau merkt jetzt vermutlich am stärksten, dass die Jahre, in denen der Mann zur Arbeit ging und in denen sie möglicherweise auch gearbeitet hat, ein bestimmtes Maß an Nähe und Distanz geschaffen haben, das beiden guttat. Der Mann hatte seine Arbeit. Die Frau hatte ihre Arbeit und in der Regel auch die Erziehung der Kinder. Jeder konnte dort schalten und walten, wie er wollte. Man freute sich über die gemeinsame Zeit am Abend oder an den Wochenenden. In ihr tauschten beide sich aus. Der Mann erzählte von der Arbeit, sie von den Kindern und von dem, was sie im Beruf erlebt hatte. Wenn beide jetzt immer zusammen sind, dann muss das erst einmal eine Krise geben. Vielleicht hatten sich beide gefreut auf die viele gemeinsame Zeit. Aber jetzt spüren sie, dass das ständige Zusammensein gar nicht so gut ist. Sie dürfen darüber nicht enttäuscht sein. Das ist ganz normal. Eine gute

Ehe lebt vom ausgewogenen Miteinander, von Nähe und Distanz. Mann und Frau müssen jetzt eine neue Form dieser Spannung finden. Wenn der Mann den ganzen Tag zu Hause ist und seiner Frau bei der Hausarbeit oder beim Kochen zuschaut, dann geht er ihr notwendigerweise auf die Nerven. Denn sie fühlt sich nun auf einmal beobachtet oder gar kontrolliert. Die Frau kann nicht mehr so arbeiten, wie sie gerne möchte und wie sie es gewohnt war. Beide sollten also nicht ständig zusammensein. Sie brauchen auch ihre Zeit für sich allein.

Ein Ehepaar erzählte mir, in welche Krise sie die Pensionierung des Mannes – er war Schulleiter – gestürzt hat. Als sie gespürt haben, dass es so nicht weitergeht, haben sie sich gemeinsam überlegt, welche Rituale und welcher Rhythmus ihnen helfen könnte, wieder gut miteinander umzugehen. Und so einigten sie sich, dass nach dem Frühstück jeder den Vormittag für sich hat. Die Frau arbeitete im Haushalt. Der Mann zog sich in sein Arbeitszimmer zurück, wo er etwas las oder schrieb. Oder aber er ging spazieren oder pflegte seine verschiedenen Hobbys. Dann freuten sie sich wieder auf das gemeinsame Mittagessen, den Mittagsschlaf. Die Nachmittage gestalteten sie verschieden. Manchmal machten sie etwas gemeinsam, eine Wanderung oder einen Besuch. Manchmal blieb jeder für sich. Seitdem geht es ihnen gut.

Vor dieser Umbruchsituation, die der Übergang vom Beruf ins Privatleben bedeutet, müssen die Partner also überlegen, wie sie ein neues Gleichgewicht von Nähe und Distanz finden, das ihnen guttut. Sie dürfen sich keine Vorwürfe machen, dass sie sich auch einmal auf die Nerven gehen. Zu viel zusammen zu sein tut dem Menschen nicht gut. Jeder braucht immer beides: Gemeinschaft und Alleinsein, Nähe und Distanz, gemeinsame Unternehmungen und Dinge, die man gerne allein tut, in denen man sich vergessen kann und keinen Beobachter dabei hat.

In seinen Ufergedanken, mit denen sich Jörg Zink von seinen Lesern verabschieden möchte, kommt er auf seine Ehe zu sprechen, die er seit fast 60 Jahren mit Heidi führt. Und er nennt sieben Gründe für ein gelingendes Miteinander auch im Alter. Ich möchte nur die beiden ersten Gründe zitieren, die die Spannung zwischen Nähe und Distanz auf neue Weise aufgreifen. »Vielleicht ist das Erste, das helfen kann, ein Gönnen.

Dem anderen eigene Wege gönnen, eigene Zeit, einen eigenen Zeitrhyth-
mus, eigene Entscheidungen, eigene Wünsche. Eigene Freundschaften.
Überhaupt ihm gönnen, dass er ein eigener Mensch ist, der sein Leben
mit seinen eigenen Augen sieht. Vielleicht ist es danach ein Lassen. Ein
freilassender Respekt vor den Gedanken des anderen, die man nicht
alle zu wissen braucht. Respekt vor seinen inneren Erfahrungen, die er
nicht alle zu erzählen und die man selbst nicht zu wissen braucht. Ein
Wissen auch, dass eine Frau und ein Mann kaum etwas gleich empfinden werden. Respekt auch vor dem Gebet, das verborgen im anderen
geschieht, ohne dass es laut werden muss. Glaubensvorstellungen, die
ganz die eigenen bleiben. Und vor allem, niemals verlangen, dass der
eine den anderen zu imitieren habe.«

Eine Angst, die wehtut

Viele Menschen, die in einer glücklichen Partnerschaft leben, haben
Angst, dass der Partner früher stirbt. Diese Angst ist verständlich. Einer
Frau, deren Mann an Krebs erkrankt war, sagte ich: Sie werden sich allein
fühlen, wenn Ihr Partner vor Ihnen stirbt. Und Sie wissen nicht, wie Sie
allein das Leben schaffen. Ihr Mann hat sich um die Finanzen und um
das Haus gekümmert. Sie fühlen sich mit diesen Dingen überfordert. Sie
werden den Schmerz spüren, sich nicht mehr mit Ihrem Mann unterhalten zu können, ihn nicht mehr zu umarmen und zu küssen. Er wird
Ihnen an Ihrer Seite fehlen. Wenn Sie etwas freut, können Sie es ihm
nicht erzählen. Wenn Ihnen etwas schwerfällt, haben Sie niemanden,
dem Sie es mitteilen können. Und die Stütze und Liebe, die Sie all diese
Jahre erfahren haben, werden wegfallen. Das tut weh. Aber Sie sollen
darauf vertrauen, dass Sie in sich neue Fähigkeiten entwickeln und dass
Sie mit dem Segen Gottes Ihren Weg gut weitergehen können und zum
Segen werden für Ihre Kinder.

Wir können die Angst vor dem Tod des Partners nicht vertreiben. Aber
wir können sie Gott hinhalten und ihn bitten, dass er seine gnädige Hand
über uns halten möge. Es möge so geschehen, wie es für beide gut ist.
Wenn die Frau zuerst stirbt, wird es für ihren Mann auch nicht leicht

sein. Niemand kann im Voraus wissen, wer von den beiden Partnern es schwerer haben wird, wenn der andere stirbt. Wir können es nur Gott überlassen und versuchen, in unserer Angst um das Vertrauen zu bitten, dass wir bei allem Schmerz um den Verlust unser Leben trotzdem schaffen werden. Der, der zurückbleibt, hat die Kinder und Freunde. Und vor allem haben wir Gott, auf den wir uns stützen können. Und wenn der Partner gestorben ist, wird er uns vom Himmel her weiter begleiten. Er wird uns den Rücken stärken und uns manchmal den richtigen Gedanken eingeben, wie wir mit den konkreten Dingen des Lebens umgehen können. Und wir können darauf vertrauen, dass wir dann auch Neues in uns selbst entfalten werden, dass wir neue Kräfte in uns spüren werden, neue Möglichkeiten und neue Lebendigkeit. Und die Partner dürfen darauf hoffen, dass sie sich – ganz gleich, wer zuerst stirbt – in der Ewigkeit wiedersehen werden, dass ihre Liebe durch den Tod nicht zerbrochen werden kann. Denn die Liebe ist stärker als der Tod. Sie werden weder aus der Liebe Gottes, noch aus der Liebe ihres Partners herausfallen.

Auch Trauernde können den Blick in die Gegenwart und in die Zukunft richten

Ein 65–Jähriger, dessen Frau vor einem Jahr an Krebs gestorben war, schrieb mir: »Es ist, als ob ein Teil von mir gestorben ist und mir nun fehlt. Ich kann mich mit meinen 65 Jahren doch nicht noch einmal auf die Suche nach einem Partner machen?« Viele ältere Menschen machen eine solche Erfahrung.

Wir müssen unserer Trauer genügend Raum lassen. Es tut weh, dass der Partner gestorben ist. Niemand darf sich von anderen vorschreiben lassen, wie schnell er seine Trauer überwinden muss. Jede Trauer hat ihre eigene Dauer und will als Erfahrung angenommen werden. Aber die Trauer hat verschiedene Phasen. In der Trauer werden die unterschiedlichsten Gefühle hochkommen. Es ist immer auch eine innere Arbeit mit der Trauer verbunden. Ein wichtiger Schritt der Trauer ist, nach der Botschaft zu fragen, die die Partnerin durch ihr Leben und ihr Sterben an mich richtet. Wer war meine Frau wirklich? Was hat sie bewegt? Was hat sie getragen? Wofür hat sie gelebt? Die Erinnerung an die Partnerin tut weh, aber zugleich werden wir in ihr mehr und mehr ihr Geheimnis erkennen. Und dann können wir sie fragen: Was möchtest Du jetzt von mir? Wie soll ich mit meinem Leben umgehen, wo ich kaum mehr leben möchte? Man kann auch einen Brief an die verstorbene Partnerin schreiben, in dem man ihr für alles dankt, was sie für einen bedeutet hat, in dem man auch um Vergebung bitten kann für alles, was nicht optimal war. Und dann kann man versuchen, einen Brief der Partnerin an sich selbst zu schreiben. Vielleicht wehrt sich da etwas. Wir meinen, es seien ja doch nur die eigenen Gedanken, die wir da schreiben. Doch das macht nichts. Auch wenn es eigene Gedanken sind, werden sie aus einer Tiefe kommen, in der sich die eigenen Gedanken mit den Gedanken der Partnerin vermischen. Und wir werden bemerken, dass es uns guttut. Wenn wir diesen Brief der Partnerin an uns selbst schreiben, dürfen wir nicht so viel nachdenken. Wir sollen dabei nicht im Kopf sein, sondern mehr in der Hand, sie soll schreiben, was aus ihr herausfließen möchte.

Ein weiterer Schritt der Trauer wird sein: Wie möchte ich antworten auf das Leben und auf die Person meiner Frau? Wie kann ich jetzt, da ich allein lebe, trotzdem in Beziehung zu ihr bleiben und mit meiner ganzen Person und Existenz eine Antwort geben auf das, was ich durch sie und

mit ihr und in ihr erlebt und erfahren habe? Wenn wir über unsere Antwort nachdenken, werden wir nicht nur um die Vergangenheit kreisen, sondern langsam den Blick in die Gegenwart und in die Zukunft lenken. Eine Frage, die sich dabei stellt, wird sein: Soll ich allein leben oder wieder heiraten? Auf diese Frage gibt es keine allgemeine Antwort. Es gibt Männer, die sagen: Die Beziehung zu meiner Frau war so einmalig. Ich kann keine neue Beziehung eingehen. Das wäre Verrat an ihr. Andere haben das Gefühl, dass ihnen ihre Frau die Erlaubnis gibt, ja dass sie sie sogar dazu drängt, nicht allein zu bleiben. Wichtig ist, dass ich auf mein Gefühl höre. Es kann sein, dass die ersten Jahre der Trauer erst durchlebt werden müssen, bevor ich überhaupt offen bin für diese Frage. Und dann kann ich die Frage nicht einfach beantworten. Ich kann mir nicht einfach einen neuen Partner suchen. Ich kann nur offen sein für diese Frage.

Gelassen – und bei sich selber bleiben

Wahre Ruhe des Herzens erlangen wir nach Cassian nur, wenn wir die inneren Feinde, unsere „eigenen Haugenossen" (Mt 10,36), zum Schweigen gebracht haben. „Wo nämlich unsere eigenen Hausgenossen nicht mehr gegen uns kämpfen, dort ist Gottes Reich in der Ruhe des Herzens verwirklicht." Das Reich Gottes ist in uns, wenn wir nicht mehr von unseren Leidenschaften und Emotionen, von unseren Bedürfnissen und Wünschen hin und her gerissen werden.

Und wenn ich dann jemandem begegne, bei dem ich das Gefühl habe, das würde für mich stimmen, dann kann ich mich in aller Freiheit dafür entscheiden.

Das Bedürfnis, gebraucht zu werden

Irgendwo »dazuzugehören« ist ein menschliches Urbedürfnis. Das Gefühl, gebraucht zu werden, ist für viele auch eine Form, Sinn in ihrem Leben zu erfahren. Im Blick auf ihr Alter haben heute viele die Angst, nicht mehr gebraucht zu werden und vielleicht einmal nicht mehr dazuzugehören. Als Vater und Mutter wurde man von den Kindern gebraucht. Man hat die Familie gestaltet und sie vielleicht auch dirigiert. Jetzt gehen die Kinder ihre eigenen Wege. Sie brauchen die Eltern nicht mehr. Sie brauchen ihren Rat nicht. Die Mutter meint, sie müsse im Haushalt der Tochter aushelfen. Doch die Tochter möchte es nicht. Sie will ihr Haus selbst in Ordnung halten. Wer im Betrieb eine angesehene Stellung hatte, macht jetzt die schmerzliche Erfahrung, dass ihn niemand mehr um Rat fragt, dass er mit seinem Wissen und seiner Erfahrung nicht mehr gebraucht wird. Die Angst, nicht mehr gebraucht zu werden, beginnt bei der Frau früher als beim Mann. Die Mutter wird nicht mehr als Mutter von den Kindern gebraucht, die ihre eigene Familie gegründet haben. Der Mann bekommt Angst, nicht mehr gebraucht zu werden, wenn er seinen Beruf aufgibt. In der Firma hat er Entscheidungen getroffen, nichts lief ohne ihn, er fühlte sich unersetzlich. Als Privatmann wird er kaum mehr gebraucht, höchstens im Haushalt.

Wir können die Angst nicht verdrängen. Die Angst hat ja immer einen Sinn. Sie zeigt mir, woher ich mich bisher definiert habe. Ich habe mich von meinem Gebrauchtwerden her definiert. Ich habe meinen Wert davon abgeleitet, dass ich für andere wichtig bin, dass sie mich nötig haben, dass sie meinen Rat brauchen oder zumindest mein Geld. Wenn mein Geld und meine Fähigkeiten nicht mehr gebraucht werden, dann muss ich einen anderen Grund in meinem Leben finden, auf den ich mein Lebenshaus bauen kann. Die Angst lädt mich ein, mir vorzustellen, wie es sein wird, wenn ich nicht mehr gebraucht werde. Bin ich dann nichts mehr wert? Woher definiere ich mich dann? Was gibt dann meinem Leben einen Sinn? So drängt mich die Angst dazu, aus mir selbst oder aus Gott heraus zu leben und nicht mehr aus dem Gebrauchtwerden heraus. Wenn ich unbedingt gebraucht werden will, dränge ich mich anderen auf und erfahre gerade so immer wieder Ablehnung. Wenn ich jedoch aus mir heraus lebe, dann werden immer wieder Menschen auf mich zukommen und mich um Rat fragen. Dann werde ich – und sei es nur von Zeit zu Zeit – auch wieder gebraucht. Aber ich definiere mich nicht mehr darüber.

Verantwortung ist immer möglich und hilft, dass unsere Welt menschlicher wird

Ein inzwischen 68–Jähriger, der vor seiner Pensionierung in seiner Firma Verantwortung für eine Abteilung und als Vater Verantwortung für seine Familie übernommen hatte, nicht nur für die finanzielle Absicherung, sondern auch für die Erziehung und den Zusammenhalt, sagte mir, dass er darin den Sinn seines Lebens gefunden habe, und er fragte sich: Soll ich jetzt mit 68 Jahren alle Verantwortung loslassen und anderen überlassen?

Es ist gut, wenn wir Verantwortung für unser eigenes Leben übernehmen, aber auch Verantwortung für andere, in der Familie, in der Firma. Es gibt heute leider viele Menschen, die sich weigern, Verantwortung zu übernehmen. Sie erwarten alles von den anderen. Die anderen sind schuld, wenn ihr Leben nicht gelingt. Doch die Schattenseite der Verantwortung besteht darin, dass wir in der Verantwortung für andere auch die Macht erfahren, die wir haben. Wir sind wichtig. Ohne uns geht das Leben der anderen nicht. Das stärkt unser Selbstwertgefühl. Daher fällt es uns schwer, die Verantwortung loszulassen. Es gehört beides zur Verantwortung: die Bereitschaft, sie zu übernehmen, und die Fähigkeit, sie loszulassen. Loslassen gelingt nur dem, der vertraut, dass nun ein anderer die Verantwortung übernimmt, dass die Kinder nun für sich selbst verantwortlich sind oder dass Gott die Verantwortung für sie hat. Dann kann ich meine Verantwortung für die Kinder verwandeln, indem ich für sie bete.

Zum Lernen ist keiner zu alt.

Türkisches Sprichwort

Die Verantwortung für die Firma und für die Familie loszulassen, das sieht jeweils anders aus. In der Firma sollen wir vertrauen, dass unser Nachfolger die Verantwortung übernimmt und die Firma gut weiterführt. Wir müssen den Nachfolger nicht beraten oder gar kontrollieren, ob er weiterhin zum Wohl der Firma arbeitet. Mit der Verantwortung für die Familie ist es anders, sie können wir nicht einfach loslassen. Aber sie wandelt sich. Die Eltern müssen nicht mehr dafür sorgen, dass die Kinder versorgt sind. Sie müssen sie nicht mehr erziehen. Aber auch als ältere Menschen tragen sie Verantwortung für die Familie, dass sie nicht auseinanderfällt, sondern noch zusammenhält. Ältere Menschen nehmen ihre Verantwortung anders wahr als früher, weniger durch Tun als vielmehr durch Sein. Sie antworten auf die Kinder, wenn sie Fragen und Probleme haben. Aber sie gehen nicht aktiv auf die Kinder zu, um ihnen vorzuschreiben, wie sie handeln sollen.

Vor allem aber haben die alten Menschen für sich selbst Verantwortung. Ich bin verantwortlich für die Ausstrahlung, die ich auf andere

Bleibe bei Dir

Wir erleben uns häufig als Menschen, die ständig über andere urteilen. Auch wenn wir nicht laut sprechen, so redet unser Herz unaufhörlich über andere. Dieses Urteilen hält uns davon ab, bei uns zu bleiben. Wir sind immer bei den andern. Wir sind immer darauf aus, bei ihnen Fehler zu entdecken, um unserer eigenen Wahrheit auszuweichen. Aber so kommen wir nie zu uns und nie zur inneren Ruhe.

habe. Daher ist es meine Aufgabe, mich mit mir selbst auszusöhnen. Das ist nicht nur mein Privatvergnügen, sondern geschieht immer schon in Beziehung zu meiner Umwelt. Wir tragen durch die innere Versöhnung mit uns selbst dazu bei, dass von uns etwas Heilsames und Versöhnendes ausgeht in diese Welt. Wir tragen dazu bei, dass die Welt um uns herum menschlicher wird.

Darüber hinaus kann sich jeder fragen, wo er oder sie konkret Verantwortung übernehmen will. Vielleicht gibt es einen Menschen, den wir begleiten. Für ihn können wir Verantwortung übernehmen, dass er sich selbst nicht aufgibt. Oder jemand übernimmt die Verantwortung für ein Projekt, das für Arme, Kranke oder Behinderte sorgt. Ein anderer trägt die Verantwortung in einem Verein, in dem er mitarbeitet. Es gibt viele Formen, Verantwortung für andere zu übernehmen. Wir sollten uns nicht einfach nur auf uns zurückziehen, sondern uns durchaus fragen, wo unsere Verantwortung gebraucht wird und wo sie für andere zum Segen werden kann.

Sich einbringen: Brücken bauen in der Gesellschaft

Alte Menschen sind keineswegs nur eine Last für die Gesellschaft, sondern können auch ein Segen für sie sein. Sie können Brücken bauen zwischen den Generationen und zwischen Konfliktparteien. Nicht umsonst werden oft ehemalige Politiker, meistens alte und reife Männer oder Frauen, als Schlichter genommen, wenn die Tarifparteien sich ineinander verhakt haben und nicht mehr weiterkommen. Alte Menschen können offensichtlich größere Freiheit und Souveränität vermitteln und wirken beruhigend auf die Hektik unserer Zeit. Sie rücken die Maßstäbe zurecht, die immer wieder aus dem Lot zu geraten drohen. Bei aufgeregten Debatten, in denen man alles infrage stellt, können sie ausgleichen und auf das Wesentliche hinweisen. Sie lassen sich durch Krisen nicht mehr so leicht aus dem Gleichgewicht bringen. Sie haben schon genügend Krisen durchgemacht.

Aber auch aus anderem Grund können sie sich in die Gesellschaft einbringen und eine wichtige Funktion erfüllen. In der nachberuflichen

Phase ist ihr großes »Kapital« das, was sie – im Gegensatz zu früher – jetzt in Fülle haben, Zeit nämlich. Diese Zeit können sie jetzt denen zur Verfügung stellen, die sie brauchen: Kindern, Kranken, wirklich Alten.

Es ist einfach ein Faktum, und es ist auch gut so: Die meisten Ehrenamtlichen, die sich um Kranke und Obdachlose, um Arme und Alleingelassene kümmern, sind ältere Menschen. Sie besuchen Kranke im Krankenhaus. Sie kümmern sich um Menschen, die ihren Haushalt nicht mehr schaffen. Sie arbeiten in den Vereinen mit, backen den Kuchen für die gemeinsamen Feste und helfen mit, wo Hilfe gebraucht wird. Einige engagieren sich in der Hospizarbeit und blühen da auf. Sie sehen eine sinnvolle Aufgabe darin, Sterbende zu begleiten. Diese Arbeit konfrontiert sie immer auch mit dem eigenen Tod und dem eigenen Leben. Andere sind bereit, sich für praktische Aufgaben einzusetzen, bringen die Fähigkeiten, die sie im Beruf erworben haben, nun ehrenamtlich ein. Wieder andere organisieren einen Besuchsdienst für die Kranken und Alleinstehenden, die daheim oft ohne Ansprache sind. Sie sind bereit, für alte Menschen einzukaufen, denen das selbst schwerfällt. Manche gehen in den Kindergarten und lesen den Kindern vor. Andere helfen jungen Eltern, die berufstätig sind, bei der Kinderbetreuung. Solche Hilfsangebote müssen auch organisiert werden. In manchen Städten gibt es einen von Pensionären aufgebauten Service für Hausaufgabenbetreuung, für Besorgungen des Alltags, für Gartenpflege, für Kinderbetreuung usw. Die Möglichkeiten, sich zu engagieren, sind zahllos. Unsere Gesellschaft wäre arm ohne die vielen ehrenamtlichen Helfer. Was sie tun, ist gelebte Solidarität. Sie übernehmen Verantwortung für andere und setzen der Vereinzelung und der Einsamkeit der Massengesellschaft etwas entgegen. Sie geben viel. Und sie bekommen auch etwas zurück, wenn sie anderen helfen: Dankbarkeit, Freude, Zufriedenheit – Lebenssinn.

Gelassenheit und Vertrauen in das Leben vermitteln

Gelassenheit und Vertrauen sind zwei Haltungen, die alten Menschen entsprechen und mit denen sie zum Segen werden für andere Menschen. Gelassenheit hat mit Loslassen zu tun. Weil ich meine Aufgaben und mein Ego loslasse, kann ich die Menschen und die Dinge so lassen, wie sie sind. Ich begegne ihnen gelassen, ohne den Druck, sie ändern zu müssen. Wenn ich meine hohen Erwartungen an mich selbst loslasse, kann ich auch mich so lassen, wie ich bin. Dann wächst in mir das Vertrauen, dass das Leben so, wie es ist, gut ist. Ich vertraue mir selbst und den Menschen. Und ich vertraue auf Gott, dass er mein Leben trägt. Das Vertrauen schenkt mir Festigkeit. Weil ich auf festem Fundament stehe, kann ich mich und die Menschen so lassen, wie sie sind.

Ältere Menschen sollen sich nicht mit den jungen Menschen vergleichen und sich auch nicht vergleichen lassen. Im Alter sollen wir das Vergleichen anderen überlassen und einfach versuchen, zu unserer Rolle Ja zu sagen und unser Alter anzunehmen. Wir müssen uns nicht entschuldigen, dass wir jetzt alt geworden sind. Im Gegenteil, wir sollen dankbar sein, dass wir dieses Alter erreicht haben. Und wir sollen darauf vertrauen, dass wir gerade als dieser alte Mensch ein Segen sind für die Gesellschaft. Alte Menschen können oft besser zuhören als junge Menschen. Sie können besser beurteilen, was wirklich wichtig ist im Leben. Sie können manches gelassener anschauen und angehen, weil sie schon

Nur die Liebe

Wir können uns selbst nicht erkennen,
wenn wir uns nicht lieben. Und nur die
Liebe lässt uns tiefer in uns eindringen
und erkennen, wer wir in Wahrheit sind.
Sich selbst zu lieben ist etwas anderes, als
um sich selbst zu kreisen.

Anselm Grün

viele Erfahrungen gesammelt haben. Sie haben mehr Weitblick als die Jungen. Wir können dankbar sein für die Gaben, die Gott uns gerade im Alter schenkt. Sie verleihen alten Menschen auch einen hohen Wert für die Gesellschaft. Die Gesellschaft wäre ohne sie ärmer.

Die Erfahrung und die Fähigkeit, die Dinge in größeren Zusammenhängen zu sehen, geben alten Menschen nicht nur Gelassenheit, sondern zugleich Vertrauen in das Leben und in die Zukunft. Und dieses Vertrauen sollen sie auch der Gesellschaft vermitteln. Sie hat es bitter nötig. Ältere Menschen sollten in der Gesellschaft Zeugnis geben für die Werte, die ihnen im Leben wichtig waren und heute noch sind, für die Werte, die auch heute das Leben in der Gesellschaft wertvoll machen könnten. Ohne solche Werte zerfällt eine Gesellschaft, sie kann ohne sie nicht überleben.

Dem anderen trauen

Immer wieder höre ich die Klage: Ich kann den andern nicht vertrauen. Ich bin so misstrauisch. Oft sind Menschen enttäuscht worden. Sie haben dem Vater vertraut. Der hat die Familie verlassen. Eine Frau hat als Jugendliche ihrem Freund vertraut. Sie hatte gedacht, es sei die große Liebe. Doch dann hat er sie verlassen und sich einem anderen Mädchen zugewandt. So traut sie sich nicht mehr, sich auf einen Menschen einzulassen. Sie könnte ja wieder enttäuscht werden. Ich kann diese Frau gut verstehen. Sie hat keine Garantie, dass die nächste Beziehung gelingt. Ihr Vertrauen kann wieder enttäuscht werden. Aber sich deshalb endgültig zu verschließen und sich gegenüber jeder Beziehung verweigern, wäre auch nicht die Lösung. Denn oft sind solche Menschen hin- und hergerissen. Sie sehnen sich nach einer Freundschaft. Aber sobald ihnen ein Freund oder eine Freundin näher kommt, flüchten sie oder verschließen sie sich. So sind sie oft todunglücklich.

Ich kann für dieses Problem keine Lösung anbieten. Ich versuche, der jungen Frau Mut zu machen, ihrer Sehnsucht zu trauen. Aber zugleich muss sie auch Vertrauen in sich selber entwickeln. Denn wenn sie ihren ganzen Selbstwert davon abhängig macht, dass der andere bei ihr bleibt,

wird sie immer in der Angst leben, die Beziehung könnte auseinandergehen. Ich muss einen guten Stand in mir selbst haben. Dann kann ich
mich für den andern öffnen. Diese Bereitschaft, mich auf den andern
einzulassen, ist immer ein Risiko. Aber es geht ja nicht um alles oder
nichts. Wenn ich mich auf den andern einlasse, dann spüre ich, ob das
Vertrauen wächst und in mir eine Sicherheit entsteht, dass diese Frau
oder dieser Mann vertrauenswürdig ist. Wenn im Entstehen der Freundschaft schon zu Beginn zu viele Probleme auftauchen, dann kann ich
immer noch meiner Angst nachgeben und mich wieder zurückziehen.
Ich soll meinem inneren Gefühl trauen. Und ich muss mir erlauben, dass
eine Freundschaft auch wieder auseinandergehen kann. Nur wenn ich
mir das erlaube, kann ich mich ohne Angst auf sie einlassen. Aber auch
in der Freundschaft muss ich immer beide Pole beachten: Es ist wichtig, zu mir selbst Vertrauen zu haben, meinen Gefühlen zu trauen, meine
Erfahrungen ernst zu nehmen. Und gleichzeitig ist es aber auch wichtig,
mich in den andern hineinzudenken und mir vorzustellen, wie es sein
wird, mit ihm mein Leben zu teilen. Wenn ich bei dieser Vorstellung in
Panik gerate, dann muss ich mich meiner Angst stellen. Ist die Angst ein
Zeichen, dass ich mich trennen soll? Oder aber verweist mich die Angst
darauf, dass ich meine übertriebenen Erwartungen an die Freundschaft
zurückstecken muss? In jeder Beziehung lernen wir. Wir können nicht
warten, bis wir die absolut richtige und stimmige Beziehung finden. Die
werden wir nie finden. Wir müssen uns verabschieden von unserem Per-
fektionismus, von Sicherheitswahn und von einem Denken in den Katego-
rien »Alles oder nichts«. Dann kann Vertrauen wachsen. Und wir werden
erfahren, wie tragfähig dieses Vertrauen für die Zukunft sein wird.

Verbunden mit anderen

Die Verunsicherung vieler Menschen hängt heute sicher auch damit
zusammen, dass sie verunsichert sind in ihrer eigenen Rolle und dass sie
nicht mehr in einer klaren und sicheren Tradition verwurzelt sind. Viele
wissen nicht mehr, wer sie sind und wo sie hingehören: Sie sind heimat-
los geworden. Hinter der Suche nach Heimat, die heute viele bewegt,
steht die Sehnsucht nach Verbundenheit und Verbindlichkeit. In den USA,

einem Land, das mit einem Schmelztiegel verglichen wurde und in dem es lange Zeit vor allem darauf ankam, seine eigenen Wurzeln zu vergessen, um sich in die neue multikulturelle Umgebung zu integrieren, zeigt sich die Suche nach Heimat darin, dass das Interesse am eigenen Stammbaum wächst. Man forscht nach den eigenen Vorfahren und sucht nach den Wurzeln der eigenen Geschichte. Man möchte sich vergewissern, wer die Menschen waren, mit deren Leben unser eigenes verkettet ist. Man fragt, wie sie gelebt und die Herausforderungen ihres Lebens gemeistert haben.

Ein anderer Weg, an der Kraft der Vorfahren teilzuhaben, sind die Rituale. Sie schaffen Vertrautes und bilden so Vertrauen. Manche Familien praktizieren an Weihnachten Rituale, die seit Jahrhunderten in ihren Familien vollzogen wurden. Die Rituale geben ihnen Anteil an der Glaubenskraft und Lebenskraft ihrer Vorfahren. Indem sie die gleichen Rituale vollziehen wie ihre Vorfahren, spüren sie, dass sie aus den gleichen Wurzeln ihre Kraft beziehen wie ihre Vorfahren. In ihnen wächst das Vertrauen, dass sie die Schwierigkeiten, die sich ihnen in den Weg stellen, auch bewältigen werden. Sie fühlen sich nicht allein gelassen und wurzellos, sondern verbunden mit der Kraft und mit dem Glauben ihrer Vorfahren.

Ein andere Form des Bedürfnisses, die Heimat zu erfahren und durch die Erfahrung der Heimat innere Kraft und Selbstvertrauen zu gewinnen, lässt sich heute in vielen Dörfern beobachten. Die Menschen dort versuchen, gegen den Zeittrend bewusst die Dorfgemeinschaft zu stärken und gemeinsame Projekte durchzuführen, die alle miteinander verbinden. Und sie schreiben Dorfchroniken. Sie erforschen die Geschichte des Dorfes, der Heimat, der Stadt, um zu erkennen, wie ihre Vorfahren gelebt haben und wie sie die Probleme ihrer Zeit durchgestanden haben. Überall entstehen Heimatvereine, in denen die Lieder der Heimat gesungen werden. Oft sind diese Lieder voller Schwermut und Melancholie. Aber in diesen Liedern wird die Sehnsucht nach den Wurzeln der Vergangenheit ausgedrückt. Die Vergangenheit wird nicht verklärt. Es war keine heile Welt. Aber sie zeigt, wie die Menschen mit ihrem Leben fertiggeworden sind. Der Blick auf die Heimat stärkt das Vertrauen in die eigene Kraft. Das ist das Gefühl, das durch die Erfahrung von Heimat die Menschen berührt: Ich muss mir die Kraft nicht selbst erarbeiten. Sie steckt in mir. Sie ist mir vermittelt von den Vorfahren.

Wer klopft an?

Die Angst ist die Schwester der Sorge. Wir machen uns viele Sorgen, weil wir Angst haben, es könnte etwas eintreten, was uns überfordert. Ein chinesisches Sprichwort spricht davon, dass die Angst an die Tür unserer Seele klopft: »Die Angst klopft an die Tür. Das Vertrauen öffnet. Niemand

Obwohl sie nicht einmal hundert Jahre alt werden, bereiten sich die Menschen Sorgen für tausend Jahre.

Chinesisches Sprichwort

steht draußen.« Die meisten werden die Sorge an die Tür schicken, um zu öffnen. Das Klopfen der Angst verdrängt in uns allzu oft das Vertrauen. Es traut sich nicht an die Tür. Das Sprichwort will uns einladen, das Vertrauen, das trotz aller Angst auch in uns ist, öffnen zu lassen. Keiner von uns hat nur Angst, keiner hat nur Vertrauen. Wir haben immer beides. Es ist unsere Entscheidung, wen wir zum Türöffner machen. Wenn das Vertrauen öffnet, werden wir die befreiende Erfahrung machen können, dass niemand draußen steht. Es war nur die Angst unserer Seele, aber niemand in der realen Welt, der da an unsere Tür geklopft hat.

Trotz aller Brüchigkeit

Ob wir Vertrauen haben oder nicht, wir geraten in unserem Leben immer wieder auch in Krisen. Das Vertrauen schützt uns nicht vor der Krise. Aber in der Krise käme es darauf an, am Vertrauen festzuhalten. Die Krise

Danken verbindet

Wenn wir für einen andern Menschen danken, dann nehmen wir ihn bedingungslos an. Er muss sich nicht ändern. Er ist so, wie er ist, wertvoll. Oft merken es die Menschen, wenn wir für sie danken. Denn von unserem Danken geht eine positive Bejahung aus, in der sie sich vorurteilslos angenommen fühlen.

nimmt mir den Halt, an dem ich mich bisher festgehalten habe. Vielleicht war der Halt ein Mensch, an dem ich mich festgehalten habe. Oder es war meine Gesundheit, meine Intelligenz, meine Fähigkeit, Probleme zu lösen und das Leben zu meistern. Dieser Halt wird durch die Krise brüchig. Und die Frage ist, ob ich selbst daran zerbreche oder ob ich durch die Brüchigkeit meines Lebens einen Grund in mir finde, der mir Festigkeit verleiht. Das Vertrauen gibt mir einen festen Grund. Dabei hat das Vertrauen verschiedene Dimensionen. Da ist das Vertrauen, das ich von Natur aus in mir habe, das Vertrauen, dass sich Probleme lösen und Krisen vorübergehen. Oder es ist das Vertrauen, dass ich bisher immer durchgekommen bin, auch wenn es manchmal schwer war. Oder ich vertraue darauf, dass ich nicht alleingelassen werde, dass Menschen mir beistehen. Oder ich werde durch die Krise auf Gott geworfen. Ich vertraue, dass Gott mich in der Krise hält, dass Gott der tiefere Grund ist, auf dem ich stehen kann, auch wenn alles Äußere wegbricht.

Wir setzen Vertrauen oft als Gegensatz zur Angst. Doch es gibt auch ein Vertrauen in der Angst. Die Krise macht mir Angst. Ich weiß nicht mehr, ob ich die Krise bewältigen kann, ob es einen Weg heraus gibt. Das Vertrauen vertreibt nicht einfach die Angst. Die Angst wird immer wieder in mir auftauchen. Aber ich vertraue darauf, dass die Angst nicht die einzige Emotion ist, die in mir ist, sondern dass unterhalb der Angst auch in mir noch eine Quelle des Vertrauens fließt. Die Angst lädt mich dann ein, das, was mir Angst macht, anzuschauen und zugleich tiefer zu gehen, in den Grund der Seele vorzustoßen, in dem auch Vertrauen in mir bereitliegt. Der Glaube ist der Weg zu diesem Vertrauen. Die Mönche haben einen konkreten Weg vorgeschlagen, um mitten in der Angst mit dem eigenen Vertrauen in Berührung zu kommen. Sie raten, in die Angst das Wort aus Psalm 118 hineinzusprechen: »Der Herr ist mit mir. Ich fürchte mich nicht. Was können Menschen mir antun!« Dabei geht es nicht darum, die Angst zu vertreiben, sondern mitten in der Angst mit dem Vertrauen in Berührung zu kommen, das auch in mir wohnt. Das Wort der Bibel lässt das Vertrauen, das in mir ist, aber oft nicht wirkt, stark werden, sodass es mehr und mehr die Seele und das Herz durchdringt und mir das Gefühl gibt: Ja, ich bin nicht allein. Ich darf mitten in meiner Angst vertrauen.

Eine alte Katze
überläßt die Tapferkeit
der kleinen Maus.

Vietnamesisches Sprichwort

Sich mit Einsamkeit aussöhnen und offen sein für Beziehungen

Einsamkeit ist keine Erfahrung, die dem Alter vorbehalten ist. Die Einsamkeit tut immer weh. Dennoch ist klar, dass das Thema in späteren Jahren wichtiger wird: wenn die Kinder nicht mehr im Haus sind, wenn langjährige Freunde bereits verstorben sind oder sich durch Umzug weit entfernt haben. Wenn Krankheit hinzukommt, ist ein alter Mensch vielleicht nicht mehr beweglich genug, um andere zu besuchen. Dann dürfen wir dem Schmerz über die Einsamkeit nicht aus dem Weg gehen.

Wir müssen betrauern, dass wir im Alter immer einsamer werden, dass wir nicht mehr umschwärmt werden von den Menschen, die uns bewundern. Jetzt im Alter bewundert uns keiner mehr. Das auszuhalten tut weh. Wenn wir das betrauern, kommen wir in Berührung mit dem Grund unserer Seele, in dem neue Möglichkeiten des Lebens und neue Fähigkeiten bereitliegen. Wer den Schmerz über seine Einsamkeit nicht betrauert, der jammert entweder, oder aber er klagt andere an, dass sie ihn allein lassen. Er geht nicht durch den Schmerz hindurch, sondern bleibt vor dem Schmerz stehen und badet in Selbstmitleid. Doch im Selbstmitleid kann er schwimmen und rudern und kommt doch keinen Schritt vorwärts. Das Betrauern der eigenen Einsamkeit lässt mich mein Alleinsein in neuer Weise erleben. Das deutsche Wort »einsam« ist zusammengesetzt aus »ein« und »sam«. »Ein« meint die Einheit des Menschen, eins zu sein mit sich selbst. »Sam« kommt von sammeln und bedeutet »mit etwas übereinstimmend, zusammenhängend«. Einsam ist also eigentlich ein positiver Begriff. Er meint, dass der Mensch mit sich selbst übereinstimmt, dass er eins geworden ist mit sich selbst und dazu innerlich ja gesagt hat. Ähnlich positiv kann man das deutsche Wort »allein« deuten. Peter Schellenbaum meinte einmal, es sei doch herrlich »all-eins« zu sein, mit allem eins zu sein. Zum Alter gehört das Alleinsein, dass der Mensch mit allem zusammengewachsen ist, eins geworden ist mit der ganzen Welt. Im Alter hat er all das erfahren, was in seiner Seele an Möglichkeiten bereitliegt. Und damit versucht er, eins zu werden, einverstanden zu sein.

Die Einsamkeit, die uns wehtut, will uns daran erinnern, dass wir noch nicht eins geworden sind mit uns. Wenn wir die Einsamkeit als Schmerz erfahren, dann sollen wir nicht vor der Einsamkeit fliehen, sondern sie aushalten. Im Aushalten der Einsamkeit können wir mit uns selbst in Berührung kommen. Und wir ahnen, dass wir nicht ganz allein sind, sondern dass Gottes heilende und liebende Gegenwart uns umhüllt. Allerdings können wir nicht immer unsere Einsamkeit aushalten. Wir sollen spüren, wo es besser ist, bei uns zu bleiben, und wo wir auch etwas nach außen tun sollen, um uns nicht mit unserem Alleinsein zu überfordern. Wir können Freunde anrufen. Wir können zu andern Menschen gehen, Gruppen besuchen, Kurse machen, uns für andere engagieren. Es braucht einen gesunden Ausgleich zwischen Einsamkeit und Gemeinschaft.

Der erste Schritt des Altwerdens besteht also darin, sich mit seiner Einsamkeit und seinem Alleinsein auszusöhnen und es positiv anzunehmen, um das Einssein mit sich selbst und mit allem, was ist, zu genießen. Der zweite Schritt aber besteht darin, offen zu sein für Beziehungen. Wer mit sich gut allein sein kann, der ist auch fähig, Beziehungen zu knüpfen und Freundschaften aufzubauen. Er ist nicht angewiesen auf Freunde. Er sucht sich keine Freunde, um dem Alleinsein aus dem Weg zu gehen. Denn dann würde er die Freunde nur dazu benutzen, dass er sich nicht allein fühlt. Er öffnet sich für Beziehungen und Freundschaft und ist dankbar, wenn sie gelingen. Aber er läuft ihnen nicht um jeden Preis nach. Er lässt sich auf Freundschaft ein, wo sie sich ergibt. Letztlich ist Freundschaft immer Geschenk. Aber ich kenne viele alte Menschen, die im Alter noch wunderbare Freunde gefunden haben, mit denen sie sich gut verstehen. Immer ist in dieser Freundschaft auch die Atmosphäre von Freiheit. Man benutzt den Freund nicht, sondern lässt ihn frei. Man ist dankbar für die Freundschaft und für die innere Verbindung, die auch im Alter möglich ist. Wer im Alter neue Freunde gefunden hat, soll diese Freundschaft genießen. Sie ist ein Segen für das Alter.

Oft gibt es auch die alten Freundschaften, auf die man zurückgreifen kann. Sie bekommen im Alter eine neue Bedeutung. Da erfahren wir Treue. Ich kenne viele alte Menschen, die sich im Alter auf einmal an die alten Freunde erinnern und wieder Kontakt mit ihnen aufnehmen. Andere verbringen mehr Zeit mit den alten Freunden als früher. Sie spüren, dass es ihnen gut tut, mit den alten Freunden Erinnerungen auszutauschen, aber auch darüber zu reden, wie es einem im Alter geht und wie man mit den Herausforderungen des Lebens heute umgeht. Freundschaft ist im Alter ein hohes Gut. Es ist schön, wenn alte unzertrennliche Freunde miteinander wandern, wenn sie sich über ihre Vergangenheit unterhalten und wenn sie einander ehrlich sagen können, wie es ihnen jetzt geht. Im Alter werden Freunde offener und ehrlicher. Sie müssen voreinander keine gute Figur mehr machen. Sie können ihr Leben ungeschönt erzählen und auf diese Weise annehmen und sich damit aussöhnen.

Gerade in der Anonymität unserer Zeit braucht es Orte der Heimat, Sie sind nicht nur geografisch festgelegt. Solche Orte der Vertrautheit sind dort, wo ich zu Hause sein kann. Und das ist dort, wo Freunde sind. Wo Freundschaft gelebt und erfahren wird, entsteht Heimat. Echte Freundschaft zeichnet sich durch beides aus: durch innere Verbundenheit,

Echte Lebensfreude

Wer das Leben wirklich genießen will, der muss auch verzichten können. Es bedarf der Askese als des Trainings in die innere Freiheit. Nur wer das Gefühl hat, dass er sein Leben selber in die Hand nimmt und es formt, empfindet Freude daran. Wenn einer völlig abhängig ist von seinen Bedürfnissen und jedes Bedürfnis sofort befriedigen muss, wird er sich nie seines Lebens freuen. Er hat eher ein dumpfes Gefühl, dass er von außen her gelebt wird, statt selber zu leben.

aber auch durch innere Freiheit. Beides sind nur verschiedene Seiten
des gegenseitigen Vertrauens: Unter Freunden darf ich sagen, was ich
fühle, ohne alles berechnen zu müssen. Hier bin ich frei, den Weg zu
gehen, den ich als richtig erkannt habe. Ich brauche keine falsche Rücksicht auf den Freund zu nehmen. Ich kann in diesem Umfeld frei atmen.
Und ich lasse auch dem Freund den Freiraum, den er für sein Leben
braucht. Der Freund hört genau hin, was mich im Innersten bewegt. Er
hört sich in mich hinein, um zu entdecken, was die Grundmelodie meines
Lebens ist, er nimmt wahr, wo und wie mein Leben zum Schwingen und
Tönen kommt. Er spiegelt mich und erinnert mich an das, was ich im
Tiefsten bin. Seine Aufgabe ist also mehr, als mich nur zu verstehen und
mehr als nur bei mir zu stehen. Er nimmt vielmehr die Melodie meines
Herzens in sich hinein, um sie dann wieder neu zum Klingen zu bringen,
wenn sie in mir verstummt ist.

Keiner ist überflüssig, jeder ist wertvoll

Alte Menschen fragen oft: »Wie kann ich mich heute noch nützlich
machen?« Oder sie klagen: »Ich bin doch zu nichts mehr nutze.« Dabei ist
oft gar nicht die Frage nach dem Nutzen gemeint. Es geht um die Frage
nach dem Sinn und nach der Zugehörigkeit und der Anerkennung durch
die anderen, die für uns in allen Lebensphasen wichtig ist. Niemand soll
sich überflüssig fühlen. Das würde ihn nicht nur innerlich nach unten
ziehen, es verrät auch die eigene Würde. Als Menschen sollen wir uns
nicht von der Nützlichkeit her definieren, also nicht von dem, was wir
noch leisten können. Wenn jemand noch zupacken kann, dann soll er es
dort tun, wo er es für sinnvoll erachtet, in der Pfarrei, in dem Verein, in
dem er sich engagiert, oder bei Nachbarn, die der Hilfe bedürfen. Und
er darf dankbar sein, dass er noch für andere da sein kann. Das gibt ein
gutes Gefühl, das Gefühl, noch gebraucht zu werden und für andere
etwas tun zu können. Aber wer von seiner Gesundheit oder der inneren Situation her nicht viel für andere tun kann, der kann immer noch
für andere beten. Meine Mutter hat ihre sehr reduzierte Sehkraft dazu
benutzt, für die Menschen zu beten, zunächst für ihre Kinder und Enkelkinder, aber dann auch für all die Menschen, von deren Not sie im Radio

oder im Fernsehen erfahren hat. Auf diese Weise hat sie sich noch nützlich gefühlt. Sie hat gespürt, dass sie auch in ihrer Krankheit noch etwas
beitragen konnte für andere. Unsere alten Mitbrüder, die auf der Kran-
kenstation liegen, kommen aus eigenem Antrieb täglich am Nachmit-
tag zusammen, um gemeinsam den Rosenkranz zu beten, einmal für die
Anliegen unserer Gemeinschaft, aber auch für all die Nöte dieser Welt.
Auf diese Weise fühlen sich die alten Mitbrüder noch wertvoll. Sie haben
noch eine Aufgabe. Auch wenn sie nach außen nichts leisten können,
können sie für andere beten. Und sie vertrauen darauf, dass ihr Gebet für
die anderen zum Segen wird.

Halt in Beziehungen

Alles ändert sich heute rasend schnell und mit großem Getöse. Um im
Trubel der Ereignisse einen festen Stand zu finden, muss ich erst einmal
stehen bleiben, anstatt immer weiterzuhetzen. Stehen bleiben heißt: still
werden. »Stille« kommt von »stellen«. Ich stelle mich hin, um auf die
Stille zu horchen, die um mich herum und die in mir ist. In der Stille
bekomme ich einen festen Stand. Ich halte es aus bei mir. Ich weiß mich
getragen. Wenn ich stehen bleibe, kann ich mich fragen: Was gibt mir
Stand? Was sind meine Wurzeln, die mir Sicherheit geben? Da werde
ich die Wurzeln in meiner Lebensgeschichte entdecken. Ich habe teil an
den Wurzeln der Eltern und Großeltern, an den Wurzeln der Menschen
in meiner Heimat. Ihre Lebenseinstellung, ihre Weisheit, ihre Art und
Weise, auf die Probleme und Konflikte des Lebens zu reagieren, haben
sich in mich eingeprägt. Sie geben mir Festigkeit – einen gewissen Stand.
Ich habe Stehvermögen, wenn ich zu mir stehen kann, so wie ich bin.
Für mich einstehen, zu mir stehen, das sind die Voraussetzungen, mitten
in der Hektik der Zeit einen festen Stand zu finden. Ich muss mich nicht
ständig nach den andern richten. Ich bleibe in dem stehen, der ich bin.

Auch der Glaube kann mitten in der Hektik der Verhältnisse und im tur-
bulenten Wechsel der Möglichkeiten einen guten Stand geben. Der Heb-
räerbrief definiert den Glauben als »Feststehen in dem, was man erhofft«.
(Hebr 11,1) Glauben heißt: einen guten Stand haben, feststehen können,

ohne mich nach dem Wind der täglich wechselnden Meinungen drehen zu müssen. Beim Propheten Jesaja wird Glauben und Stehen zusammen gesehen: »Glaubt ihr nicht, so bleibt ihr nicht, so habt ihr kein Stehvermögen.« (vgl. Jes 7,9) Paulus spricht davon, dass wir im Glauben feststehen sollen. Wir stehen in einer größeren Wirklichkeit, die uns Halt gibt mitten in der Haltlosigkeit der Welt.

Erst wenn ich still stehe, kann ich mich fragen: Worauf kann ich bauen? Sind es die Menschen und ihre Zuwendung? Die geben nur bedingt festen Stand. Letztlich werde ich bei allem, wonach ich Ausschau halte, auf einen letzten Grund stoßen, auf dem ich mein Lebenshaus bauen kann: auf Gott. Jesus spricht davon, dass wir unser Haus auf den Felsen seiner Worte bauen sollen und nicht auf den Sand unserer Illusionen, wir könnten von der Zustimmung und Zuwendung der Menschen leben. Wir müssen also aus der Zeit heraustreten, um in ihr einen festen Stand zu finden. Der Glaube ist ein Heraustreten aus dem Strudel, um einen festen Grund zu finden, auf dem wir das Haus unseres Lebens bauen können, ohne dass es einstürzt. Wenn ich einen festen Stand im Glauben habe, dann kann ich auch in eine gute Beziehung treten, in die Beziehung zu Gott, in dem ich stehe, aber auch in Beziehung zu mir selbst und zu den Menschen. Die Psychologen meinen, die Krankheit unserer Zeit sei die Beziehungslosigkeit. Viele hätten weder zu sich selbst eine Beziehung, noch zu den Dingen, noch zu den Menschen oder zu Gott. Für mich ist der Glaube vor allem die Fähigkeit, alles in meinem Leben in Beziehung zu setzen zu Gott und letztlich selbst immer in Beziehung zu sein, in Beziehung zur Transzendenz und in Beziehung zu dem Boden, auf dem ich stehe, zu mir selbst und zu den Menschen, die sich neben mich stellen, um mir zu begegnen und in der Begegnung ihren eigenen Stand zu finden.

Verzeihen und Vergebung

Wir machen die Erfahrung, dass wir uns selbst nur schwer verzeihen können. Wenn wir einen Fehler gemacht haben, der uns peinlich ist, werfen wir ihn uns ständig vor. Wir ärgern uns, dass wir uns nicht in der Hand hatten, dass wir vor uns oder vor anderen eine so schlechte Figur gemacht haben. Daher brauchen wir die Zusage Gottes, dass er uns bedingungslos annimmt, auch mit unserem Versagen und unserer Schuld. In uns ist ein unbarmherziger Richter, der uns daran hindert, uns selbst zu vergeben. Die Barmherzigkeit Gottes ist die Bedingung, dass wir auch mit uns barmherzig umgehen können. Wir können die Vergebung durch Gott im Gebet erfahren, in der Meditation, aber auch in der Zusage der Vergebung, wie wir sie in jeder Eucharistiefeier hören. Und wir können die Vergebung in der Beichte erfahren. Gerade wenn wir uns eine Schuld immer wieder vorwerfen und sie uns nicht verzeihen können, ist die Beichte eine große Hilfe, die Vergebung zu erfahren. Denn wenn ich wirklich schuldig geworden bin, genügt es nicht, mir nur vorzusagen: Gott ist schon barmherzig. C. G. Jung meint, in uns sei ein unbewusster Widerstand gegen Vergebung. Und dieser tief im Unbewussten liegende Widerstand kann nur durch ein Ritual überwunden werden, das in die Abgründe der Seele hineinreicht. Die Beichte ist ein solches Ritual, das uns in der Tiefe unseres Herzens glauben lässt, dass Gott uns wirklich vergeben hat. Und diese Erfahrung ist die Bedingung, dass wir uns nun auch selbst vergeben können.

Allerdings hat die Erfahrung von Vergebung auch Konsequenzen. Jesus fordert uns auf, nun auch den Menschen zu vergeben, die uns verletzt haben. Vergebung ist dabei nichts Passives, sondern ein aktiver Akt, in dem ich mich befreie von der negativen Energie, die durch den andern noch in mir wirkt. Die Vergebung tut mir selbst gut. Wenn ich dem, der mich verletzt hat, nicht vergeben kann, dann bin ich noch an ihn gebunden. Dann bestimmt der andere noch meine Stimmung. In der Vergebung befreie ich mich von der Macht des anderen. Ich bin wieder bei mir selbst. Und da ich mir auch selbst vergeben habe, bin ich im Einklang mit mir selbst.

Zu sich selber finden

Eine chassidische Weisheit sagt: »Nur für die Einfältigen ist das Alter der Winter. Für die Weisen ist es die Zeit der Ernte.« Es kommt immer darauf an, wie ich das Alter und den Prozess des Älterwerdens sehe und deute. Wenn ich das Alter als Winter deute, dann beginne ich zu frieren, wenn ich an die Zeit denke, die auf mich zukommt. Doch wenn ich es als Zeit der Ernte sehe, dann freue ich mich darauf, die Ernte zu genießen. Ernte bedeutet nicht nur, dass ich im Alter auf meine Leistungen zurückblicken kann, auf das, was ich beruflich geleistet habe, auf die Projekte, die ich in Gang gebracht habe, auf die Familie, die ich gegründet habe und an der ich mich nun erfreuen darf, weil sie immer weiterwächst. Ernte meint vielmehr, dass ich selbst zur Frucht geworden bin, dass ich zu mir selbst gefunden habe, zu meinem wahren Wesen. Seit jeher feiert man Erntefeste, bei denen man die Früchte der Ernte genießt. So kann auch das Alter zum Genießen dessen werden, was in uns gewachsen ist.

Das Ziel des Älterwerdens ist, in Einklang zu kommen mit meinem wahren Wesen, mit dem ursprünglichen Bild, das Gott sich von mir gemacht hat. Im Alter geht es nicht mehr darum, etwas zu leisten, sondern etwas zu sein. Ich bin etwas, nicht wenn ich anerkannt bin und wenn die Menschen über mich reden. Ich bin etwas, ich bin einfach da, wenn ich ganz ich selber bin, ohne Nebenabsichten, ohne Druck, mich besonders darstellen zu müssen. Ich muss nichts aus mir machen. Ich habe zu mir selbst gefunden. Jetzt bin ich einfach ich selbst.

Dieser Weg zu mir selbst ist lang. Und auch im Alter bin ich noch nicht am Ziel. Ganz am Ziel werde ich erst sein, wenn ich meine Geschichte im Tod vollende. Und doch ist schon das Alter eine gewisse Vollendung meiner Lebensgeschichte. Ich bin durch diese Geschichte zu dem geworden bin, der ich jetzt bin. Die ganze Geschichte gehört zu mir, auch viele Brüche und auch, wenn ich mich oft genug als zerrissen und von mir selbst entfremdet gefühlt habe. Alles hat mich zu dem geformt, der ich jetzt bin. Das Bild, das sich Gott von mir gemacht hat, hat sich durch alle Geschehnisse meines Lebens immer mehr durchgesetzt. Es ist aber auch geformt worden durch die äußere Geschichte. So hat das Bild Gottes in meiner Lebensgeschichte Fleisch angenommen. Es ist nach außen hin sichtbar geworden.

Im Alter geht es darum, durch meine Lebensgeschichte und durch meine Lebensträume, die ich von früher Kindheit an hatte, mein eigene Einmaligkeit zu entdecken, das, was mein wahres Wesen, mein authentisches Selbst ausmacht. Je mehr ich meine Einzigartigkeit entdecke, desto mehr werde ich dankbar sein für mein Leben und desto mehr werde ich mein Alter als Ernte erfahren, in der ich die Frucht meines Lebens einbringen kann, eine Frucht, an der sich viele andere erfreuen können.

Hat Reife im menschlichen Leben ein Ziel?

Wenn wir das Bild der reifen Frucht nehmen, dann verstehen wir unter Reife, dass man eine solche Frucht essen und genießen kann. Der reife Mensch ist also auch jemand, den man genießen kann, der andere nährt und sie erfreut. Die Frucht reift zu ihrer Bestimmung. So können wir vom Menschen sagen, dass er in sein wahres Wesen hineinreift, in die Gestalt, die Gott für ihn vorgesehen hat, die seinem innersten Kern entspricht. Jeder Mensch soll das entfalten, was in ihm steckt. Er soll immer mehr zu dem einmaligen und einzigartigen Bild heranreifen, das Gott sich von ihm gemacht hat. Oder soll das einmalige Wort, das Gott nur über ihn und zu ihm gesprochen hat, in dieser Welt vernehmbar werden lassen. Die Frage ist, wie ich dieses einmalige Bild oder Wort erkenne. Für mich ist ein

Was ist der beste Weg zum Glück?

Nur indem ich von mir weg auf das zugehe, was mich berührt, komme ich von mir los. Wenn ich stehen bleibe und mich loslassen will, bleibt es ein vergebliches Tanzen um mich selbst. Ich tanze dann den Tanz der Selbstaufgabe. Aber das Ego klebt an meinen Bewegungen und lässt sich nicht abschütteln. Erst wenn ich auf den Vogel zugehe, der schüchtern am Boden sitzt, weil er mich fasziniert, vergesse ich mein Ich. Und gerade dort, wo ich mich vergesse, bin ich ganz da, bin ich glücklich. Ich kann mir aber nicht bewusst vornehmen, mich zu vergessen. Das Sich-Vergessen geschieht, indem ich mich auf etwas, auf jemanden einlasse. Wenn ich mich auf Gott einlasse, wenn ich in Gott aufgehe, dann spüre ich auf einmal mein Ego nicht mehr. Und dann bin ich glücklich, weil ich auch vergessen habe, glücklich sein zu wollen. Ich habe mich bedingungslos eingelassen. Das hat mich befreit von dem Ego, das mir das Glück verstellt. Mich vergessen können, das ist die Gnade aller Gnaden. Das ist der königliche Weg zum Glück.

Weg, mein wahres Wesen zu erkennen, still zu werden und in mich hineinzuhorchen: Stimmt es so mit mir? Bin ich stimmig? Stimme ich überein mit meinem Innersten? Oder aber kommt in mir die Ahnung hoch, dass ich an mir vorbeilebe, dass ich irgendwelchen äußeren Erwartungen folge oder den Erwartungen meines eigenen Ehrgeizes hörig bin? Wenn ich in der Stille ganz im Frieden mit mir bin, wenn ich mich zugleich lebendig und frei fühle und voller Liebe, dann darf ich davon ausgehen, dass ich mit dem wahren Bild in mir in Berührung bin. Aber das heißt noch nicht, dass ich stehen bleibe. Ich will diesem inneren Bild noch näher kommen. Ich will durchlässig werden für das wahre Wesen. Letztlich finde ich zu meinem wahren Bild erst dann, wenn ich durchlässig geworden bin für Gott, wenn mein Ego aufhört, mein ursprüngliches und unverfälschtes Bild zu verstellen oder zu verdunkeln. Zur Reife gehört es also, dass ich immer freier werde von der Herrschaft des Ego und immer mehr zu meinem wahren Selbst finde.

Wer so reif geworden ist, der wird andere nähren. Sie können von ihm leben. Sie suchen gerne seine Nähe, sprechen mit ihm und fühlen sich von ihm verstanden und ermutigt auf ihrem persönlichen Weg. Sie spüren, dass ihnen da ein reifer Mensch gegenübersteht, an dessen Reife und Weisheit sie sich erfreuen dürfen.

Beides gehört zusammen: Die eigene Lebensgeschichte akzeptieren. Und das Vergangene loslassen

Annehmen und Loslassen sind die beiden Grundvollzüge des Lebens. Sie sind die Voraussetzung, dass das Leben gelingt. Es gibt ein Grundgesetz der Seele: Du kannst nur loslassen, was du angenommen hast. Annehmen heißt: Ich nehme meine Vergangenheit an, so wie sie war. Ich muss nicht ständig nachfragen: Was wäre gewesen, wenn…? Wie wäre mein Leben verlaufen, wenn das oder jenes nicht passiert wäre? Solche Fragen sind Energieverschwendung. Sie führen nicht weiter. Mein Leben ist so verlaufen, wie es verlaufen ist. Das muss ich akzeptieren. Akzeptieren heißt aber nicht, zähneknirschend annehmen, was war, sondern versuchen, innerlich mein Leben und mich selbst mit dieser Lebensgeschichte

zu bejahen. Ganz gleich, was war, ich bin durch meine Lebensgeschichte zu dem geworden, der ich jetzt bin. Und ich nehme mich so an. Ich verzichte darauf, mir ständig Vorwürfe zu machen, dass ich so bin, oder an mir herumzukritisieren, dass doch vieles besser sein müsste.

Wenn dieser erste Schritt gelungen ist, dann kann ich den zweiten tun: Loslassen, was war. Loslassen heißt nicht: vergessen, sondern das ständige Kreisen um Vergangenes loslassen, die Grübeleien loslassen, ob es nicht hätte anders werden können. Akzeptieren und Loslassen sind normalerweise zwei Schritte hintereinander. Aber sie gehen auch ineinander. Indem ich die Selbstvorwürfe loslasse, lerne ich, mich zu akzeptieren. Und umgekehrt gilt: Indem ich mich annehme, lasse ich die ständige Beschäftigung mit der Vergangenheit los. Ich lebe jetzt im Augenblick. Ich bin offen für das, was die Gegenwart bringt und wie sie mich herausfordert.

Es gibt noch eine andere Form des Loslassens. Manche Alten leben nur noch in der Vergangenheit. Sie erzählen immer die gleichen Dinge von früher und gehen damit ihrer Umgebung auf die Nerven. C. G. Jung sagt von solchen Menschen: »Wer kennt nicht jene rührenden alten Herren, die die Studentenzeit immer wieder aufwärmen müssen und nur im Rückblick auf ihre homerische Heldenzeit ihre Lebensflamme anfachen können, im übrigen aber in einem hoffnungslosen Philistertum verholzt sind?« Diese Menschen leben nicht in der Gegenwart. In den Erzählungen von ihren Jugendtaten möchten sie selbst zum ewig Jungen werden. Doch für Jung ist das nur »ein kläglicher Ersatz für die Erleuchtung des Selbst«, die eigentlich den alten Menschen zieren würde. Daher ist es wichtig, auch das Kreisen um die alten Großtaten loszulassen und jetzt im Augenblick zu leben.

Die Frage nach dem Sinn meines Lebens darf ich nicht nur mit dem Blick zurück beantworten

Es ist eine wichtige Frage, mit welchen Maßstäben wir an die Bewertung unseres Lebens herangehen. Wer nur fragt: Was habe ich verdient?

*Nicht jeder, der einen Bart trägt,
ist schon ein Philosoph.*

Arabisches Sprichwort

Wie viel Geld hinterlasse ich meinen Erben?, der wird sich als Versager vorkommen, wenn er nicht genügend Besitz vorzuweisen hat. Doch das sind keine guten Maßstäbe. Es kommt auch nicht darauf an, ob alles glatt gelaufen ist. Vielmehr sollten wir die Frage so stellen: Wem bin ich zum Segen geworden? Wo habe ich Segen hinterlassen? Welchen Menschen habe ich geholfen? Wer hat durch mich neue Hoffnung geschöpft? Wem bin ich freundlich begegnet? Wem habe ich geholfen, sein Leben besser zu bewältigen? Und man kann sich fragen: War ich authentisch? Welche Werte habe ich in meinem Leben geschätzt? Was habe ich ausgestrahlt mit meinem Dasein?

Bei der Frage nach dem Sinn sollten wir auch nicht nur zurückblicken. Denn das Leben geht weiter: »Das Leben wird vorwärts gelebt und rückwärts verstanden«, hat der Begründer der Logotherapie Victor E. Frankl gesagt. Mit der veränderten Fragerichtung verändert sich die Blickrichtung und auch die Sinn-Perspektive: Welchen Sinn hat mein Leben jetzt? Oder: welchen Sinn möchte ich meinem Leben jetzt geben? Das Leben hat einen Sinn, wenn ich ganz der bin, der ich von Gott her bin, wenn ich authentisch lebe und meine ganz persönliche Lebensspur in diese Welt eingrabe.

Aber mein Leben hat nicht nur in sich einen Sinn. Ich kann ihm auch einen Sinn geben. Ich kann das, was ich lebe, bewusst leben. Und ich kann mir überlegen, dass ich nicht nur für mich allein lebe, sondern immer schon in Gemeinschaft mit anderen und letztlich für andere. Wenn ich mit mir zufrieden bin, strahle ich auch Frieden in meine Umgebung aus. Dann bekommt mein Leben auch für andere einen Sinn. Und es bekommt eine neue Perspektive nach vorne.

Sinn hängt auch mit Sendung zusammen: auf die Reise schicken, jemanden zu einem Auftrag senden. Ich kann mich fragen: Welche Sendung habe ich heute? Fühle ich einen inneren Auftrag, für andere zu sorgen, mich für andere zu engagieren? Aber auch, wenn jemand krank ist und nach außen nicht mehr viel tun kann, hat sein Leben einen Sinn, wenn es bewusst in Solidarität mit anderen gelebt wird und wenn wir das, was wir tun können – zufrieden sein, dankbar sein, beten – bewusst auch für andere tun, damit es ihnen besser geht.

Man kann die Vergangenheit nicht verändern, aber die Einstellung zu ihr

Sein Leben Revue passieren zu lassen und anzuschauen, was gewesen ist, zu fragen, wie alles gekommen ist, das ist sicher sinnvoll und auch ein Zeichen der Reife im Älterwerden. Denn wir sind immer auch in Gefahr, an uns vorbei, einfach so in den Tag hineinzuleben. Daher ist es gut, sich

Im Schatten eines Baumes

Es war einmal ein Mann, den verstimmte der Anblick seines eigenen Schattens so sehr, der war so unglücklich über seine eigenen Schritte, dass er beschloss, sie hinter sich zu lassen. Er sagte zu sich: Ich laufe ihnen einfach davon. So stand er auf und lief davon. Aber jedes Mal, wenn er seinen Fuß aufsetzte, hatte er wieder einen Schritt getan, und sein Schatten folgte ihm mühelos. Er sagte zu sich: Ich muss schneller laufen. Also lief er schneller und schneller, lief so lange, bis er tot zu Boden sank. Wäre er einfach in den Schatten eines Baumes getreten, so wäre er seinen eigenen Schatten losgeworden, und hätte er sich hingesetzt, so hätte es keine Schritte mehr gegeben. Aber darauf kam er nicht.

immer wieder zu hinterfragen: Lebe ich stimmig? Stimme ich mit meinem wahren Wesen überein? Lebe ich authentisch, in Übereinstimmung mit meinem wahren Wesen? Aber das Hinterfragen hat auch Grenzen. Es gibt Menschen, die alles hinterfragen, die nichts stehen lassen können, so wie es ist. Dieses Hinterfragen ist manchmal Ersatz für das nicht gelebte Leben. Anstatt zu leben, hinterfragt man alles. So hat man eine Ausrede, sich nicht wirklich auf das Leben einzulassen.

Die Vergangenheit zu hinterfragen hilft nicht weiter. Denn die Vergangenheit kann man nicht ändern. Sich in der Gegenwart zu hinterfragen, ist durchaus sinnvoll. Aber dieses Hinterfragen soll nicht nur mit dem Kopf geschehen. Denn der Kopf wird immer weiter analysieren und doch nicht zu einer Antwort kommen. Stattdessen hilft es, sich einfach still hinzusetzen und in sich hineinzuhorchen. Ich spüre in meinem Leib, ob mein Leben so, wie ich es lebe, stimmt. Mein Leib zeigt mir, wo ich an mir

vorbeilebe. Wenn ich auf meinen Leib horche, möchte ich ehrlich mit mir umgehen. Aber ich verzichte darauf, mich zu beurteilen und zu bewerten. Im Horchen auf den Leib komme ich in Berührung mit mir selbst. Ich spüre, ob ich mich wohlfühle in meinem Leib oder ob mir mein Leib zeigt, dass ich im Zwiespalt mit meinem innersten Wesen lebe. So finde ich einen Weg, bewusster und intensiver und authentischer zu sein und zu leben.

Wir können die Vergangenheit nicht mehr ändern, sondern nur unsere Einstellung zur Vergangenheit. Dann wird sie uns auch in einem anderen Licht erscheinen. Ganz bestimmt aber können wir uns heute noch ändern. Nicht alles – aber manches. Dort, wo wir mit unserem Verhalten nicht zufrieden sind, können wir es ändern. Dort, wo wir mit unserem Denken nicht zufrieden sind, können wir lernen, anders zu denken. Und dort, wo unsere Beziehungen zu anderen Menschen nicht in Ordnung sind, können wir etwas verwandeln. Das, was uns heute möglich ist, sollten wir tun. Es ist nie zu spät, sich zu ändern. Jesus lädt uns immer wieder von Neuem ein: »Kehrt um! Denkt um! Wach auf! Lebe bewusst!« Jesus ist überzeugt, dass wir in jedem Augenblick umkehren und umdenken und aufwachen können.

Suche die Stille

Vor über 150 Jahren hat der dänische Religionsphilosoph Sören Kierkegaard den Lärm einer immer lauter werdenden Welt als krankmachend beschrieben. Wenn er Arzt wäre, so meinte er, würde er als Heilmittel raten: »Schafft Schweigen!« Unsere Welt ist nicht stiller und nicht ruhiger geworden. Umso notwendiger brauchen wir dieses Heilmittel. Nur so können wir zu uns selber kommen. Wir kommen nur zu uns selber, wenn wir still werden, wenn wir die störenden Einflüsse von außen nicht auf uns wirken lassen. Wir brauchen die Stille, um wir selbst zu werden, um ganz bei uns zu sein. Nur so wird ein menschenwürdiges Leben möglich.

Aber wir finden diese Stille oft nicht. Dabei liegt es an uns selber, ob wir sie finden. Die Erfahrung von Stille ist nicht etwas, was in unserer

Lebenswelt selbstverständlich wäre. Man muss selber etwas dazu tun, um sie zu finden und zu erfahren. Ihre Erfahrung ist an Bedingungen geknüpft. Die erste Bedingung, um still zu werden, ist: stehen zu bleiben. Stille kommt von stellen. Ich stelle mich auf. Ich bleibe unbeweglich. Ich bleibe stehen. Wenn ich stehen bleibe, taucht der Hunger in mir auf. Er weist auf etwas hin, was lebensnotwendig ist. Das hungrige Kind braucht die Mutter, die es stillt. Die Stille ernährt die Seele. Da wir unseren inneren Hunger nicht gerne spüren, bleiben wir so wenig stehen. Wir sind immer auf der Flucht vor uns selbst. Es braucht Mut, stehen zu bleiben, inne zu halten und sich dem eigenen Mangel zu stellen. Aber wenn wir diesen Mut aufbringen, wird er belohnt. Wir werden innerlich still. Wir kommen in Berührung mit uns selbst. Wir spüren uns selbst. Und wir spüren in uns den Hunger. Aber es ist kein Hunger, der sofort mit Essen oder Trinken gestillt werden muss. Vielmehr taucht da in uns eine tiefe Sehnsucht auf. Und die Sehnsucht ist nicht nur Hunger. »Die Sehnsucht«, so meint Arthur Schnitzler, »ist es, die unsere Seele nährt, und nicht die Erfüllung.« Im Schweigen werden wir also genährt und gestillt, aber nicht mit äußeren Dingen, sondern mit der Sehnsucht. Die Sehnsucht ist etwas Heiliges in uns. Sie bringt uns in Berührung mit dem inneren Reichtum unserer Seele.

Stille tut nicht nur der Seele, sondern auch dem Leib gut. In der Stille können wir regenerieren. Die Stille hat aber noch eine andere Wirkung. Sie reinigt und klärt. Immer wieder vermischen sich unsere Emotionen mit den Emotionen der anderen. Und oft genug fühlen wir uns innerlich beschmutzt. Da braucht es das Bad des Schweigens. In der Stille begegne ich meiner eigenen Wahrheit. Und diese Begegnung ist nicht immer angenehm. Ich kann sie nur aushalten, wenn ich aufhöre, mich selbst zu bewerten. Wenn ich einfach wahrnehme, was in mir ist, kann ich es zulassen und mich damit aussöhnen.

Für mich gehört jedoch noch etwas anderes zur Stille. Ich halte das, was in mir ist, in das Licht der Liebe Gottes. Ich muss es nicht einfach aushalten. Ich schaue es an im Licht Gottes. Und in diesem Licht sieht es anders aus. Es ist umfangen von Gottes Liebe. Es darf so sein, wie es ist. Aber durch die Liebe Gottes und durch meinen eigenen wohlwollenden Blick wird es verwandelt. Es verliert das Bedrohliche. Es darf sein. Aber es hat keine Macht mehr über mich. In der Begegnung mit dem Gott, der mich bedingungslos annimmt, kann ich die Stille aushalten. Wenn ich gnadenlos nur mit mir selbst konfrontiert wäre, würde ich wohl davonlaufen. Es fiele mir schwer, die Stille auszuhalten.

Es sind verschiedene Erfahrungen, die ich in der Stille mache. Manchmal habe ich das Gefühl, Gott schaut mich an. Und unter seinen Augen darf ich sein, wie ich bin. Ein andermal sehe ich Gott nicht als Gegenüber. Ich bin in der Stille einfach eins mit mir selbst. Und in dieser Einheit fühle ich mich zugleich eins mit allem, was ist, eins mit der Schöpfung, eins mit den Menschen und eins mit dem Urgrund allen Seins, mit Gott. In dieser Erfahrung des Einsseins steht die Zeit still. Da fallen Zeit und Ewigkeit zusammen. Da sind Gott und Mensch eins. Himmel und Erde verbinden sich. Es sind tiefe Augenblicke des Glücks, die in der Stille möglich sind.

Ich muss die Stille nicht machen. Sie ist schon da. Wenn ich durch Wälder wandere, abseits der Straßen, dann umgibt mich die Stille. Ich muss sie nur wahrnehmen. Dann wird sie mich heilend umhüllen und auch meine Seele still machen. Aber die Stille ist nicht nur außerhalb. Sie ist auch in mir. Die Mystiker sind davon überzeugt, dass in uns ein Raum der Stille ist, in dem Gott wohnt. Wir müssen die Stille nicht schaffen. Sie ist in uns. Aber wir sind oft von ihr abgeschnitten. Daher ist es gut, in der äußeren Stille den inneren Raum des Schweigens in sich zu entdecken und sich dorthin zurückzuziehen. In diesen Raum der Stille können die Menschen mit ihren Erwartungen und Ansprüchen, mit ihren Urteilen und Beurteilungen nicht vordringen. Dort kann niemand mich verletzen. Zu diesem Raum der Stille haben auch die eigenen Gedanken und Gefühle, meine Ängste, meine Sorgen, meine Selbstentwertungen und Selbstverurteilungen keinen Zutritt.

Sei dankbar

David Steindl-Rast sagt: »Jede Dankbarkeit ist ein Ausdruck von Vertrauen. Jedes Misstrauen führt dazu, noch nicht einmal ein Geschenk als solches zu erkennen – wer könnte denn sicherstellen, dass es nicht ein

Köder, ein Bestechungsversuch, eine Falle ist? Dankbarkeit hat den Mut zu vertrauen und überwindet so die Angst.« Ein dankbarer Mensch, sagt Steindl-Rast, hat einen guten Blick für das Geschenk in jeder *gegebenen* Lage. Er erkennt die Gelegenheit, die selbst in der schlimmsten Situation immer mitgegeben ist. Und er ergreift diese Gelegenheit. Alles, wofür wir dankbar sind – und nichts sonst im Leben – gibt uns Freude. Steindl-Rast hat Recht: Wenn ich einfach dankbar annehme, was mir ein Mensch und was mir Gott täglich schenkt, dann bin ich im Einklang mit mir und der Welt. Dann bekommt mein Leben einen neuen und angenehmen Geschmack.

Dankbarkeit bedeutet für mich: Einverstandensein mit meinem Leben, im Einklang sein mit dem, der ich geworden bin. Und sie heißt für mich: Einen tiefen inneren Frieden zu spüren, zu erkennen: Es ist alles gut, so wie es ist. Zugleich ist diese Dankbarkeit aber auch von der Haltung der Demut geprägt. Ich weiß, dass ich mir nichts einbilden kann auf das, was geworden ist. Es hätte auch anders kommen können. Gott hat mich nur so viel Dunkelheit und Chaos erleben lassen, wie ich aushalten konnte. Er hat mich nie über mein Maß hinaus gefordert und geprüft. Dankbarkeit bewahrt also auch vor Stolz und schützt davor, mir etwas einzubilden auf eigene Leistungen oder auf meine Fähigkeiten. Ich weiß, dass all das Geschenk ist, Geschenk von Gott, aber auch von den Menschen, denen ich viel zu verdanken habe. Von ihnen habe ich gelernt, auf das Leben zu vertrauen und in allem nach Gott Ausschau zu halten.

Um vergangene Fehler und alte Verwundungen zu kreisen führt nicht weiter

Menschen haben im Verlauf ihres Lebens viele Verletzungen durch andere Menschen erfahren. Und sie selber haben andere oft verletzt und vieles versäumt, was sie hätten tun sollen. Wie soll ich umgehen mit den Wunden, die mir geschlagen wurden, und mit den Verletzungen, die ich anderen zugefügt habe? Zunächst sollte man aufhören, sich selbst zu beschuldigen und anzuklagen. Das hilft nicht weiter. Im Prozess des Älterwerdens bekommt die Frage nach Vergebung und danach, wie sie

so spät noch gelingen kann, eine große Bedeutung. Wenn wir auf eine längere Geschichte unseres Lebens zurückschauen, werden wir vieles sehen, was wir nicht mehr ändern und in ein neues Licht stellen können. Einen Menschen, mit dem wir gerne noch einmal reden würden, der aber schon gestorben ist, können wir nicht mehr um Vergebung zu bitten. Wir können unser Leben nur anschauen, so wie es war, mit den Verletzungen, die uns zugefügt worden sind, mit den Wunden, die wir anderen geschlagen haben, mit dem, was wir aus unserer heutigen Sicht in unserem Leben falsch gemacht haben. Wir sollen uns dann weder beschuldigen noch entschuldigen. Vielmehr sollen wir das Leben mit allem, was war und ist, in die Liebe Gottes hineinhalten, in dem Vertrauen, dass Gottes Vergebung uns von allen Schuldgefühlen befreit und Gottes Liebe alles zu

Nimm Dich nicht zu ernst

Es braucht das Lächeln eines Kindes,
um Dich selbst annehmen und lieben zu
können, oder auch den feinen Humor eines
Menschen, der in seinem Herzen noch Kind
geblieben ist. Wer sich zu ernst nimmt,
der muss sich entweder groß machen und
als wichtige Persönlichkeit gebärden, oder
aber er verachtet sich selbst und macht
sich kleiner, als er in Wirklichkeit ist. Dich
selbst lieben heißt, Dich so lieben, wie Du
geworden bist.

wandeln und zu heilen vermag. Es ist wichtig, den anderen zu vergeben, die uns verletzt haben, aber auch uns selbst. Vergebung braucht Zeit. Vergeben heißt, das, was war, weggeben. Einmal bedeutet es: es beim anderen lassen und aufhören, ständig darum zu kreisen. Aber es heißt auch: es in das Erbarmen Gottes hinein weggeben, es ihm übergeben, in dem Vertrauen, dass sowohl wir als auch jene, die wir verletzt haben, von Gott angenommen sind. Vergeben ist ein Akt der Befreiung. Wir sollen uns befreien von der negativen Energie, die durch die Verletzung noch in uns ist. Und statt dieser negativen Energie, die sich als Bitterkeit, Groll, Ressentiment ausdrückt, sollen wir die positive Energie der Liebe Gottes in das eigene Herz strömen lassen.

Wenn wir anderen nicht vergeben können, geben wir ihnen Macht über uns. Wir sind dann innerlich noch an sie gebunden. Das ist aber gegen unsere Würde. Wir sollen uns also befreien, indem wir die Verletzungen bei den Menschen lassen, die uns verletzt haben. Schwerer ist es, sich selbst zu vergeben. Das gelingt nur, wenn wir uns verabschieden von der Illusion, dass wir alles richtig machen, dass wir perfekt sind, dass wir ein Leben lang mit einer weißen Weste herumlaufen können. Es tut weh, sich von diesem illusionären Selbstbild zu verabschieden und zu betrauern, dass wir fehlbare Menschen sind. Wenn wir unsere Fehlbarkeit und Blindheit betrauern, dann können wir das, was wir falsch gemacht haben, loslassen. Wir hören auf, uns selbst Vorwürfe zu machen. Und wir verzichten darauf, die vergangenen Fehler als Vorwand zu nehmen, um der Gegenwart und ihren Herausforderungen auszuweichen. Manche kreisen lieber um die vergangenen Fehler, als sich dem zu stellen, was jetzt dran ist. Sie sollten sich fragen, was sie davon haben, dass sie sich ständig ihr Versagen vorwerfen. Gott wirft es ihnen bestimmt nicht vor. Aber vielleicht werfen sie es sich vor, damit sie den Vorteil haben, sich jetzt um die Verantwortung für ihr Leben zu drücken. Niemand tut sich einen Gefallen, wenn er in den Selbstvorwürfen stecken bleibt. Wir sollen sie loslassen und uns selbst mit unserer Durchschnittlichkeit und Fehlerhaftigkeit in das Erbarmen Gottes halten. Dann werden wir Frieden finden.

Auch Unzufriedenheit bringt uns in Berührung mit unserer Sehnsucht

Menschen, die nicht zufrieden sind mit ihrem Leben, damit, wie es war und wie es jetzt ist, tun sich schwer, wenn man ihnen sagt, sie sollten dankbar auf ihr Leben schauen und zufrieden sein, dann würde das Alter schöner. Wer mit seinem Leben unzufrieden ist, kann nicht einfach beschließen, ab heute zufrieden zu sein. Zunächst sollte er sich allerdings fragen, warum er unzufrieden ist. Wer sich dieser Frage stellt, wird auf Maßstäbe stoßen, die ihn in seinem Leben geprägt haben: Zufrieden bin ich nur, wenn ich alles richtig mache, wenn mir alles gelingt, wenn mich die Menschen mögen, wenn ich Erfolg habe. Indem er diese Maßstäbe formuliert, wird er merken, dass er den falschen Maßstäben gefolgt ist. Er muss sich also erst von seinen Maßstäben verabschieden. Unsere Maßstäbe führen aber zugleich zu unseren Bedürfnissen. Manche haben das Bedürfnis, dass alle sie lieben und dass sie überall Erfolg haben. Wir sollen uns für unsere Bedürftigkeit nicht verurteilen. Aber indem wir sie uns eingestehen, werden unsere Bedürfnisse die Macht über uns verlieren. Sie werden relativiert.

Dann können wir versuchen, unsere Bedürfnisse zu Ende zu denken. Selbst wenn mir alles gelingt, wenn ich bei allen beliebt bin, bin ich dann

wirklich zufrieden? Letztlich münden unsere Bedürfnisse in die Sehnsucht nach Glück und Geborgenheit. Und diese Sehnsucht kann kein Mensch erfüllen, sondern allein Gott. Wir sollen also unser Leben im Licht Gottes anschauen. Dann werden wir allmählich die richtigen Maßstäbe für unser Leben finden. Uns wird klar, was uns eigentlich trägt und wohin unser Weg uns führen möchte. Unsere Unzufriedenheit bringt uns in Berührung mit unserer Sehnsucht, die letztlich nur Gott zu erfüllen vermag. Diese Sehnsucht hält uns lebendig. Und sie verwandelt langsam die Unzufriedenheit in Zufriedenheit. Wir fangen an, Gott für unser Leben zu danken. Und im Gespräch mit Gott werden wir fähig, Ja zu sagen zu uns und unserem Leben und dankbar zu sein für das, was war und was ist. Und wir werden getrost in die Zukunft schauen.

Zigeuner im Sessel

Anthony de Mello erzählt gerne Geschichten, die uns über unsere eigene Realität aufklären. Wir sind im Käfig der Gewohnheiten eingesperrt, sagt er einmal, wie jener Bär, der in seinem sechs Meter langen Käfig hin und her geht. Als die Gitterstäbe nach mehreren Jahren entfernt werden, geht der Bär weiter diese sechs Meter hin und her, her und hin. So, als ob der Käfig noch da wäre. Für ihn war er da. Seine Sehnsucht war durch die lange Gefangenschaft abgestorben.

In anderen kurzen Erzählungen nimmt de Mello auch die Vorstellung von Sehnsucht auf den Arm. Er zeigt, wie klein sich die Sehnsucht nach dem Unendlichen manchmal gebärden kann:

> »Nach dreißig Jahren gemeinsamen Fernsehens sagt ein Mann zu seiner Frau:
> ›Lass uns heute Abend etwas wirklich Aufregendes unternehmen!‹
> Sofort tauchen vor ihrem Auge Visionen von einer Nacht in der Stadt auf.
> ›Phantastisch!‹ sagt sie, ›was wollen wir machen?‹
> ›Wir könnten einmal die Sessel tauschen.‹«

Für den Mann bestand die ganze Sehnsucht nach etwas Aufregendem darin, den Sessel zu tauschen. Offensichtlich kannte er keine größeren Sehnsüchte, keinen weiter ausgreifenden Drang. Das 30 Jahre lange Fernsehen hat ihn so genügsam gemacht in seiner Sehnsucht, dass wir darüber unwillkürlich lachen müssen.

Aber stimmt es nicht wirklich? Auf welch kleines Maß hat sich heute die Sehnsucht vieler Menschen reduziert. Humor ergibt sich aus der Spannung zwischen Idealität und Realität. Seine Funken sprühen, wenn die Welt, so wie sie sein könnte, mit der Wirklichkeit zusammenprallt, wie sie nun einmal ist.

Eine andere Geschichte de Mellos – ebenfalls mitten aus dem Leben erzählt. »Der Zigeuner«, so nennt er sie:

> »In einer kleinen Grenzstadt lebte ein alter Mann schon 50 Jahre in dem gleichen Haus. Eines Tages zog er zum Erstaunen seiner Umgebung in das Nachbarhaus um. Reporter der Lokalzeitung sprachen bei ihm vor, um nach dem Grund zu fragen: ›Ich glaube, das ist der Zigeuner in mir‹, sagte er mit zufriedenem Lächeln.«

Das muss man nicht mehr kommentieren. Das »sitzt«: So treffsicher hat de Mello unsere kleiner gewordene, durch unsere Selbstzufriedenheit geschrumpfte Sehnsucht beschrieben. Wir machen uns kleiner als wir sind. Viel kleiner.

Heraus aus dem Schmollwinkel

In Gesprächen höre ich immer wieder die Klage darüber, dass Menschen sich allein fühlen, dass sie niemanden haben, der sie in den Arm nimmt, mit dem sie über ihre persönlichen Anliegen sprechen können. Es ist die Sehnsucht nach Nähe und Geborgenheit, die ich aus dieser Klage heraushöre. Ich versuche, diese Sehnsucht anzusprechen und den Gesprächspartner oder die Gesprächspartnerin zu fragen, was er oder sie sich von der Nähe eines anderen Menschen verspricht. Dann höre ich Worte wie:

»Ich möchte einen Menschen, der einfach da ist, der es mit mir aushält, der mir beisteht, wenn es mir mal nicht so gut geht, der mich versteht, der mich nicht beurteilt, vor dem ich keine Angst haben muss. Es ist die Sehnsucht nach einem, der mich zärtlich streichelt, dem ich ungeschützt sagen kann, was gerade in mir ist.« Ich frage dann oft zurück: »Können Sie sich selbst nahe sein? Können Sie selbst zärtlich zu sich sein? Können Sie sich selbst einfach wahrnehmen, ohne sich zu beurteilen oder zu verurteilen? Können Sie dem kleinen verletzten Kind in sich Geborgenheit schenken?« Und ich erlebe oft, dass die Menschen von anderen erwarten, was sie sich zuerst einmal selbst geben könnten. Je unfähiger aber ein Mensch ist, sich selbst nahe zu sein, desto größer ist in ihm die Sehnsucht nach Nähe und Geborgenheit.

Wir können uns diese Sehnsucht nicht selbst erfüllen. Wir brauchen Menschen, die uns Geborgenheit schenken. Und wir brauchen Gottes heilende und liebende Nähe, in der wir uns geborgen wissen. Doch wenn wir nur und ausschließlich von anderen Menschen oder von Gott diese bergende Nähe ersehnen, werden wir sie nie erfahren. Wir müssen also etwas ganz Elementares lernen: Uns selbst nahe zu sein, es bei uns selbst

Finde Zeit – nur für Dich

Wenn Du den Mut findest, allein zu sein, kannst Du auch entdecken, wie schön es sein kann, einmal ganz für sich zu sein, nichts vorweisen, nichts beweisen, sich nicht rechtfertigen zu müssen. Da kannst Du vielleicht die Erfahrung machen, dass Du ganz und gar mit Dir eins bist.

Wie gut steht den Grauköpfen ein gutes Urteil an
und den Alten, guten Rat zu wissen!
Wie gut steht den Alten die Weisheit an
und den Ehrwürdigen Überlegung und Planung!
Der Ehrenkranz der Alten ist die reiche Erfahrung,
und ihr Ruhm ist die Furcht vor dem Herrn.

Das Buch Jesus Sirach, 25,4 – 6

auszuhalten, liebevoll mit uns umzugehen, damit wir auch die Nähe und Geborgenheit genießen können, die wir von anderen Menschen und von Gott erleben. Die Sehnsucht nach Geborgenheit darf uns nicht in die Passivität führen. Vielmehr soll sie uns in Bewegung bringen, damit wir uns selbst nahe kommen und uns für die Menschen öffnen, die schon in unserer Nähe sind. Wenn wir ihnen nahe kommen, werden wir auch ihre Nähe erfahren. Wenn wir uns nur allein gelassen fühlen und im Schmollwinkel unserer Einsamkeit sitzen bleiben, wird allerdings nie jemand in unsere Nähe gelangen.

Auf der Suche nach der Heimat

Wo finden wir Heimat? Und wann suchen wir sie? Die Erfahrung zeigt: Heimatgefühle tauchen am intensivsten dann auf, wenn man sich aus der Heimat entfernt hat. »Wenn man anfängt, über Heimat nachzudenken, ist man innerlich schon weit weg«, das hat der Filmregisseur Edgar Reitz gesagt, der eine berühmt gewordene Filmserie über den Hunsrück gedreht hat – über Land und Leute, deren »kleine Welt« er als junger Mensch schon in Richtung Großstadt verlassen hat. In diesem Filmepos wurde Heimat als der Ort ins Bild gesetzt, woher man kommt, den man hinter sich gelassen hat, an den man aber auch wieder zurückkehren mag. Sein Film war eine Ehrenrettung des Begriffs Heimat, ein Wort, das für viele lange Zeit einen Blut-und-Boden-Beigeschmack hatte. Der Popsänger Herbert Grönemeyer versteht die Heimat dagegen nicht mehr als einen bestimmten geografischen Ort. In einem seiner Lieder singt er: »Heimat ist kein Ort, Heimat ist ein Gefühl.« Es ist das Gefühl, ganz und gar angenommen zu sein, zu Hause zu sein, sich ausruhen zu können, sein zu dürfen, wie man ist. »Heimat sind die Menschen, die wir verstehen und die uns verstehen.« So hat es der Schweizer Schriftsteller Max Frisch erfahren. Heimat ist dort, wo ich die Menschen finde, die ich verstehe und von denen ich mich verstanden fühle.

Heimat hat immer etwas mit den Erfahrungen der Kindheit zu tun. Dort musste man nichts leisten. Dort war man einfach willkommen. Viele sehnen sich nach der Heimat zurück, die sie als Kind erlebt haben.

Doch wenn sie die Stadt ihrer Kindheit besuchen, merken sie bald, dass sie nicht mehr ihre Heimat ist. Auch das Elternhaus bietet ihnen oft nicht mehr eine Heimat. »Daheim sein kann man nur, wo das Geheimnis wohnt.« Nur wenn ich mit dem Geheimnis in Berührung komme, das meine Kindheit geprägt hat, werde ich mich daheim fühlen. Geheim ist ursprünglich das, was zum Zuhause gehört, was mir vertraut ist. Daheim sein braucht das Geheimnisvolle, das mir nicht nur vertraut ist, sondern das mich umgibt wie etwas, das ich nicht benennen kann, das mich aber in einen Bereich führt, der meiner Seele vertraut ist, in dem meine Seele weit wird.

Die Heimat ist aber nicht nur der Ort, an dem wir unsere Kindheit verlebt haben. Sie weist auch in die Zukunft, auf die Heimat, die uns erwartet. Letztlich gilt, was Paulus den Philippern schreibt: »Unsere Heimat ist im Himmel« (Phil 3,20). Diese Einsicht umgreift das ganze Leben. Der Schriftsteller Heinrich Jung-Stilling sieht einen engen Zusammenhang zwischen der Heimat, aus der wir kommen, und derjenigen, auf die wir zugehen: »Die beiden schönsten Dinge sind die Heimat, aus der wir stammen, und die Heimat, nach der wir wandern.« Für denjenigen, der sogar die Sehnsucht verloren hat, weiß Hermann Hesse in der Heimat Trost: »Auch der Träume Quelle ist versiegt. Doch vertrau! Am Ende deines Weges wird Heimat sein.« Die Sehnsucht nach Heimat ist nicht rückwärts gewandt, sie hält uns auf unserem Weg lebendig. Der Weg führt uns oft in die Fremde, in unbekanntes Land, wo wir uns bewähren müssen. In der Fremde sehnen wir uns nach Heimat. Wir wissen, dass wir nicht immer in der Heimat bleiben dürfen. Sonst werden wir zu Stubenhockern, denen die Weite des Lebens fehlt. Theodor Fontane kannte diese Spannung von Fremde und Heimat: »Erst die Fremde lehrt uns, was wir an der Heimat besitzen.« Nur wer sich in die Fremde wagt, bekommt ein Gespür für die Heimat. Er sehnt sich zurück nach der Heimat, die er verloren hat. Doch seine Aufgabe besteht darin, mitten in der Fremde Heimat zu stiften, einen Raum zu schaffen, in dem Menschen sich zu Hause fühlen. Wo Liebe ist, dort entsteht Heimat.

Verlernte Wünsche

Auch mit unserem Lebensalter, und nicht nur mit den veränderten politischen und gesellschaftlichen Verhältnissen, verändern sich unsere Sehnsüchte. Ernst Bloch, der wie wenige andere dieses Thema durchdacht hat, hat sich auch mit der Sehnsucht alter Menschen befasst und eine ganz bestimme Form beschrieben: »Ein letzter Wunsch geht durch alle Wünsche des Alters hindurch, ein oft nicht unbedenklicher, der nach Ruhe.« Es ist tatsächlich oft nicht die innere Ruhe, das Im-Einklang-Sein mit sich selbst, wonach sich alte Menschen sehnen, sondern Ruhe als Bequemlichkeit. Man will sich nicht stören lassen. Deshalb wagt man nichts Neues mehr. Alte Menschen möchten nicht mehr in einem fremden Bett übernachten. Sie brauchen das Vertraute. Die Wünsche der Jugend hat man aufgegeben. Damals wurden sie nicht erfüllt. Jetzt könnte man sich manche Wunscherfüllung finanziell leisten. Doch, so Bloch: »Der Hunger danach ist grau geworden.« Wenn man selbst den Hunger nach den Wünschen verlernt hat, dann gilt nur noch das, was ist. Aber auch mit dem Gewohnten ist man oft nicht zufrieden. Man richtet sich lieber in dem Alten ein, mit dem man unzufrieden ist, als sich auf Neues einzulassen. Es könnte ja noch schlimmer kommen. Es macht den unzufriedenen Alten nur noch mürrischer, sich mit Neuem auseinandersetzen zu müssen.

Doch es gibt auch den weisen Alten. Bei ihm haben sich die Sehnsüchte gewandelt. Er sehnt sich nach Stille, nach einer inneren Ruhe, in der er offen wird für das Geheimnis des Seins. C. G. Jung schrieb einem Bittsteller, der unbedingt mit ihm reden wollte, dass sein Mitteilungsbedürfnis von Tag zu Tag schwinde: »Das Reden wird mir öfters zur Qual, und ich brauche oft ein mehrtägiges Schweigen, um mich von der Futilität der Wörter zu erholen. Ich bin auf dem Abmarsch begriffen und schaue nur zurück, wenn es nicht anders zu machen ist. Diese Abreise ist an sich schon ein großes Abenteuer, aber keines, über das man ausführlich reden möchte.« In diesen Worten wird deutlich: C. G. Jung lehnt das Gespräch nicht aus Angst vor dem Neuen ab, sondern weil er sich nach etwas anderem sehnt: dem Geheimnis des Lebens nachzuspüren, das ihm gerade jetzt, da er seinem Sterben nahe ist, von Neuem aufgeht. Er sehnt sich danach, im Schweigen offen zu werden für den Gott, der ihm seine tiefste Sehnsucht stillt.

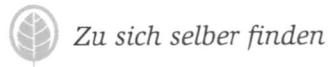

Ewig hin- und hergerissen

»Ich will meine Sehnsuchtsziele gar nicht erreichen. Ich finde es wunderbar, Sehnsucht nach etwas zu haben, das ich nie erreichen kann. Die Sehnsucht stirbt an der Schwelle zur Erfüllung.« Udo Jürgens hat das in einem Interview mit der Süddeutschen Zeitung gesagt. Der über 70-jährige Popstar ist mit über 70 Millionen verkauften Platten ein sehr erfolgreicher Schlagersänger, der über 600 Songs komponiert hat, die oft das Thema Liebe und Emotionen besingen.

Es klingt verblüffend. Manche klagen, die Sehnsucht würde sie krank machen, weil sie nie erfüllt wird. Udo Jürgens hält gerade das

Verdrängte Sehnsucht

Der Mensch, der seine Sehnsucht verdrängt, ersetzt sie durch die Sucht. Die Sucht ist immer Ausdruck einer unterdrückten und nicht eingestandenen Sehnsucht. Die Sucht treibt den Menschen zu immer neuer Bedürfnisbefriedigung. Er muss ständig Alkohol trinken oder eine Droge nehmen. Der Arbeitssüchtige hat nie genug. Immer muss er noch mehr arbeiten. Er wird von seiner Sucht getrieben. Die Unruhe, die heute viele erfasst hat, ist oft Ausdruck der Sucht, die sie bestimmt. Die Sucht macht den Menschen unersättlich.

Nichterfüllen der Sehnsucht für etwas Beglückendes. Die Sehnsucht treibt uns an, immer weiter zu suchen, uns immer neu auf den Weg zu machen. Die Sehnsucht hält uns lebendig. Sie macht das Herz weit. Sie ist die Quelle der Kreativität. Offensichtlich war die Sehnsucht nach dem, was man nie erreichen kann, eine Quelle, aus der dieser populäre Komponist und Sänger seine Lieder gedichtet und gesungen hat. Und vielleicht war es dieselbe Sehnsucht, die so viele Menschen erreicht und angesprochen hat.

»Meine Seele ist zwiegespalten«, sagt er dem Reporter im Gespräch über die innere Spannung seines Lebens und verweist auf ein Lied, das er selbst komponierte. In diesem Lied drückt Udo Jürgens aus, wie er sein Leben lebt und versteht:

> »Ewig hin- und hergerissen, Zwischen Sehnsucht und Gewissen –
> Hier, was ich fühle – da, was ich weiß –
> In Gefahr, mich zu verletzen an den eignen Gegensätzen –
> Hier viel zu kalt und da viel zu heiß.«

Die Spannung zwischen Wissen und Sehnsucht hält den Menschen lebendig. Aber sie kann ihn auch zerreißen und ihn an den Gegensätzen zugrunde gehen lassen. Die richtige Balance zu finden zwischen Wissen und Sehnsucht – darin besteht offensichtlich die Kunst des Lebens. Wir brauchen beides: das Wissen und die Sehnsucht. Wer nur in seiner Sehnsucht lebt, kann sich daran verbrennen. Wer nur im Wissen lebt, für den wird alles kalt. Wir brauchen die Sehnsucht, damit in die kalte Welt unseres Wissens Wärme hineinströmt.

Die ehrlichste Eigenschaft

»Ich habe in meinem Leben herausgefunden, dass die Sehnsucht die einzig ehrliche Eigenschaft des Menschen ist.« Das sagte der Philosoph Ernst Bloch in einem Interview an seinem 90. Geburtstag. Er hat Recht: In allem kann der Mensch lügen. Alle Tugenden können wir zur Schau tragen und dennoch heucheln. In alles kann sich etwas Unechtes und

Falsches einschleichen. Die Liebe kann nicht echt sein. Die Höflich-
keit nur anerzogen. Das Helfen kann aus egoistischen Motiven erfolgen. Wir müssen nur einmal unsere eigenen Haltungen ehrlich ansehen:
Unsere Gerechtigkeit kann mit Härte vermischt sein, unsere Zuwendung
zu einem anderen mit Besitzansprüchen, unsere Hilfe mit Machtinteres-
sen. Nur eines kann man nicht verfälschen: die Sehnsucht. Denn seine
Sehnsucht kann der Mensch nicht manipulieren. Der Mensch ist seine
Sehnsucht. Sehnsucht ist wirklich die ehrlichste Eigenschaft aller Menschen: Sie ist einfach da. Sie regt sich in unserem Herzen, ob wir wollen
oder nicht. Wo ein Mensch sich sehnt, da kommt er mit seinem Herzen
in Berührung. Ich kann meine Sehnsucht zwar auf kurzfristige Ziele richten, wie etwa auf den Gewinn im Lotto oder auf den Sieg meiner Fuß-
ballmannschaft. Aber auch in solcher Sehnsucht klingt immer die Sehnsucht nach mehr mit, die Sehnsucht nach dem Gelingen des Lebens, die
Sehnsucht nach Glück. Für Augustinus ist in jeder Sehnsucht letztlich die
Sehnsucht nach dem Vollkommenen, nach dem Absoluten lebendig. Und
diese Sehnsucht ist zugleich das ehrliche Eingeständnis, dass ich, so wie
ich bin, noch nicht am Ziel bin; dass die Welt, so wie sie ist, noch in Entwicklung ist; dass das Eigentliche noch bevorsteht.

Sehnsucht ist nicht nur die ehrlichste Empfindung. Sie kann auch zur
Ehrlichkeit gegenüber dem eigenen Leben verhelfen. Ich erlebe häufig
Menschen, die alles, was sie tun, in den schönsten Farben zeichnen
müssen. Wenn sie vom Urlaub erzählen, dann war der durchweg fan-
tastisch. Wenn sie einen Kurs besucht haben, dann war das die tiefste
Erfahrung, die sie je gemacht haben. Manchmal habe ich da den Ver-
dacht, dass sie alles in so rosiges Licht tauchen müssen, um ihre Enttäuschung zu verbergen. Denn eigentlich ist ihr Leben durchschnittlich. Im
Urlaub gab es viele Missverständnisse mit dem Ehepartner. Aber nach
außen hin muss man davon schwärmen. Man muss sich selbst beweisen,
dass alles, was man tut, richtig ist. Aber hinter der Fassade sieht es ganz
anders aus. Die Sehnsucht lässt mich mein Leben ehrlich anschauen. Ich
muss nicht übertreiben. Ich muss den anderen nicht beweisen, wie tief
meine Erfahrungen sind und welche Riesenfortschritte ich auf meinem
inneren Weg mache. Ich nehme mich so an, wie ich bin: durchschnittlich, aber doch auch suchend, erfolgreich und erfolglos, sensibel und
unsensibel, spirituell und zugleich oberflächlich. Ich darf mein Leben

Werde jung alt,
so bleibst du lang alt.

Spanisches Sprichwort

so anschauen, wie es ist. Denn meine Sehnsucht geht über dieses Leben hinaus. In der Sehnsucht manipuliere ich nicht. Die Sehnsucht ist einfach da. Und nur dort, wo die Sehnsucht ist, ist wirkliches Leben. Nur dort, wo ich mich meiner Sehnsucht stelle, bin ich auf der Spur des Lebens, entdecke ich meine eigene Lebendigkeit. Und auf der Spur der je größeren Lebendigkeit überwinde ich meine eigene enge Begrenztheit.

Hineinwachsen ins eigene Bild

Als der alte Karl Rahner bei der Feier seines 80. Geburtstags in seiner Heimatstadt Freiburg nach all den Ehrungen seine Dankesrede hielt, zitierte er den dänischen Religionsphilosophen Sören Kierkegaard: »Sehnsüchtig grüßt der, der ich bin, den, der ich sein könnte.« Es klang Wehmut mit

Alles ist gut

Heiterkeit ist nicht einfach nur eine Charaktereigenschaft, mit der man geboren wird. Sie entsteht durch ein großes Vertrauen, dass man so, wie man ist, bedingungslos angenommen ist, dass alles letztlich gut ist. Und sie entsteht durch den Mut, die eigene Wahrheit anzuschauen.

in diesem Wort des großen Theologen, auch Bescheidung. Und es hat die Zuhörer auch beeindruckt: Wer mit 80 Jahren und nach einem rastlosen Leben, das eine ungewöhnlich reiche Ernte getragen hatte, eingestehen kann, dass er immer noch nicht der ist, der er sein möchte, der beweist innere Größe.

Den Zwiespalt erleben wir wohl alle. Wir haben Bilder von uns, wie wir sein möchten. Und wir sehnen uns danach, diese inneren Bilder zu verwirklichen. Wir möchten gelassen sein, freundlich, beherrscht, diszipliniert, lebendig, frei, offen. Wir möchten voller Liebe sein. Doch dann erleben wir immer wieder schmerzlich, wie durchschnittlich wir sind, hin- und hergerissen zwischen Liebe und Hass, zwischen Disziplin und Disziplinlosigkeit, zwischen Freundlichkeit und Griesgram, zwischen Lebendigkeit und Starre. Wohl unser ganzes Leben sehnen wir uns danach, zu wachsen, reifer zu werden, zufriedener, ausgeglichener, liebender.

Man kann den Satz Kierkegaards resignierend aussprechen. Dann wäre die Sehnsucht freilich in Gefahr, zum Selbstmitleid zu verkommen. Wir würden im Selbstmitleid darüber ertrinken, dass wir es nie schaffen so zu sein, wie wir eigentlich möchten. Solche Sehnsucht würde uns nicht weiterbringen. Sie wäre wie eine Flucht, unsere eigene Wahrheit genauer anzuschauen.

Man kann die Worte des dänischen Gottsuchers aber auch anders verstehen. Indem ich mich danach sehne, der zu sein, der ich sein könnte, strecke ich mich nach dieser innerlich erblickten Gestalt aus. Wenn Sehnen von der Sehne kommt, die sich ausstreckt und anspannt, dann eröffnet sich hier neue Sicht: Die Sehnsucht lehrt mich dann das innere Wachsen, damit ich mehr und mehr in das Bild hineinwachse, das ich von mir entworfen habe. Allerdings muss ich mein Bild von mir immer wieder daraufhin überprüfen, ob es meinem Wesen entspricht oder ob es eine Illusion ist, mit der ich der eigenen Wirklichkeit entfliehen möchte.

Die Weisheit des Tagore

»Meine Augen haben viel gesehen, aber sie sind nicht müde. Meine Ohren haben viel gehört, aber sie verlangen nach mehr.« Der indische Philosoph und Dichter Tagore, von dem dieser Satz stammt, ist viel in der Welt gereist. Er ist durch Europa und Amerika gefahren und hat viel gesehen und gehört. Dennoch wurden seine Augen nie müde, die Schönheit der Welt zu sehen. Er hat sich offensichtlich einen Blick für die Schönheit und für das Geheimnis dieser Welt bewahrt. In allem, was er gesehen hat, hat er etwas von der Schönheit Gottes erblickt. Und er hat in den Gesichtern der Menschen ihre Erfahrungen und ihre Sehnsüchte entdeckt. In ihren Bauten, in ihrer Kultur hat er das Geheimnis des menschlichen Herzens gesehen. Wer so zu schauen vermag, dass er mit dem Geschauten eins wird, dass er sich im Schauen selbst vergisst und das Unsichtbare sieht, dessen Augen werden niemals müde.

Manchmal verstopfen wir unsere Ohren, um den Lärm um uns herum nicht zu hören. Oder wir haben genug, wenn uns Menschen über ihre Probleme erzählen. Wir wollen nichts mehr hören. Tagore hat bei seinen

Reisen viel gehört. Er hat den Menschen zugehört, denen er begegnet ist. Und es war ihm nie zu viel. Er wollte immer noch mehr hören. War er nur neugierig? Ich glaube nicht.

Es gibt Menschen, die wollen ständig Skandalgeschichten hören. Da hat man den Eindruck, dass einem ihr Hören nicht guttut. Ihre Ohren locken aus uns etwas heraus, was wir gar nicht sagen wollten. Tagore hat anders zugehört. Er hat im Hören auf das Unhörbare gehorcht, auf das, was in den Stimmen der Menschen mitklingt, auf die Zwischentöne, auf die Sehnsucht, die ihre Worte verraten. Wer so hört, der verlangt nach mehr. Er hört auf das Geheimnis des Lebens. Und das ist so reich, dass wir nie zu Ende kommen.

Wünsche, die vorhalten

Es gibt Wünsche, die in Erfüllung gehen. Wenn ich mir zum Geburtstag ein ganz konkretes Geschenk wünsche, werde ich es vermutlich auch

bekommen. Rainer Maria Rilke war ein Dichter der menschlichen Seelenkräfte. Er hat viel über das Wünschen nachgedacht. In einem seiner schönsten Texte heißt es:

> »Wünschen, das soll man nicht aufgeben.
> Ich glaube, es gibt keine Erfüllung,
> aber es gibt Wünsche,
> die so lange vorhalten,
> das ganze Leben lang,
> dass man ihre Erfüllung
> doch gar nicht abwarten könnte.«

Die Wünsche, die Rainer Maria Rilke meint, gehen weiter als unsere alltäglichen, anlassbezogenen Wünsche. Es sind Wünsche, die kein Geschenk zufriedenstellen kann. Es sind die Wünsche unserer Sehnsucht, die über diese Welt hinausgehen.

Das deutsche Wort »Wunsch« gehört zur Wortgruppe »gewinnen«, das im Althochdeutschen noch die Bedeutung hat: »durch Anstrengung, Arbeit oder Kampf zu etwas gelangen, schaffen, erringen, erlangen«. Die Germanen waren offensichtlich überzeugt, dass ich mir meine Wünsche selbst erfüllen kann, dass es aber dafür der Anstrengung und des Kampfes bedarf. Die indogermanische Wurzel, die dem zugrunde liegt, verweist noch auf eine andere Spur: »umherziehen, streifen, nach etwas suchen oder trachten«. Sie bezieht sich ursprünglich auf die Suche nach Nahrung. Doch die Suche nach Nahrung war für die Germanen offensichtlich ein Symbol für das Suchen der Seele. Man muss sich immer wieder auf den Weg machen, um weiterzusuchen. Man findet nie die Nahrung, die für das ganze Leben reicht. So müssen wir immer weiterwünschen. Kein Geschenk erfüllt alle unsere Wünsche. Kein Erfolg stellt uns endgültig zufrieden.

Rainer Maria Rilke fordert uns auf, das Wünschen nicht aufzugeben. Dabei kommt es ihm gerade auf die Spannung an zwischen Wünschen und Nicht-Erfüllen. Denn unsere Wünsche halten uns lebendig. Es gibt zwar Menschen, die wunschlos glücklich sind. Aber die Gefahr ist, dass sie sich vorschnell zufrieden geben mit dem, was sie erreicht haben. Wünsche, deren Erfüllung man gar nicht abwarten kann, gehen über das Vordergründige hinaus. Sie zielen auf das wahre Glück, das wir nicht in diesem Leben, sondern erst in der Vollendung erfahren.

Wandlung

Sehnsucht ist der Anfang aller Wandlung. Und dies ist etwas ganz anderes als Veränderung. Die Veränderung ist etwas für Macher, Planer und Aktivisten. Wandlung wird nicht gemacht: sie geschieht. Wandlung will nicht die Dinge in den Griff bekommen, Fehlerhaftes abstellen oder mit Gewalt vermeiden. Sie arbeitet nicht mit Getöse, sondern bedächtig und leise. Denn was wächst, macht keinen Lärm.

Wenn wir gelassen akzeptieren, was wirklich ist, und nichts verdrängen, dann kann das Wunder geschehen, von dem viele Märchen erzählen. Dann erleben wir plötzlich und ohne unser Zutun das Erlösende, das Befreiende, das Andere. Da wird aus dem Frosch ein Prinz und aus dem Aschenputtel eine Prinzessin. Da kommt der arme junge Mann über Nacht zu unermesslichem Reichtum. Da wird das unscheinbare Mädchen zu einer wunderschönen Königin. Der Kuss des Prinzen weckt Dornröschen aus ihrem Schlaf und schenkt ihr ein neues, glückliches Leben.

Die Märchen wissen, dass es für das Leben kein Rezept gibt. Umwege und Irrwege sind nicht ausgeschlossen. Es gibt kein Programm und keinen Meisterplan. Wir können nichts tun. Ein anderer tut es an uns. Wandlung geschieht in der Begegnung, in der Liebe. Der wohlwollende Blick des anderen verwandelt uns. Wenn uns die Liebe begegnet, gehen wir erneuert daraus hervor. Ein anderer Mensch kann etwas aus uns herauslieben, was vorher verborgen in uns geschlummert hat. Liebe weckt in uns eine Kraft, die uns unser eigenes Geheimnis entdecken lässt. Aber auch die Bibel ist voll von solchen Geschichten, die Verheißungen sind: Dass das Meer zu trockenem Land und zu festem Boden wird. Dass aus einem harten Felsen plötzlich Wasser strömt, ein Stein zur Quelle neuen Lebens wird. Dass die Wüste plötzlich blüht, dass ein Dornbusch zum strahlenden Ort göttlicher Gegenwart wird. Dass wir in unserer Armseligkeit zum Abbild der Herrlichkeit werden. Nicht wir vollbringen dieses Wunder. Gott tut es an uns. Wir müssen nur der Spur unserer Sehnsucht folgen, die uns zu ihm zieht, und uns ihm hingeben. Wer sich auf den Weg macht, dessen Sehnsucht wird gestillt. Er wird den Segen erfahren.

Bis unser Herz ruhig wird

Für Augustinus, den großen Denker der frühen Christenheit, ist die Sehnsucht das Grundexistential des Menschen. Er weiß: Alle Endlichkeit und

Vorläufigkeit verlangt nach Unendlichkeit, nach Endgültigkeit, nach dem Ewigen. Gott selbst hat uns die Sehnsucht nach ewiger Gemeinschaft mit ihm ins Herz gelegt. Ob wir wollen oder nicht, in allem, wonach wir leidenschaftlich suchen, sehnen wir uns letztlich nach Gott. Wenn wir mit allen Kräften nach Reichtum trachten, so wird der Besitz unsere Sehnsucht nicht erfüllen. In der Suche nach Reichtum steckt die Sehnsucht nach Ruhe. Aber das Fatale ist, dass der Besitz uns besessen macht und noch mehr in die Unruhe treibt. Wenn wir nach Erfolg streben, so verbirgt sich dahinter die Sehnsucht, wertvoll zu sein. Aber wir wissen zugleich, dass kein Erfolg unsere Sehnsucht zu stillen vermag. Unseren eigentlichen Wert erfahren wir erst in Gott. Jeder Mensch sehnt sich im Grunde danach, geliebt zu werden und selbst zu lieben. Wir brauchen nur in der Zeitung zu lesen, um zu entdecken, wie viele solcher

Sehnsüchte unbefriedigt bleiben oder in Einsamkeit und Verzweiflung enden. Und dennoch steckt in jeder kleinen Liebe, auch in der ganz und gar sexuellen Liebe, die Sehnsucht nach der absoluten Liebe. Wir kennen alle das berühmte Wort des Augustinus: »Unruhig ist unser Herz, bis es Ruhe findet in Dir, mein Gott.«

Der Mensch ist erfüllt von einem unstillbaren Hunger nach absoluter Heimat, nach unbegrenzter Geborgenheit, nach dem verlorenen Paradies. Auch wenn sich das menschliche Verlangen äußerlich auf andere Ziele richtet, so ist das letzte Ziel immer unendlich. Auch bei Menschen, die sich selbst nicht als fromm oder gläubig bezeichnen, pocht diese Sehnsucht nach mehr, nach dem ganz anderen, nach dem, der allein genügt. Wenn wir unsere Wünsche und Sehnsüchte zu Ende denken, werden wir letztlich immer auf die Sehnsucht nach Gott stoßen. Augustinus hat zeit seines Lebens gesucht: Zuerst in der Beziehung zu einer Frau, dann in der Philosophie, in der Wissenschaft, im Erfolg, in der Freundschaft. Und am Ende musste er sich eingestehen, dass das letzte Ziel seines Suchens Gott war. Erst als er ihn gefunden hatte, kam sein Herz zur Ruhe. Und er sagte von sich: »Ich glaube nicht, dass ich etwas finden kann, wonach ich mich so sehne wie nach Gott.«

Weit – auch in der Enge

Eine alte Geschichte erzählt von einem Mönch, der plötzlich von der Sehnsucht nach der weiten Welt gepackt wird. Er bittet für drei Monate um Urlaub, um in die große Stadt zu gehen. Er will den engen Mauern seines Klosters entfliehen, der Enge seiner Brüdergemeinschaft, in der immer nur die gleichen Probleme verhandelt werden. Drei Monate möchte er sehen, was in der Welt geschieht. Seine Brüder bestürmen ihn nach seiner Rückkehr voll Neugier: »Was hast du gesehen?«

Sie hatten offensichtlich die gleiche Sehnsucht wie ihr Bruder, der es wagte, das Reglement der klösterlichen Ordnung zu durchbrechen. Sie möchten teilhaben an dem, was er erlebt hat. Sie möchten im Zuhören etwas von der Weite der Welt spüren. Die Antwort des Bruder lautet:

»Ich habe vieles gesehen. Vieles, was ich nicht brauche.« Der Mönch, der sich seinen Wunsch nach dem Ausbrechen aus der Klosterwelt erlaubt hat, hat in der Welt erfahren, dass vieles seine Sehnsucht nicht stillt. Indem er sich seinen Wunsch erfüllt hat, ist in ihm etwas anderes aufgebrochen, die Sehnsucht nach dem Eigentlichen und Wesentlichen. Manchmal müssen wir uns einen Wunsch erfüllen, um zu sehen, dass seine Erfüllung unsere tiefste Sehnsucht nicht stillt.

Es gibt Menschen, die ihr Leben lang von einer anderen Welt träumen, sich aber nicht trauen, überhaupt einen Schritt in die Richtung ihres Traumes zu tun. Sie verbrauchen ihre ganze Energie damit, von der anderen Welt zu träumen. Da ist es manchmal sinnvoll, sich diesen Traum zu erfüllen. Denn erst dann erkennt man, wie realistisch oder unrealistisch er wirklich ist. Wenn ich mir erfülle, was ich als mein tiefstes Bedürfnis erfahre, erlebe ich möglicherweise, dass ich damit noch lange nicht zufriedengestellt bin. Es kann sein, dass ich alle meine Bedürfnisse erfüllen kann – und doch bleibt meine Sehnsucht bestehen. Das hat der Mönch unserer alten Geschichte erfahren. Er hat sein Bedürfnis, die Welt zu sehen, gestillt. Doch seine Sehnsucht nach dem Eigentlichen, aus dem und für das er leben möchte, wurde nicht erfüllt. Im Gegenteil, sie wuchs noch mehr. Und diese Sehnsucht ermöglichte es ihm, wieder in die Enge des Klosters zurückzukehren. Er wusste nun, dass die Weite der Welt nicht unbedingt weit macht. Wenn das Herz durch die Sehnsucht weit geworden ist, dann kann es auch in der Enge des Klosters seine Weite bewahren.

Ausgespannt – zwischen Diesseits und Jenseits

Enttäuschungen erlebt unausweichlich jeder einmal. Und jeder kennt das Gefühl, wenn ein Wunsch unerfüllt bleibt, wenn eine Hoffnung sich als Seifenblase entpuppt. Diese Erfahrung gehört zum Leben. Am Ende kann die realistische Einsicht stehen: Es ist nicht schlimm, wenn unsere Sehnsüchte nicht in Erfüllung gehen. Sie zielen ja über diese Welt hinaus und werden letztlich erst im Tod ganz erfüllt werden. Ganz gleich, ob unser Verlangen nach Gelingen des Lebens, nach Erfolg, nach Heimat und Geborgenheit, nach Liebe und Freundschaft hier in unserem Leben erfüllt wird oder nicht, es verweist uns letztlich immer auf etwas, was jenseits der permanenten Erfüllbarkeit liegt. Trotzdem gehören Wünsche und Sehnsüchte zum Leben. Die österreichische Schriftstellerin Marie von Ebner-Eschenbach hat aufgezeigt, was hinter einer hoffnungslosen Bescheidung liegt: »Nicht die sind zu bedauern, deren Sehnsüchte nicht in Erfüllung gehen, sondern diejenigen, die keine mehr haben.« Marie von Ebner-Eschenbach ist überzeugt: Wer keine Sehnsucht hat, weiß nicht, was Leben heißt.

Leben ohne Sehnsucht wird starr. Es verliert seine Spannung. Ohne Sehnsucht wird das Leben sinnlos. Es gibt nichts mehr, auf das der Mensch noch zustreben könnte. Wer kein Ziel mehr hat, wird zwar weitergehen, aber orientierungslos sein. Er könnte ebenso gut stehen bleiben. Ob er geht oder nicht, ob er strebt oder nicht, ob er das Tempo beschleunigt oder nicht – alles ist gleichermaßen ohne Sinn.

Das Wesen des Menschen besteht darin, seine Seele auszuspannen zwischen dem Diesseits und dem Jenseits, zwischen den beglückenden und zugleich enttäuschenden Erfahrungen dieser Welt und der Sehnsucht nach absoluter Liebe und Lebendigkeit. Nur indem er das tut, kommt er wirklich zu sich.

Hoffnung in der Dunkelheit

Der Tod ist nicht die Grenze unserer Hoffnung. Er ist nicht die Mauer, an der unsere Sehnsucht abprallt. Im Gegenteil: Die zentrale Botschaft meines Glaubens heißt: Es gibt keinen Tod, in dem nicht schon der Anfang neuen Lebens ist. Es gibt kein Kreuz, dem nicht die Auferstehung folgt. Es gibt keine Dunkelheit, in der nicht schon das Licht von Ostern aufleuchtet, kein Leid, in dem wir alleingelassen sind. Die Botschaft von Tod und Auferstehung ist aber auch der Appell, unsere große Sehnsucht nach dem Leben produktiv zu machen: aufzustehen gegen alle Hindernisse, die das Leben behindern, gegen ungerechte Strukturen, gegen die vielen Kreuze, die heute täglich aufgerichtet werden.

Tod und Auferstehung Jesu machen uns empfänglich für die Leidensge-
schichten unserer Zeit, stärken unsere Sehnsucht nach dem Ende dieses
Leidens. Aber zugleich befreien sie uns von Bitterkeit und Resignation.
Sie sind das Hoffnungszeichen schlechthin. Nach C. G. Jung hängt das
Gelingen unseres Lebens davon ab, wie wir mit dem Leid umgehen. Nicht
masochistisches Kreisen um das Leid, sondern Durchgang durch das Leid
führt zum Leben. Leben ist die zentrale Botschaft Jesu. Sie lädt uns ein,
dem Leben zu dienen, dem Leben des Einzelnen, dem Leben der Gemeinschaft und dem der Schöpfung. Überall dort, wo diese Sehnsucht nach
Leben aufblüht, erscheint auch das Leben, von dem das Johannesevangelium spricht.

Es bleiben Spuren, die anderen ein besseres Leben ermöglichen

Menschen haben in all der Flüchtigkeit, die wir um uns herum erleben,
die Sehnsucht nach Dauer. Viele fragen sich: Was bleibt von mir zurück,
wenn ich einmal nicht mehr bin? Was kann ich als alter Mensch meiner
Nachwelt hinterlassen? Welche Spuren kann ich eingraben in die Welt?

Wir müssen nicht unbedingt ein großes Werk hinterlassen, ein Buch,
das wir geschrieben haben, einen Verein, den wir gegründet haben oder
eine Stiftung, die wir ins Leben gerufen haben. Für viele Menschen sind
solche Dinge durchaus etwas, das ihnen das Gefühl gibt, sie würden
etwas Gutes in dieser Welt zurücklassen, sie würden auch für die Nachwelt gute Spuren in diese Welt eingraben. Aber nicht jeder hat das Geld,
um eine Stiftung zu gründen. Nicht jeder kann ein Buch schreiben.
Nicht jeder kann mit seinen Erfolgen glänzen. Doch wir leben jetzt.
Wir strahlen jetzt etwas aus. Wir sprechen mit Menschen. Wir schauen
sie freundlich oder unfreundlich an. Wir können darauf achten, dass
wir mit unserer ganzen Gestik, mit unseren Worten, mit unserer Stimme
etwas Heilendes und Ermutigendes, etwas Fröhliches und Liebevolles in
diese Welt ausstrahlen. Wenn wir einmal gestorben sind, werden sich
andere daran erinnern, wie wir sie angeschaut haben, wie wir auf ihre
Not reagiert haben, welche Worte wir ihnen gesagt haben. Die Gedanken,

*Das Alte klappert,
das Neue klingt.*

Deutsches Sprichwort

die wir gedacht haben, die Worte, die wir gesprochen haben, das, was wir getan haben, kann nicht rückgängig gemacht werden. Es wirkt weiter in der Welt, zumindest in den Menschen, die wir gekannt haben. So können wir alle eine Spur eingraben, die auch anderen ein besseres Leben ermöglicht.

Immer noch verlangt das Leben nach Entfaltung

Viele Menschen, die im Älterwerden über ihr Leben nachdenken, über all das, was sie getan, wofür sie ihre Kraft eingesetzt haben, fragen sich: Hat sich mein Einsatz gelohnt? Was habe ich denn erreicht? Was ist aus meinen Träumen geworden? Diese Bilanzfragen haben durchaus ihren Sinn. Es ist gut, darüber nachzudenken. Aber es kommt darauf an, wie wir auf diese Fragen schauen und wie wir sie beantworten. Bei der Frage, ob sich mein Einsatz gelohnt hat, soll ich nicht so sehr auf das Ergebnis schauen. Wenn ich mich für andere eingesetzt habe, dann liegt darin schon ein Wert. Es ist gar nicht so wichtig, was herausgekommen ist. Wer sich als Lehrerin an der Schule für seine Schüler eingesetzt hat, soll nicht fragen, was hängen geblieben ist. Vielmehr war der Einsatz sinnvoll. Wenn die Schüler gespürt haben, dass der Lehrerin an ihrem Wohl liegt, hat sich der Einsatz auf jeden Fall gelohnt. Auch Eltern stellen sich oft diese Frage. Vielleicht haben die Kinder sich anders entwickelt, als sich die Eltern das vorgestellt haben. Aber auch die Eltern sollten vertrauen, dass der Same, den sie ausgestreut haben, in den Kindern aufgeht, ganz gleich, wie die Frucht aussehen wird.

Bei der Frage »Was habe ich erreicht?« sollten wir auch nicht auf äußere Ergebnisse schauen. Ich bin durch das, was ich gemacht und was ich gelebt habe, der geworden, der ich jetzt bin. Das habe ich erreicht. Ich bin bei mir angekommen. Ich habe mich erreicht, ich habe mein wahres Wesen erlangt. Und ich soll dankbar auf das schauen, was ich jetzt bin.

Viele haben im Alter den Eindruck, dass sie die Lebensträume ihrer Kindheit und ihrer Jugend nicht erfüllt haben, dass sie an ihnen vorbeigelebt haben. Vielleicht haben sie den Traum von einer großen Familie gehabt.

Doch aus der Partnerschaft ist nichts geworden oder dem Ehepaar sind Kinder verwehrt geblieben. Nicht der Lebenstraum an sich ist zerbrochen, sondern nur die konkrete Ausführung, die ich mir vorgestellt habe. Aber die Essenz des Lebenstraumes bleibt immer. Die Essenz des Lebenstraumes einer großen Familie könnte sein, dass ich durch meine Begegnungen, durch meine Freundschaften, durch meine Arbeit als Lehrerin eine Familie gegründet habe, eine Familie von Gleichgesinnten. Ich habe zwar keine Kinder gehabt. Aber viele haben durch mich das Leben gelernt. So ist mein Leben doch fruchtbar geworden. Wenn wir das Gefühl haben, unseren Lebenstraum nicht gelebt zu haben, dann sollen wir genau nachfragen, was denn hinter den konkreten Träumen an eigentlicher Essenz versteckt liegt. Und diese Essenz können wir jetzt immer noch leben. Wir können jetzt in Berührung mit dem Leben kommen, das der Traum in uns ausgelöst hat. Dieses Leben ist auch heute in uns. Und es verlangt nach Entfaltung. Ich kann die Familie nicht nachholen. Aber ich kann jetzt Freundschaften schließen und mich für andere Menschen öffnen. Ganz gleich, welchen Lebenstraum wir hatten, wir sollen versuchen, ihn heute neu zu träumen. Wir sollen mit dem Traum nicht der Wirklichkeit ausweichen, sondern uns selbst realistisch fragen, wie wir das Wesen des Lebenstraumes heute mit all dem, was wir gelebt haben, verbinden können. Das, was ich gelebt habe, ist wertvoll. Das hat mich zu dem gemacht, der ich jetzt bin. Aber ich soll auch in mich hineinspüren, wie ich das, was ich jetzt bin, mit meinem Lebenstraum verbinden kann und was jetzt in mir neu aufblühen möchte.

Auch in der Depression im Alter kann eine Weisheit liegen

Fast alle Menschen kennen Zeiten, in denen sie sich freudlos und traurig oder mutlos und niedergeschlagen fühlen. Verlusterlebnisse häufen sich aber im Alter. Wir verlieren Angehörige, Freunde. Im Beruf müssen wir loslassen. Die Gesundheit ist nicht mehr wie früher. Depressive Störungen, mutlose und freudlose Phasen können dann die Lebensqualität stark beeinträchtigen. Das Gefühl der Wertlosigkeit, der Verlust an Interesse oder die Unfähigkeit, Freude zu zeigen, sind Anzeichen.

»Du bist so jung wie deine Zuversicht«: Diesen Satz Albert Schweitzers darf man nicht umdrehen. Denn es stimmt ja nicht, dass Depression, Trauer, dunkle Phasen nur dem Alter zuzurechnen sind, auch wenn Altersdepressionen häufig auftreten. Sie haben verschiedene Ursachen und auch verschiedene Farben. Man kann eine Altersdepression aber unabhängig von der psychischen Ursachenforschung oder der klinischen Diagnose auch als etwas Positives verstehen: als eine Einladung, sich zu verabschieden von den Illusionen, die wir uns vom Leben gemacht haben. Etwa von der Illusion, dass sich die Jungen um uns kümmern und uns achten. Oder von der Illusion, dass wir bis zuletzt den Menschen etwas zu sagen haben und dass unsere Meinung gefragt ist. Es ist schmerzlich, all das zu verabschieden, was uns ein Leben lang ausgemacht hat. Wenn dieser Abschied nicht gelingt, dann greift die Seele zur Depression. Dann müssen wir uns der eigenen Trauer stellen. Die Altersdepression ist nicht einfach eine Krankheit. Sie ist oft die Einladung, sein Altsein anzunehmen und all das loszulassen, was mir im Leben wichtig war und was mir das Alter nun wegnimmt. Es ist die Einladung, das, was mir genommen wird, zu betrauern, um durch das Betrauern in den eigenen Seelengrund zu gelangen und dort die neuen Möglichkeiten zu entdecken, die im Altsein stecken.

Das Wort von Albert Schweitzer dürfen wir nicht als Vorwurf benutzen gegenüber alten Menschen, die an depressiven Verstimmungen leiden. Ich kann mich nicht nur vom Willen her auf Zuversicht einstimmen. Aber das Wort von Albert Schweitzer erinnert mich daran, dass ich trotz aller Trauer auch zuversichtlich in die Zukunft schauen soll. Gott wird mich weiterhin begleiten. Auch im Alter werde ich Neues entdecken. Für C. G. Jung ist die Altersdepression durchaus etwas Positives. Sie zeigt mir, dass meine Seele schon ein wenig Abschied nimmt von dieser Welt, dass sie in eine andere Welt eintaucht. Daher kann diese Welt sie letztlich nicht mehr erfreuen. Das ist aber nur ein Aspekt des Alters. Wenn ich mich von der Depression in die dunklen Bereiche meiner Seele führen lasse und dem Dunklen in mir nicht ausweiche, dann kann ich mich auch wieder am Licht erfreuen. Die Depression relativiert nur die Freuden an der Welt. Sie zeigt mir, dass alles vergänglich ist, dass ich mich von all dem verabschieden muss, woran ich heute noch hänge.

Die Älteren ehren – an diese Tradition sollten wir auch heute anknüpfen

Die hl. Benedikt stellt für das brüderliche Miteinander in seiner klösterlichen Gemeinschaft die Regel auf: »Die Jüngeren sollen die Älteren ehren, die Älteren die Jüngern lieben.« (RB 63,10) Benedikt fordert von beiden etwas, von den Jüngeren und von den Älteren. Die Älteren sollen die Jüngeren lieben. Lieben meint, die anderen so anzunehmen, wie sie sind, sie gern haben. Lieben ist das Gegenteil von Neid. Wenn die Alten die Jungen um ihre Jugend beneiden, dann werden sie oft hart im Urteil über die Jugend. Das harte Urteil will nur darüber hinwegtäuschen, dass die Alten mit sich selbst nicht zufrieden sind, dass sie sich selbst nicht ehren und achten.

Die Jüngeren sollen die Älteren ehren. Ehren heißt nicht, dass ich mich den Alten unterwerfe oder alles für gut halte, was sie tun. Aber ich achte sie. Auch hinter der dementen Fassade ist ein einmaliger Mensch mit einer göttlichen Würde. Die Älteren ehren heißt für mich, dass ich mich verbeuge vor ihnen und dem Geheimnis ihres Lebens. Ich achte ihr Leben, auch wenn ich nicht mit allem einverstanden bin, was sie gelebt haben. Aber ich urteile nicht über sie. Ich lasse ihr Leben in seiner Unbegreiflichkeit stehen. Die Älteren ehren heißt immer auch, sich selbst achten. Wer die Alten verachtet, verachtet einen Teil seiner selbst. Denn ein Teil von ihm ist ja auch alt. Und er selbst wird alt werden. So drückt er mit seiner Verachtung der Alten seine eigene Angst aus, alt zu werden, und er ehrt sich selbst nicht.

Die Älteren ehren bedeutet also, die eigene Herkunft respektieren. Ich schaue auf das, was ich von den Alten empfangen habe. Ich muss nicht alles von ihnen übernehmen. Aber ich habe mit meinem Leben auf das zu antworten, was sie vor mir gelebt haben. Das meint ehren: Ich respektiere ihre Lebensleistung, ihren Versuch, in ihrer Geschichte mit den Voraussetzungen, die sie mitgebracht haben, das Beste zu machen. Ich kopiere sie nicht, aber ich respektiere sie und versuche, im Blick auf sie meine eigene Identität zu finden und das zu entdecken, was mein Leben wertvoll macht.

Sich der eigenen
Seele öffnen

C.G. Jung meint, das Ziel des Älterwerdens ist, immer mehr in Berührung mit seiner Seele zu gelangen. Die Seele meint den inneren Bereich des Menschen, den Bereich, in dem Gott selbst in ihm wohnt. Der spirituelle Weg kann eine große Hilfe sein, im Alter mit seiner Seele in Kontakt zu kommen. Wer mit seiner Seele in guter Fühlung lebt, der wird unabhängig von der Meinung der Menschen. Der hat keine Angst vor dem Älterwerden. Denn er definiert sich nicht von äußeren Dingen, sondern vom Reichtum seiner Seele her.

Jeder hat andere Wege gefunden, mit seiner Seele in Berührung zu kommen. Für die einen ist es die Religionsausübung wie das tägliche Beten, der sonntägliche Kirchgang, die Meditation und das Lesen der Bibel. Andere gehen den Weg nach innen über die Musik. In der Musik öffnen sie sich ihrer Seele. Die Musik beflügelt ihre Seele. Für andere ist es die Kunst. Sie schauen Bilder großer Künstler an und spüren den Reichtum ihrer eigenen Seele. Ihre Seele ist nicht nur fromm. Aber im Schauen der Bilder entdecken sie in ihrer Seele neben den Abgründen des Dunklen und des Bösen auch die Sehnsucht nach Gott. Andere kommen in der Natur mit ihrer Seele in Berührung. Da beginnt sie aufzuatmen.

Aber manchmal brauchen wir uns gar keinen Weg zu suchen, um in Kontakt mit der eigenen Seele zu gelangen. Das Leben selbst bricht uns auf, damit wir nach innen gehen. Das Leben mit seinen Brüchen zerbricht die Panzer, die wir um uns herum aufgebaut haben, um uns vor unserer eigenen Seele zu schützen. Wenn wir in unserem Beruf scheitern, wenn uns die Gesundheit vor Probleme stellt, wenn eine Beziehung auseinandergeht, wenn der Ehepartner vor uns stirbt, dann werden die äußeren Absicherungssysteme brüchig. Wir spüren unsere Seele. Wir erkennen, dass wir bei all der äußeren Brüchigkeit nicht bestehen können, wenn wir unser Lebenshaus auf das Äußere bauen. Wir brauchen die Seele, die unserem Leben wahren Halt gibt und in der wir die eigene Einmaligkeit erkennen, in der wir das eigene Selbst entdecken. Wenn wir auf dem Grund unserer Seele unser wahres Selbst finden und mit ihm eins werden, dann finden wir in allen äußeren Turbulenzen doch einen inneren Halt.

Religion kann zur Schule des Alters werden

Die Religion hat in jeder Lebensstufe eine eigene Bedeutung. In der Kindheit schenkt Religion Geborgenheit über die Geborgenheit hinaus, die die Eltern zu bieten haben. In der Jugend wird die Religion zur Herausforderung, an sich zu arbeiten und die Haltungen zu verwirklichen, die die Religion vertritt. Für Erwachsene hat die Religion die Aufgabe, das, was ich tue, zu relativieren, sodass ich nicht nur in der Arbeit und im Erfolg aufgehe. Die Religion zeigt mir die andere Welt, die die diesseitige Welt übersteigt. Aber zugleich gibt sie mir Kraft, diese Welt im Sinn der Religion zu gestalten. Im Alter bedeutet Religion einmal wieder wie in der Kindheit: die Erfahrung eines Getragenseins von Gott, auch in Krankheit und Hilflosigkeit.

Die Religion – so meint C. G. Jung – war seit jeher die Schule, die uns lehrt, wie wir die zweite Lebenshälfte gut bewältigen können. Sie lehrt uns, das Irdische loszulassen und die Haltungen wie Gelassenheit, Dankbarkeit, Frieden und Liebe zu lernen. Und die Religion, die uns ein ewiges Leben verheißt, lehrt uns, den Tod anzunehmen und ihn als Einladung zu

verstehen, jetzt bewusst und intensiv zu leben, in der Gewissheit, dass unser Leben zwar begrenzt, dass mit dem Tod aber nicht alles aus ist, sondern uns die Erfüllung unserer Sehnsucht erwartet.

Im Alter verändern sich Glaube und Religion auch insofern, als nicht mehr die äußeren Formen so wichtig sind. Viele alte Menschen können nicht mehr in den Gottesdienst gehen. Dann wird die innere Haltung wichtig. Im Alter geht es darum, in der Stille offen zu werden für Gott und sich mit allem, was einen erwartet, in Gottes Liebe hinein zu ergeben. Diese innere Haltung der Hingabe an Gott schenkt inneren Frieden und Gelassenheit und Zuversicht.

Von guten Mächten wunderbar geborgen

Glaube hat verschiedene Aspekte. Einmal sind wir in ein Glaubenssystem hineingewachsen, das nicht nur durch die Dogmatik der Kirche geprägt ist, sondern durch den gelebten Glauben unserer Vorfahren. In dieser Glaubenstradition haben wir eine gewisse Sicherheit mitbekommen. Diese Tradition ist schon eine gebündelte Form der Antworten auf Fragen, die Menschen immer gestellt haben. Sie zeigt uns, wie wir auf die Herausforderungen des Lebens reagieren können, auf Krankheit und Leid, auf Enttäuschung und Scheitern, auf Konflikte und Unsicherheit, auf die Erwartungen von außen und von innen. Dieser Glaube prägt unser Denken und Fühlen von innen her.

Ein anderer Aspekt liegt darin: Der Glaube deutet unsere Wirklichkeit. Glaubende sehen alles, was ihnen begegnet, im Licht des Glaubens, wie sie ihn von Eltern und Lehrern vermittelt bekommen oder wie sie ihn sich selbst durch Studieren und Lesen und Nachdenken zurechtgelegt haben. Die Frage ist, ob dieser Glaube der Wirklichkeit entspricht oder nicht. Glaube ist keine letzte absolute Gewissheit, und er bietet keine letzte absolute Sicherheit. Es gibt keinen Glauben ohne Zweifel. Aber es gibt auch keinen Nicht-Glauben ohne Zweifel. Wir können ja die Deutungsmuster anschauen, mit denen Nicht-Glaubende die Wirklichkeit interpretieren. Entspricht das mehr der Wirklichkeit als die Deutung des Glaubens?

Für mich ist es eine Hilfe, die Alternative des Nicht-Glaubens zu Ende zu denken: »Alles ist Einbildung. Wir können nichts wissen.« Wenn ich diese Alternative zu Ende denke, dann steigt in mir eine tiefe Gewissheit auf: Die Deutung des Glaubens stimmt. Und es reift in mir der Entschluss: »Ich setze auf die Karte des Glaubens. Ich entscheide mich für den Glauben.« Wir können den Glauben nicht letztlich beweisen. Aber er ist trotzdem vernünftig. Und es ist nicht gegen meinen Verstand, wenn ich auf die Karte des Glaubens setze. Jedoch braucht es immer auch den Sprung in den Glauben, es braucht Vertrauen und Entscheidung.

Ein weiterer Aspekt des Glaubens zielt auf die Haltung. Ich glaube *jemandem*. Glaube ist Vertrauen auf eine Person. Auch wenn dieses Vertrauen letztlich Gott als den eigentlichen Halt unseres Lebens meint – es ist für viele noch nicht möglich, Gott zu vertrauen, der ihnen so weit weg erscheint. Und dennoch fühlen sie sich irgendwie getragen. Dietrich Bonhoeffer hat in seinem berühmten Gedicht kurz vor seiner Ermordung im KZ von den guten Mächten gesprochen, die uns tragen: »Von guten Mächten wunderbar geborgen, erwarten wir getrost, was kommen mag. Gott ist mit uns am Abend und am Morgen und ganz gewiss an jedem neuen Tag.« Diese Worte können auch Menschen für sich in Anspruch nehmen, die sich schwertun, Gott als den Grund ihres Vertrauens zu erkennen. Die guten Mächte, von denen Bonhoeffer spricht, hat er als die gute Macht Gottes verstanden, als seine Engel, die uns begleiten. Andere werden es eher als ein Getragensein von einer höheren Macht verstehen, die sie nicht als den personalen Gott bezeichnen können.

Den eigenen spirituellen Weg finden – Vertrauen vertiefen

Der 80-jährige Schriftsteller und Musikkritiker Joachim Kaiser hat kürzlich gesagt: »Ich bin im Alter nicht frömmer geworden.« Er ist sicher nicht der Einzige, der das so von sich sagt. Zwar meinen manche, alte Menschen würden frömmer. Aber es ist einfach eine Tatsache, dass das Alter nicht automatisch frömmer macht. Es gibt keine Normen, wie man im Alter zu sein hat, es ist von niemandem festgelegt, ob man da frömmer oder weniger fromm sein soll. Es ist so, wie es ist. Es gibt viele alte Menschen, die Halt in einem tiefen Glauben finden. Und es gibt andere, die sich sogar schwertun mit dem Glauben, der sie jahrelang getragen hat. Im Alter tauchen neue Zweifel auf: Stimmt das alles, was ich geglaubt habe? Kann ich an das ewige Leben glauben? Was erwartet mich wirklich? Es ist gut, wenn wir dann den Zweifeln Raum geben. Wir können uns fragen, zu welchem Glauben uns die Zweifel führen möchten. Die Zweifel zwingen uns, den Glauben von den Projektionen zu unterscheiden, die wir mit der Religion verbunden haben.

Im Alter eine gesunde und der eigenen Person gemäße Spiritualität zu entwickeln, ist die Aufgabe für jeden Einzelnen. Was die geeignete Spiritualität für einen Menschen ist, kann ein anderer von außen nicht sagen. Spiritualität ist ein Weg in das eigene Innere. Wir können ihr auch in einem Ritual nachgehen, wenn wir uns einmal in aller Ruhe hinsetzen und in uns hineinhorchen: Was taucht da an Gedanken und Gefühlen auf? Sind es nur die Erinnerungen an das Frühere? Sind es Selbstvorwürfe? Sind es nicht erfüllte Wünsche? All diese Gedanken und Gefühle dürfen sein. Aber wir sollen versuchen, durch diese Gedanken und Gefühle hindurch auf den Grund unserer Seele zu gelangen. Dort kommen wir in Berührung mit dem ursprünglichen Bild, das Gott sich von uns gemacht hat. Wir werden dieses Bild nicht konkret sehen. Aber wir bekommen eine Ahnung davon, wer wir von unserem Ursprung her sind. Jeder ist einmalig und einzigartig. Spiritualität hat mit dieser Einzigartigkeit zu tun. Auf dem Grund unserer Seele ahnen wir etwas von unserer Einmaligkeit und zugleich von Gott, der im Grund unserer Seele wohnt als das Geheimnis, das uns übersteigt.

Geh Deinen eigenen Weg

Der weite Weg ist der Weg, den alle gehen.
Du musst Deinen ganz persönlichen
Weg finden. Da genügt es nicht, sich
nach den andern zu richten. Du musst
genau hinhören, was Dein Weg ist. Und
dann musst Du Dich mutig entscheiden,
diesen Weg zu gehen, auch wenn Du
Dich dort sehr einsam fühlst. Nur Dein
ganz persönlicher Weg wird Dich wachsen
lassen und zum wahren Leben führen.

Ein zweiter Schritt, den ganz eigenen spirituellen Weg zu finden, wäre, folgenden Fragen nachzuspüren: Was möchte ich mit meinem Leben? Was ist der Sinn meines Lebens? Besteht der Sinn nur darin, etwas vor den Menschen vorzuweisen? Oder macht meinen wahren Wert etwas anderes aus? Spiritualität würde heißen, durchlässig zu sein für den Geist Gottes, für den Geist Jesu Christi, offen zu sein dafür, dass wir in dieser Welt etwas ausstrahlen vom Geist Jesu. Das bedeutet aber, selbst immer wieder neu zu fragen: Wer ist dieser Jesus Christus für mich? Wie hat er gedacht, wie hat er von Gott gesprochen? Was hat er ausgestrahlt? Was ist die Essenz seines Lebens? Wie verändert seine Person und seine Geschichte mein Leben, mein Denken und Sprechen? Dann wird die Ahnung möglich, dass es um Durchlässigkeit für Gott geht, letztlich um die Durchlässigkeit für die Liebe, die mehr ist als unser Gefühl.

Der dritte Weg, die eigene Spiritualität zu finden, wäre die konkrete
Lebensgestaltung. Spiritualität lebt oft von konkreten Ritualen. Rituale
bringen mich immer wieder in Berührung mit meinem wahren Wesen.
Sie erinnern mich daran, dass Gott die eigentliche Wirklichkeit meines
Lebens ist. Rituale geben mir Anteil an dem Glauben derer, die vor mir
gelebt haben und mit diesen Ritualen ihren Glauben ausgedrückt haben.
Jeder kann sich fragen, was für ihn gute Rituale wären, durch die er in
Berührung kommt mit dem Glauben, der ihn als Kind getragen hat, mit
dem Glauben, der seinen Vorfahren die Kraft schenkte, ihr Leben mit all
den Bedrohungen und Bedrängnissen zu meistern. Das geistliche Leben
braucht eine ganz bestimmte Form, eine Kultur des Lebens. Dazu gehören auch die gemeinsamen Rituale, wie sie in den kirchlichen Gottes-
diensten gefeiert werden. Ich kann nicht – wenn ich es jahrelang nicht

praktiziert habe – auf einmal zum eifrigen Kirchgänger werden. Aber vielleicht probiere ich es einmal aus, in den Gottesdienst zu gehen. Wenn ich all die negativen Erfahrungen, die ich vielleicht mit Kirche gemacht habe, einmal weglasse, werde ich vielleicht doch von dem einen oder anderen Wort oder Lied oder Ritual berührt.

Wer sich auf seinem spirituellen Weg immer und überall von Gottes heilender und liebender Nähe umgeben weiß, der kann leichter auch mit schwierigen Zeiten umgehen, mit Zeiten der Krankheit, der Einsamkeit, des Verletztwerdens. Er verliert die Angst vor der Vereinsamung, vor der Hilflosigkeit und Schwäche des Alters. Er vertraut darauf, dass er in allen Situationen in Gottes guter Hand ist, von seinem Segen begleitet. Man könnte sagen: Spiritualität im Alter bedeutet, dass ich mit dem inneren Raum der Stille in Berührung bin, in dem Gott in mir wohnt. Diese Wohnung Gottes in mir wird im Tod nicht zerstört, sondern nur verwandelt in die ewige Wohnung, in der ich für immer in Gott daheim sein darf.

Versöhnt und einverstanden

Nur wenn ich mit mir selbst versöhnt bin, kann ich auch daran denken, Menschen in meiner Umgebung, die mit mir und mit andern im Streit liegen, zu versöhnen. Menschen, die in sich gespalten und unversöhnt sind, werden auch um sich herum Spaltung hervorrufen.

»*Wenn die äußere Sehkraft nachlässt, wird die innere Sehkraft stärker*«

Die innere Sehkraft wird im Alter nicht automatisch stärker. Viele betäuben sich vielmehr, indem sie den ganzen Tag den Fernseher laufen lassen, um sich noch lebendig zu fühlen. Oder sie decken ihre innere Leere mit zahllosen Aktivitäten zu. Es ist eine Herausforderung des Alters, nach innen zu gehen. C. G. Jung, der Schweizer Therapeut, hat das als die eigentliche Aufgabe des Alters gesehen: den Weg nach innen zu gehen, den Weg in den eigenen Seelengrund zu beschreiten. Auch Hermann Hesse hat davon geschrieben, dass er im Alter die Stille sucht, weil er tiefer sehen und sich nicht mit dem Oberflächlichen zufriedengeben möchte. Wenn ich außen nicht mehr viel habe, was mich befriedigt, ist der Weg nach innen zugleich ein Weg zum inneren Reichtum, zum Reichtum der eigenen Seele, zum Schatz der Erinnerungen, die in mir bereit liegen, aber letztlich auch zum Schatz des wahren Selbst, zum Schatz Gottes in mir.

»Wenn die äußere Sehkraft nachlässt, wird die innere Sehkraft stärker«, dieser Satz Platons lässt vielleicht manchen, der das bei sich nicht erlebt, fragen: Mache ich etwas verkehrt? Wie finde ich Zugang zu meinem Inneren, zu meiner Seele? Eine Übung, die der Focusing-Therapeut Klaus Renn seinen Klienten vorschlägt, kann helfen, den Weg zu sich selbst zu finden. Wenn wir uns bequem hinsetzen und in unseren Leib hineinhorchen, können wir fragen: Wo fühlt es sich in meinem Leib am besten an? Wo ist ein angenehmer Ort in meinem Leib, an dem ich mich wohlfühle? Ich kann diesen angenehmen Ort dann mit meinem sanften Atem betreten und in diesem inneren Raum ein wenig verweilen. Was kommen da für Ahnungen und Sehnsüchte in mir hoch? Vielleicht spüre ich, dass ich auf einmal in meinem Leib zu Hause bin, dass ich ganz bei mir selbst bin. Ich höre auf, außen spazieren zu gehen. Ich höre auf, zu jammern, dass jetzt niemand da ist, mit dem ich sprechen kann. Ich spüre mich selbst. Und in mir, in meinem Leib, ist es angenehm. Ich bin daheim bei mir, weil ich ahne, dass in mir mehr ist als meine Lebensgeschichte. In mir wohnt ein Geheimnis, das mich übersteigt. Das ist letztlich Gott. Aber dort, wo Gott in mir wohnt, bin ich zugleich ganz ich selbst. Da bin ich frei von den Erwartungen der Menschen, von ihren Urteilen und

Verurteilungen. Da bin ich heil und ganz. Dort kann mich niemand verletzen. Dort bin ich ursprünglich. Wer diese Erfahrung macht, der ist in seinem Inneren angekommen, der ist bei seinem wahren Selbst angelangt. Und dort fühlen wir uns daheim.

Festhalten an überkommenen Formen und innere Freiheit sind keine Gegensätze

Viele alte Menschen sind konservativ. Sie möchten, dass die alten Rituale gefeiert werden. Andere fühlen sich im Alter freier als früher. Es ist immer gut, nicht ängstlich nur auf die Verlautbarungen anderer zu schauen, sondern seiner inneren Freiheit, dem eigenen Gefühl zu trauen. Ich habe bei meiner Mutter erlebt, dass sie im Alter viel freier geworden ist. Sie war immer eine gläubige Katholikin. Die Treue zum Papst und zur Kirche war für sie klar. Aber im Alter sagte sie öfter, wenn sie in der Zeitung etwas vom Papst las: »Der Papst hat auch nicht immer Recht.« Sie traute einfach ihrem Gefühl und ihrer Lebenserfahrung, die nicht mehr mit dogmatischen Engführungen zusammenpasste. Die Erfahrung mit den Menschen in ihrem langen Leben hat sie weit gemacht. Diese Weite ist eine Folge der Lebenserfahrung und eine Kraft des Herzens, die innere Freiheit gibt, aber auch auf die anderen Menschen ausstrahlt. Sie ist ein Zeichen von Lebendigkeit.

Aber zugleich hat meine Mutter die alten Rituale geliebt. Sie ist jeden Tag in den Gottesdienst gegangen und hat gerne die alten Kirchenlieder gesungen. Und sie hatte für sich selbst viele persönliche Rituale, mit denen sie den Tag bewältigt hat. Es gab also keinen Gegensatz zwischen ihrer inneren Freiheit und den alten Ritualen. Es gibt alte Menschen, die ängstlich an den Ritualen festhalten, weil sie Angst haben, sonst würde Gott nicht mit ihnen zufrieden sein. Diese Angst macht eng. Doch wenn ich das Gefühl habe, dass mir die alten Rituale guttun und mir Anteil an der Glaubenskraft meiner Vorfahren geben, dann ist das nicht einfach eine enge konservative Gesinnung, sondern eine gesunde Tradition, die mir ein Gespür für die tiefen Wurzeln gibt, die mein Leben befruchten. Die Rituale vermitteln mir eine Geborgenheit,

von der aus ich die Dinge mit innerer Freiheit beurteilen kann. Wer eng an bestimmten Aussagen festhält, der hat Angst, dass sein Lebensgebäude zusammenbricht, wenn er anders denkt. Wer aber in Gott zu Hause ist, hat auch Anteil an Gottes Freiheit. Er vermag in Freiheit nachzudenken über sein Leben, über die Menschen und auch über den Glauben.

Wer klammert, verweigert das Leben

Gelassenheit fordert auch ein Lassen von mir selbst. Ich soll mich selbst nicht festhalten, weder meine Sorgen, noch meine Ängste, noch meine depressiven Gefühle. Viele Menschen klammern sich an ihren Verletzungen fest. Sie können sie nicht lassen. Sie benutzen sie als Anklage gegen die Menschen, die sie verletzt haben. Aber damit verweigern sie letztlich das Leben. Wir sollen auch unsere Verletzungen und Kränkungen lassen. Du brauchst den Engel der Gelassenheit, der Dich unterweist in der Fähigkeit, Dich von Dir selbst zu distanzieren, zurückzutreten und Dein Leben von einem Stand jenseits Deiner selbst anzuschauen.

Selbstvertrauen kann auch im Alter noch wachsen

Natürlich gibt es Menschen, die als Kind wenig Selbstvertrauen hatten und sich auch als Erwachsene schwer damit tun, Vertrauen zu einem anderen Menschen aufzubauen. Sicher wird das mangelnde Vertrauen in der Kindheit sich auch jetzt im Alter auswirken. Solche Menschen werden manchmal eine gewisse Ängstlichkeit spüren, wenn etwas Neues auf sie zukommt. Und sie werden auch weiterhin eher misstrauisch den Menschen begegnen. Dennoch sind wir durch unsere Kindheit nicht einfach festgelegt. Wir können auch im Alter noch etwas lernen. Jetzt im Alter haben wir es nicht mehr nötig, uns zu beweisen. Wir brauchen nicht mehr die Aufmerksamkeit auf uns zu ziehen. Das Alter will uns zur inneren Freiheit und Gelassenheit führen. Und in dieser Haltung ist es leichter, zu vertrauen. Ich habe viele alte Menschen erlebt, die in ihrer Jugend schüchtern waren. Im Alter wurden sie nicht einfach Menschen, die eine ganze Gesellschaft unterhalten konnten. Aber sie ruhten in sich. Und es war ihnen nicht mehr so wichtig, ob sie sich im Gespräch mit anderen geschickt oder ungeschickt anstellten.

Der frühere Abt unseres Klosters Münsterschwarzach, Abt Bonifaz, bat mich im Jahr 1981, monatlich für die jungen Menschen eine Jugendvesper zu halten. Er hatte auf einem Äbtetreffen von guten Erfahrungen mit Jugendvesper gehört. Ich lud ihn ein, doch selbst einmal bei der Jugendvesper zu predigen. Aber er lehnte es immer ab. Als wir acht Jahre später die 100. Jugendvesper hielten, lud ich ihn wieder ein. Inzwischen war er als Abt zurückgetreten. Und dann hielt er vor den jungen Menschen eine bewegende Predigt. Er meinte, Pater Anselm habe ihn schon früher eingeladen, aber da sei er immer zu schüchtern gewesen. Jetzt mit 77 traue er sich, zur Jugendvesper zu kommen, die ihm immer ein Anliegen gewesen sei. Als alter Mann konnte er gelassen über sich und seine Schüchternheit sprechen. Das hat den jungen Menschen imponiert und Mut gemacht. Wer sich im Alter mit sich und dem mangelnden Vertrauen, das er in der Kindheit mitbekommen hat, aussöhnt, in dem wandelt sich etwas. Er wird nicht mehr so sehr um die Frage kreisen, ob er jetzt vertrauen kann oder nicht. Er ist einfach da. Wenn dann jemand auf ihn zugeht, ist es gut. Wenn nicht, dann bleibt er bei sich.

Das Leben ist zu kurz, um
eine schlechte Suppe zu essen.

Vietnamesisches Sprichwort

Natürlich verlangt das eine gewisse Reife. Und nicht jedem alten Menschen gelingt das. Es gibt immer auch alte Menschen, die ständig darauf aus sind, anerkannt und gesehen zu werden. Sie müssen sich in den Mittelpunkt stellen, um überhaupt das Gefühl zu haben, dass sie wahrgenommen werden. Sie spüren sich nur, wenn sie beachtet werden. Doch das sind unreife Formen des Altseins. Das Ziel des Alters wäre, in sich zu ruhen. Und in sich ruhen heißt für mich auch immer: in Gott ruhen, in Gott den Grund meines Lebenshauses und meines Selbstwerts finden. Und so ist es letztlich die Aufgabe, sein Vertrauen auf Gott zu setzen, nicht auf die eigene Kraft und nicht allein auf die Menschen. Wenn ich auf Gott mein Vertrauen setze, dann wächst auch das Vertrauen in Menschen. Ich mache mich in meinem Vertrauen nicht von den Menschen abhängig. In dieser inneren Unabhängigkeit kann ich Sicherheit gewinnen und neu vertrauen.

Viele sagen, im Alter kommt das deutlicher zum Vorschein, was wir in der Kindheit und Jugend waren. Natürlich gibt es viele alte Menschen, bei denen das mangelnde Selbstvertrauen im Alter zunimmt. Sie trauen sich selbst nichts mehr zu. Sie blicken ängstlich in die Zukunft. Und sie haben ein Grundmisstrauen allen Menschen gegenüber, den Verwandten, den Nachbarn und Freunden, den Ärzten und Helfern. Ein alter Mitbruder erzählte mir, er werde im Alter immer empfindlicher. Und er erklärte mir, woher das kam. Er hatte früh seinen Vater verloren. Jetzt im Alter spürt er den Verlust, nie einen Vater gehabt zu haben, der ihm den Rücken stärkt. Im Alter kann man diesen Verlust nicht wiedergutmachen. Aber indem ich ihn eingestehe und den Schmerz nochmals spüre, der mit diesem Verlust verbunden war, kann sich die Wunde langsam wandeln. Ich bleibe empfindlich. Aber ich söhne mich damit aus. Ich werde sensibler anderen gegenüber. Auf diese Weise wird die Wunde langsam in eine Perle verwandelt, wie es Hildegard von Bingen als Ziel unserer Menschwerdung beschrieben hat.

Wir sind nicht einfach dem, was wir waren, ausgeliefert. Wir können an uns arbeiten. Wir können gelassener werden und Vertrauen gewinnen, Selbstvertrauen, Vertrauen in die Menschen und Vertrauen in Gott. Letztlich ist das Vertrauenlernen eine spirituelle Aufgabe. Ich lerne zu verstehen, dass ich von Gott bedingungslos angenommen bin. Ich versuche, mein Vertrauen auf Gott zu setzen. Aber wenn ich an Gott glaube, dann werde ich auch an die Menschen glauben. Ich glaube, dass sie Kinder Gottes sind, dass in jedem Christus und in jedem ein guter Kern ist, zumindest die Sehnsucht, gut zu sein.

Ängste sind auch eine Einladung, sich mit ihnen auseinanderzusetzen

Wer in sich hineinspürt, entdeckt vielleicht eine ganze Reihe Ängste, wenn er an sein eigenes Alter denkt: Wer wird sich dann um mich kümmern? Wie gehe ich mit dem körperlichen und geistigen Abbau um? Werde ich arm sein im Alter? Wie kann ich weiterleben, wenn mein Partner stirbt? Werde ich auf die Hilfe anderer angewiesen sein? Wer wird sich um mich kümmern? Werde ich genügend Geld haben? Wie kann ich es verhindern, in ein Heim zu kommen?

Wir dürfen diese Ängste haben. Wir sollen uns nicht unter Druck setzen, als Christen immer mit Vertrauen in die Zukunft schauen zu müssen. Die Ängste sind einfach da. Am besten ist es, die Ängste einzeln anzuschauen und sich zu fragen: Wie kann ich auf die Angst reagieren? Die Angst könnte eine Einladung sein, jetzt schon finanziell für mein Alter vorzusorgen. Die Vorsorge kann die Angst vor der Altersarmut ein wenig eindämmen. Aber allein durch äußeres Tun und Vorsorgen verschwindet die Angst nicht ganz. Ich kenne auch Menschen, die alles tun, um sich für das Alter abzusichern und trotzdem in der ständigen Angst vor dem leben, was im Alter alles eintreten könnte. Daher gilt es auch, an seiner Einstellung zu arbeiten. Ich muss die Angst anschauen und mir vorstellen, was alles geschehen könnte. Gegen manche Eventualitäten kann ich organisatorische Maßnahmen treffen. Bei anderen Dingen, die eintreten könnten, hilft es nur, sich mit all seinen Ängsten in Gottes gute Hand fallen zu lassen und zu vertrauen, dass ich von Gott im Alter nicht verlassen werde.

Es gibt äußere Dinge, die man tun kann. Wir können Vorsorge treffen, dass sich jemand im Alter um uns kümmert. Wir können mit den Kindern besprechen, ob sie bereit sind, die Pflege zu übernehmen. Mit der Angst vor dem Heim kann man am besten so umgehen, dass man sich konkrete Heime anschaut. Vermutlich wird man dabei erkennen, dass es viele gute Heime gibt, in denen Menschen auf gute Weise alt werden können. Wer aber lieber von seinen Kindern gepflegt werden möchte, sollte sich mit den Kindern zusammen überlegen, was realistisch ist. Und zugleich sollte er vertrauen, dass er nicht unbedingt eine Pflege braucht und vielleicht bis ins hohe Alter hinein für sich selbst sorgen kann.

Die Angst, ob man genügend Geld haben wird, kann dazu anregen, etwas für das Alter zurückzulegen. Aber dann sollen wir auch darauf vertrauen, dass der Staat für uns Sorge trägt, wenn sich keiner mehr um uns kümmert. Wir fallen nicht aus dem sozialen Netz heraus.

Auch der Angst, dass der Partner vor uns stirbt, müssen wir uns stellen. Da gibt es kein Ausweichen. Aber wir können darauf vertrauen, dass

Leib und Seele

Die Ruhe beginnt bei der Seele. Zuerst muss das Innere in uns zur Ruhe kommen. Dann wird sich die Ruhe auch im Leib auswirken. Wenn das Herz ruhig geworden ist, dann werden wir auch unser Tun in aller Ruhe vollziehen, dann werden unsere Bewegungen aus der inneren Ruhe herausfließen, dann haben wir teil an der schöpferischen Ruhe Gottes.

Gott uns auch Wege zeigen wird, das Leben zu meistern, selbst wenn der Partner nicht mehr da ist. Zugleich ist diese Angst eine Einladung, sich zu überlegen, woraus wir leben. Lebe ich nur von meinem Partner? Oder habe ich letztlich meinen Grund in Gott? Bin ich selbst nicht auch einmalig? Wir sind nicht nur Ehepartner. Wir haben auch eine eigene Identität. Natürlich wird es wehtun, wenn der Partner stirbt. Aber der Gedanke an seinen Tod lädt uns ein, jetzt dafür zu sorgen, dass wir Freude haben an unserem Leben. Wir können für das gemeinsame Leben danken und darauf vertrauen, dass das, was gewachsen ist, auch durch den Tod nicht zerbrechen wird.

Alter ist auch ein Geschenk – und eine Zeit der Gnade

Das Alter kann manchmal eine Last sein. Das kann man nicht verdrängen. Doch es ist gut, auch mal eine andere Sicht zu probieren. Ich muss mein Alter nicht als Geschenk betrachten. Aber ich könnte einmal versuchen, mit dem Bild des Geschenks mein Leben im Alter anzuschauen und mich zu fragen: Wo ist mein Alter wirklich Geschenk? Wo erlebe ich es als Geschenk? Vielleicht spüre ich dann, dass es auch eine Wohltat ist, nicht mehr kämpfen zu müssen, in der Schule, um Prüfungen zu bestehen, sich nicht mehr jeden Tag dem Arbeitskampf auszusetzen, vieles gelassener sehen zu können. Jetzt im Alter habe ich mehr Zeit für mich. Ich brauche nichts mehr zu leisten. Ich darf einfach sein und das Dasein genießen. Ich habe mehr Freiräume, das zu tun, was meinem Herzen entspricht. Ich darf dankbar auf das zurückschauen, was ich geschafft habe, auf meine Familie, auf meine Kinder und Enkelkinder, auf das, was ich im Beruf geleistet habe. Das gibt ja auch eine Befriedigung. Und so können wir im Alter erleben, dass unser ganzes Leben Geschenk war.

Die Frage ist, wie wir das Alter noch als Geschenk erfahren können, wenn der Leib nicht mehr so mitmacht, wenn wir krank werden oder in der Bewegungsfreiheit eingeschränkt sind. Das ist sicher nicht einfach. Das ist ein Trauerprozess, in dem all das betrauert werden muss, was nicht mehr möglich ist. Aber durch dieses Betrauern entdecken wir in unserer Seele neue Chancen: die Möglichkeit, nach innen zu gehen, leisere Töne anzuschlagen, in der Stille zu lesen, nachzudenken, Musik zu hören, sich ganz auf die Gespräche mit den Kindern und Enkelkindern einzulassen, bewusst die Luft wahrzunehmen, die wir einatmen. Es gibt in jeder Situation etwas, für das man dankbar sein kann. Wer einmal überlegt, wofür wir alles dankbar sein können, wird eine Ahnung davon bekommen, dass das Alter nicht nur eine Last ist, sondern wirklich auch ein Geschenk.

Zeit wird kostbar

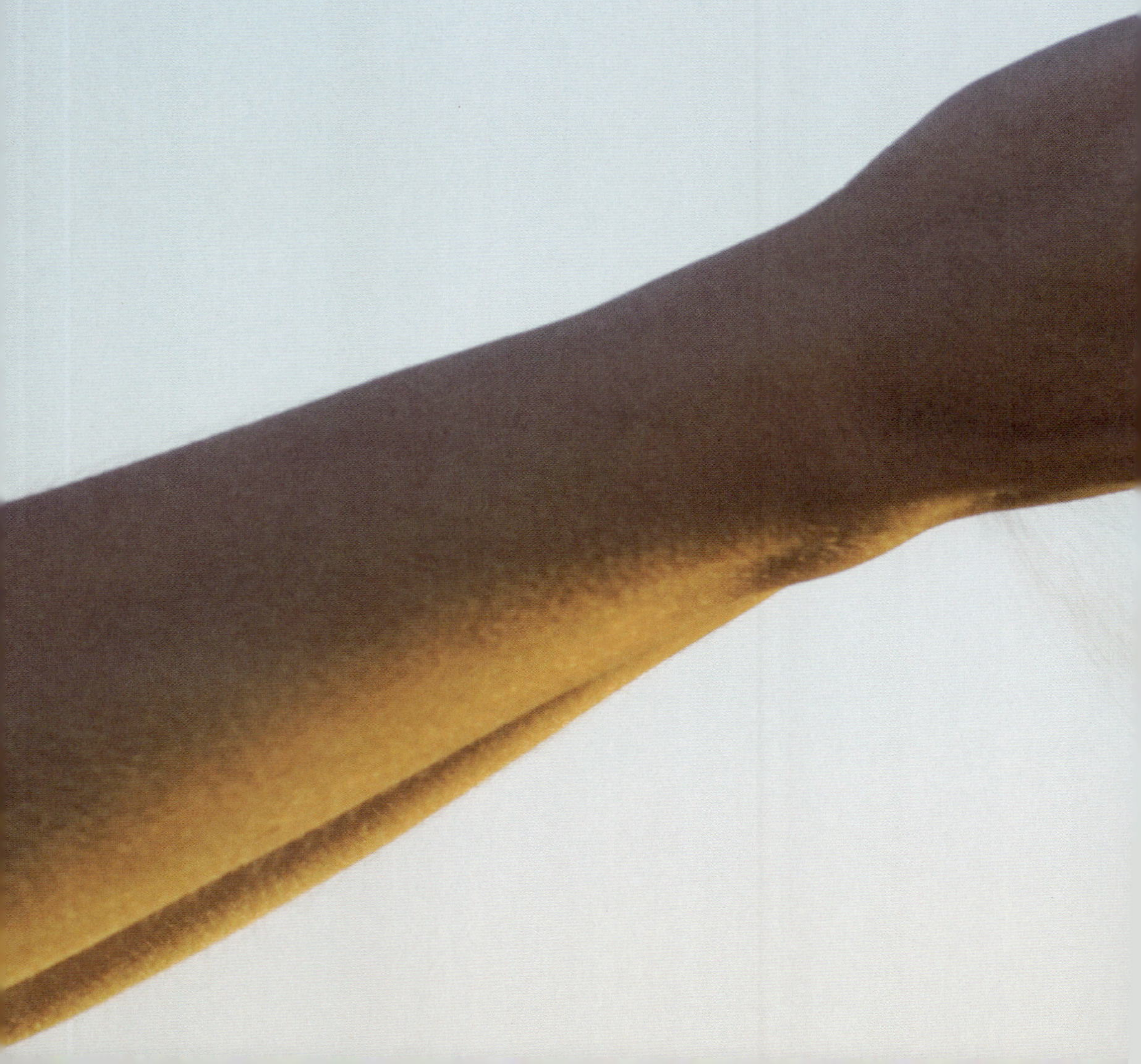

Was unbegrenzt zur Verfügung steht, wird in aller Regel nicht sonderlich geschätzt. Was knapp ist, ist kostbar. Das Alter lehrt uns, auf andere Weise mit der Zeit umzugehen. Wir spüren, dass die Zeit kostbar ist. Sie ist zu schade, um sie mit Nichtigkeiten zu füllen. Wer bewusst älter wird, hat eine besondere Beziehung zur Zeit. Und gerade der alte Mensch spürt, dass ihm nicht mehr viel Zeit bleibt. Also ist die Zeit, die ihm geschenkt ist, wertvoll. Doch manche geraten bei diesem Gedanken unter Druck. Sie meinen, sie müssten noch möglichst viel in der ihnen verbleibenden Zeit leisten. Dann werden sie unruhig und oder verfallen in Aktivismus. Darum geht es nicht im Alter. Es geht vielmehr darum, sich der Zeit bewusst zu werden, die Zeit wahrzunehmen und sie als erfüllte Zeit zu leben.

Der Philosoph Ernst Bloch pries das Alter als eine kostbare Zeit. In ihr wächst sowohl der Wunsch als auch die Fähigkeit, »das Wichtige zu sehen, das Unwichtige zu vergessen: dergleichen ist eigentliches Leben im Alter.« Viele meinen, die Zeit des Alters sei weniger wert, weil wir vieles vergessen. Doch Bloch betont, es gehe darum, das Unwichtige zu vergessen und offen zu werden für das Eigentliche, für das, was wirklich wichtig ist in unserem Leben. Wenn wir offen werden für das, was wirklich zählt, dann wird auch unsere Zeit kostbar. Dann werden wir uns in der Zeit, die uns verbleibt, unseres eigenen Wertes bewusst. Wir sind einmalig. Und die Zeit, die uns gegönnt ist, ist einmalig. Es gibt nur diese Zeit, die Gott uns geschenkt hat. So sollen wir uns das Gespür für diese kostbare Zeit bewahren.

Wenn wir im Alter fähig werden, die Zeit zu genießen, ganz im gegenwärtigen Augenblick zu sein, dann wird sie uns nicht weniger werden und uns nicht durch die Finger rinnen. Sie wird uns in jedem Augenblick geschenkt. Und wir ahnen in der Zeit schon etwas von der Ewigkeit. Zeit verwandelt sich in Ewigkeit, wenn wir ganz im Augenblick sind. Dann gibt es oft Momente, in denen Zeit und Ewigkeit zusammen fallen, in denen die Zeit still zu stehen scheint. Das ist dann nicht der Stillstand der Zeit im Sinne von Langeweile, sondern von Intensität. Wir berühren in der Zeit schon die Ewigkeit, die Fülle des Lebens.

Die Kunst des Älterwerdens besteht also auch darin, die Zeit auf neue Weise zu erleben, nicht mehr als Gegner, sondern als Freund. »Kostbar ist mir jeder Tropfen Zeit« hat der hl. Augustinus bei seinem Nachdenken über die Zeit geschrieben. Und der alttestamentliche Weise Kohelet hat erkannt: »Alles hat seine Stunde. Für jedes Geschehen gibt es eine bestimmte Zeit.« (Koh 3,1) Im Älterwerden sollten wir dem Geheimnis der Zeit nachspüren. Dann werden wir erkennen, dass unsere Zeit in die Ewigkeit Gottes hineinmündet. Denn nur Gott ist der Zeit enthoben. Solange wir leben, leben wir in der Zeit. Aber in der Zeit strahlt immer wieder schon Gottes Ewigkeit auf.

Es gibt eine erfüllte Zeit auch jenseits der Terminplaner

Oft hört man von Menschen, die aus dem Berufsleben ausgeschieden sind, den Satz: »Früher habe ich nur mit dem Terminplaner gelebt. Ich musste meine Termine genau einteilen. Manchmal war das eine Last. Aber jetzt ohne Terminplaner zu leben ist auch nicht so einfach.«

Manche, die diese Erfahrung machen, fragen, was sie tun können, damit ihr Alter keine vergeudete, ungenutzte Zeit wird. Wie kann man im Alter die Zeit auf neue Weise erfahren?

Unsere Terminplaner haben den Sinn, dass wir unsere Zeit gut nutzen. Wir leben nicht einfach in den Tag hinein, sondern strukturieren unsere Zeit so, dass wir die wichtigen Aufgaben in der uns zur Verfügung stehenden Zeit bewältigen können. Ältere Menschen brauchen ihre Zeit nicht mehr bis zum Letzten zu verplanen, denn sie müssen nicht mehr möglichst viel leisten. Aber trotzdem ist es gut, wenn sie ihrer Zeit eine gute Struktur geben. Jeder sollte sich einen guten Rhythmus für seinen Tag auswählen. Die Abwechslung, die wir durch den Rhythmus in den Tag bringen, tut uns gut. Vergeudet wäre die Zeit, wenn sie mit Nichtigkeiten gefüllt wäre, mit ständigen Nörgeleien, Ärger und Streit.

Im Alter müssen wir zwar nichts mehr leisten, aber es wäre gut, die Zeit bewusst zu leben. Es ist eine Kunst, die wir jetzt im Alter lernen sollen: ganz im Augenblick zu sein, uns auf die Gespräche einzulassen, die wir führen, die Begegnung mit Menschen zu genießen, uns Zeit für den anderen zu lassen. Aber die Zeit ist auch eine erfüllte Zeit, wenn ich lese, was mich interessiert, wenn ich Musik höre oder mich an einem Spaziergang freue. Wenn wir wirklich leben, ist die Zeit immer eine erfüllte Zeit.

Jesu erstes Wort, das uns der Evangelist Markus überliefert, war: »Die Zeit ist erfüllt, das Reich Gottes ist nahe.« (Mk 1,15) Die Zeit – so meint also Jesus – ist erfüllt, wenn Gott über mich herrscht und nicht mehr der Termindruck oder die Erwartungen der Menschen. Im Alter muss ich nicht mehr die Erwartungen anderer erfüllen. Ich darf selber leben. Das Reich Gottes könnte man als den Raum bezeichnen, in dem ich ganz ich selbst sein darf, in dem ich selber leben darf, anstatt gelebt zu werden. Wer ganz im Augenblick ist und bewusst diesen einen Augenblick lebt, der erfährt Zeit als erfüllte Zeit. Es ist keine vergeudete Zeit, keine ungenutzte Zeit, aber auch keine Zeit, die unter dem Druck steht, noch möglichst viel in sie hineinpressen zu müssen. Es ist geschenkte Zeit, angenehme Zeit, Zeit der Gnade, wie der Apostel Paulus sie nennt.

Nicht stehen bleiben bei dem, was einmal war?

Alte Menschen erzählen gerne von früher. Das kann für die nachfolgende Generation durchaus interessant sein. Es gibt alte Menschen, denen man gerne zuhört, wenn sie von der Vergangenheit erzählen. Es gibt allerdings auch Menschen, bei denen man die Ohren auf Durchzug stellt, weil man die alten Sachen schon so oft gehört hat. Es ist ein Unterschied, wie ich von der Vergangenheit erzähle, ob ich nur mich und meine Großtaten in den Mittelpunkt stelle oder ob ich von Erfahrungen spreche, die ich mit Menschen gemacht habe, ob ich das, was ich erlebt habe, auch reflektiere und in seiner Bedeutung für unser Leben heute zu verstehen suche.

Es ist wichtig, die Erfahrungen und Werte der Vergangenheit weiterzu-geben. Davon profitieren auch andere. Aber man sollte, auch als älterer

Das Leben – ein Fest

Für die stoische Philosophie ist unser Leben ein permanentes Fest. Wir feiern, dass wir Menschen sind mit einer göttlichen Würde. In der Langsamkeit unserer Bewegungen wird etwas von diesem Fest erfahrbar. Wir fassen die Dinge langsam an, wir schreiten langsam. Wir lassen uns Zeit für ein Gespräch. Wir lassen uns Zeit zum Essen. Wir essen ganz langsam und bewusst. Und auf einmal merken wir, wie gut es schmeckt. Wir können genießen. Wir feiern auch ein Fest, wenn wir ganz langsam eine Scheibe Brot kauen.

Mensch, nicht bei dem, was einmal war, stehen bleiben. Auch als ältere Menschen sollten wir durchaus an unsere Zukunft denken. Wir wissen nicht, wie viele Jahre Gott uns noch schenkt. Aber wir können dennoch unsere Zukunft planen, Reisen, einen Urlaub. Jeder sollte sich überlegen, wie er die nächsten Jahre gerne leben möchte, was er noch anpacken und auch nach außen noch tun will. Aber bei allem, was er plant, sollte er sich den Vorbehalt machen: »So Gott will.« Wir sollen unsere Zeit im Alter planen, als ob wir noch eine lange Zeit vor uns hätten. Aber wir sollen auch damit rechnen, dass eine Krankheit oder der Tod uns einen Strich durch die Rechnung machen kann.

Es hat in der Geschichte immer wieder alte Menschen gegeben, die als Propheten einen besonderen Blick für die Zukunft hatten. Simeon und Hanna in der Kindheitsgeschichte nach Lukas etwa. Ihr Beispiel zeigt: Alte Menschen haben nicht nur die Aufgabe, für ihre eigene Zukunft zu sorgen und sie zu planen. Sie haben oft auch eine besondere Verantwortung für die Zukunft der Menschheit. Simeon und Hanna, die beiden alten Menschen, erkennen, wer dieses Kind Jesus ist und was es der Welt bringen wird. So haben alte Menschen oft einen besonderen Blick für das, was für die Zukunft der Welt vonnöten ist und was ihr helfen könnte, damit sie in eine bessere Zukunft hineingeht. Dieses Gespür für die Zukunft der Welt sollten die alten Menschen nicht für sich behalten. Sie sollen es auch nach außen kommunizieren, jeder auf seine Weise. Die Großmutter macht den Enkeln einfach Mut für die Zukunft, ohne dass sie einen tiefen Blick in die Zukunft macht. Ein anderer, der Verantwortung in einer Firma hatte und die Mechanismen des Wirtschaftens kennen gelernt hat, kann aus dem Abstand heraus gute Ratschläge geben, nicht nur für seine frühere Firma, sondern überhaupt für eine Art des Wirtschaftens, die dieser Welt zum Segen gereichen wird. Oder ein alter Mensch hat ein Gespür für das, was die Welt braucht. Seine Worte haben Gewicht. So trägt er auch im Alter noch Verantwortung für die Welt, weniger durch sein Handeln als vielmehr durch die Sichtweise, die er vermittelt.

Vielleicht aber auch gerade durch sein Handeln. Anthony de Mello erzählt eine schöne Geschichte dazu. Die Zeit des Monsunregens stand bevor, und jemand sah, wie sein Nachbar, ein sehr alter Mann, in seinem Garten tiefe Löcher grub. »Was tut ihr da?«, fragte er. »Ich pflanze Mangobäume«,

war die Antwort. »Wollt ihr noch Früchte von diesen Bäumen essen?«
»Nein«, entgegnete der Alte, »so lange werde ich nicht mehr leben. Aber
andere werden da sein. Mir fiel neulich ein, dass ich mein Leben lang
Mangos gegessen habe, die von anderen Leuten gepflanzt wurden. Auf
diese Weise möchte ich ihnen meine Dankbarkeit zeigen.«

Unsere Vergangenheit ist nicht immer nur eine Erfolgsgeschichte

Mit der eigenen Vergangenheit umzugehen kann auch schwierig und
belastend sein. Neulich erzählte mir eine Frau von ihrer Schwester. Sie
will nichts mehr wissen von den ersten Jahren nach dem Krieg, in denen
sie traumatische Erfahrungen machen musste. Man kann die Frage stellen: Ist das nun Verdrängung oder ist es legitim, das Vergangene zu begra-
ben? Wie gehe ich mit meiner Vergangenheit um, wenn mir vor allem die
Fehler und meine Versäumnisse einfallen? Hat es einen Sinn, mich ständig
zu fragen, welche Chancen ich vertan habe oder wo ich mich falsch ent-
schieden habe? Führt das zur Weisheit oder nur zur Selbstverurteilung?

Es gibt viele Menschen, die im Krieg solche traumatischen Erfahrungen
von Vergewaltigung und Ermordung der nächsten Angehörigen gemacht
haben, dass sie das gar nicht bearbeiten können. Es steht uns nicht zu, sie
zu drängen, die ganze Vergangenheit nochmals anzuschauen und aufzu-
arbeiten. Manchmal kann es auch heilsam sein, die traumatischen Erlebnisse in einer verschlossenen Kammer der eigenen Seele aufzubewahren.
Nur wenn sich diese Erlebnisse in neurotischen Symptomen, in Ängsten
oder in Krankheiten äußern, wäre es hilfreich, sie anzuschauen und mit
einem Therapeuten oder einer Seelsorgerin zu besprechen. Wichtiger aber
ist, sich den gesunden Quellen zuzuwenden, die jeder in seinem Leben
auch hat. Vielleicht könnte die Frau schauen, was vor dem traumatischen
Erlebnis war, woraus sie da gelebt hat, was ihre Kraftquellen damals
waren. Dann sollte sie mit diesen Quellen in Berührung kommen.

Es hat wenig Sinn, wenn wir uns ständig fragen, welche Chancen wir
vertan haben. Denn wir können die nicht genutzten Chancen nicht

zurückholen. Wir können das Vergangene nicht rückgängig machen. Selbstvorwürfe führen nicht zum Leben. Im Gegenteil, oft sind Selbstvorwürfe ein Vorwand, nicht im Augenblick zu leben und sich nicht dem Leben zu stellen mit den Herausforderungen, die es heute stellt. Das Leben war so, wie es war. Damit haben wir uns auszusöhnen. Und es ist gut, sich einzugestehen, dass das Leben nicht immer eine Erfolgsgeschichte war, sondern dass vieles auch schiefgelaufen ist. Aber ich habe es erlebt. Und ich habe aus dem Erlebten etwas gelernt. Ich bin daran gewachsen. Wenn wir das sehen, können wir uns verabschieden von dem Ideal, dass alles perfekt sein muss. Wenn die Erinnerungen von verpassten Chancen hochkommen, sollen wir sie anschauen und betrauern, aber dann wieder zu uns selbst und zum gegenwärtigen Augenblick zurückkommen. Wie möchte ich heute leben? Was lehrt mich meine Vergangenheit? Sie könnte uns gelassener und weiser machen, wenn wir uns damit aussöhnen und sie als Lernfeld sehen, auf dem wir vor allem uns selbst mit allen Höhen und Tiefen kennenlernen. Wer sich selber kennt und sich damit aussöhnt, der wird weise. Walter Benjamin hat einmal das schöne Wort geprägt: »Glück besteht darin, seiner selbst, ohne zu erschrecken, inne zu werden.« Wenn ich mich an alles erinnern kann, ohne zu erschrecken, dann habe ich mich selber angenommen, dann bin ich im Einklang mit mir, dann bin ich glücklich.

Welchen Sinn hat Scheitern?

Das Scheitern hat nicht in sich schon Sinn. Aber wir können dem Scheitern einen Sinn geben. Natürlich gibt es verschiedene Dimensionen des Scheiterns. Wer eine Prüfung nicht besteht, kann eine neue Chance suchen. Und wenn wir an der Lösung eines Problems scheitern, könnten wir es als Herausforderung annehmen und uns um neue Wege bemühen. Zunächst ist es schmerzlich, wenn wir scheitern. Scheitern in einem tieferen existenziellen Verständnis heißt, dass ein Lebensentwurf, auf den wir gesetzt haben, nicht gelingt. Die Frage ist, ob wir selbst daran zerbrechen oder ob nur das Lebensgebäude zerbricht, das wir aufgebaut haben. Dann könnte das Scheitern uns darauf hinweisen, dass dieses Lebensgebäude nicht unserem wahren Wesen entsprochen hat. Es ist mehr

Besser ist's unter dem Bart
eines alten Mannes
als unter der Peitsche
eines Jungen.

Aus Estland

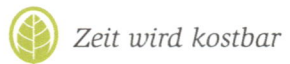

unserem eigenen Bild von uns selbst entsprungen, aber nicht dem Bild, das Gott sich von uns gemacht hat. Manchmal müssen die selbst gebauten Lebensgebäude zerbrechen, damit Gott gemeinsam mit uns das Haus aufbauen kann, das unserem wahren Wesen entspricht. In der Bibel steht immer wieder, dass Gott aus den Trümmern Jerusalem die neue Stadt errichtet, dass er aus den Scherben unseres Lebens etwas Neues formt und dass aus dem abgeschlagenen Baumstumpf ein neuer Reis emporblüht. Diese Bilder sind schöne Deutungsmuster, mit denen wir auch unserem Scheitern einen Sinn geben können. Aber es kommt immer auf die Deutung an. Wenn ich mein Scheitern so deute, dass ich selbst daran schuld bin, dass ich alles verkehrt gemacht habe, dann wird es mich nach unten ziehen und mir alle Energie rauben. Wenn ich es aber so verstehe, dass etwas in mir zerbrochen ist, damit der eigentliche Kern klarer zum Vorschein kommt, dann kann ich mich mit dem Scheitern aussöhnen. Dann raubt es mir nicht meine Würde und drückt mich auch nicht nieder. Dann kann ich es sogar als Chance sehen, zu reifen und zu wachsen und immer mehr der zu werden, der ich von Gott her eigentlich bin.

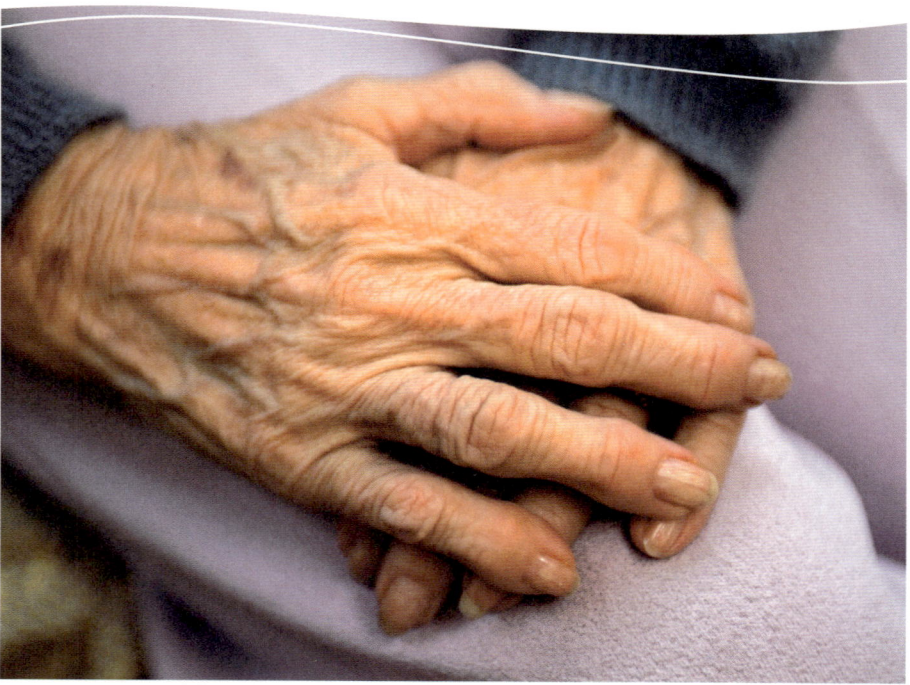

Ich muss nichts mehr – ich darf einfach sein

Freiheit bedeutet nicht, dass ich möglichst vieles tun kann, dass alle Türen mir offen stehen und ich alles kann, was ich will. Freiheit besteht vielmehr in einer inneren Haltung. Ich bin frei von der Macht der Menschen, von ihren Erwartungen und Urteilen. Ich bin frei von dem Druck, den ich mir oft selber setze. Ich fühle mich frei, meinem Gewissen zu folgen, mit mir im Einklang zu leben. Das ist die wahre Freiheit. Die Freiheit des Denkens kann mir niemand nehmen, auch wenn ich nach außen nicht mehr viel tun kann. Und diese Freiheit äußert sich dann auch darin, dass ich den Mut habe, das zu sagen, was ich denke. Alte Menschen sind frei, weil sie nichts mehr zu verlieren haben. Sie sind frei von dem Druck, sich nach außen gut verkaufen zu müssen. Sie sind frei, die zu sein, die sie sind. Das ist die wahre Freiheit, die mit dem Alter wächst.

Die äußere Freiheit nimmt im Alter ab. Die Möglichkeiten, die mir noch zur Verfügung stehen, werden weniger. Das muss ich so akzeptieren. Und manchmal wird das Ja dazu nur über einen Prozess des Betrauerns entstehen. Aber wenn ich durch das Betrauern in den inneren Raum meiner Seele gelange, werde ich dort in meinem Inneren die wahre Freiheit finden. Es ist die Freiheit, von der Jesus sagt: »Die Söhne sind frei.« (Mt 17,26) Ich bin nicht mehr Sklave meiner eigenen Bedürfnisse. Ich stehe nicht mehr unter dem Druck, die Erwartungen der anderen erfüllen zu müssen. Ich muss gar nichts mehr. Ich darf einfach sein.

Unsere Zeit ist begrenzt. Wir sollen sie nutzen, aber auch einfach nur genießen

Kürzlich sagte mir jemand, sein alter Vater habe sich über einen Tag geärgert, der nicht zu seiner Zufriedenheit verlaufen war. »In meinem Alter hat man nichts mehr zu verschenken«, sagte er. Es kommt darauf an, wie man den Satz versteht. Wenn er meint, er müsse noch vieles in seinem Leben erledigen und heute habe er gar nicht viel tun können, er habe heute gar nichts geleistet, dann könnte man den Satz als Zeichen innerer Armut eines Menschen sehen, der sich zu sehr von dem her definiert, was er nach außen tun kann. Aber man kann den Satz auch anders verstehen. Der Vater war unzufrieden über den Tag, weil er sich über andere geärgert hat, weil er zu sehr über andere geschimpft hat, weil es nur Missverständnisse gab. Dann ist sein Satz Ausdruck geistiger Reife. Weil meine Zeit begrenzt ist, will ich die Tage nicht mit unnützem Geschwätz oder mit unnötigen Streitereien verbringen. Ich möchte bewusst leben. Jeder Tag ist kostbar, auch wenn nach außen nicht viel geschieht. Aber mit welcher inneren Haltung ich den Tag lebe, das hängt von mir ab. Und vielleicht hat hier ein älterer Mensch einfach nur ein feines Gespür dafür, dass er die Tage, die ihm gegönnt sind, bewusst und intensiv leben möchte, dass er in den Gesprächen präsent sein möchte, offen sein für den, der ihm heute begegnet, und für das, was in der Welt geschieht. Er möchte nicht einfach so dahinleben. Er spürt, dass das Leben eines Menschen kostbar ist und dass wir mit jedem Tag eine Spur in diese Welt eingraben. Er möchte eine gute Spur in diese Welt eingraben. Und so ärgert er sich, wenn die Spur des Tages unklar und trüb war. Wir haben unsere Tage nicht zu verschenken in dem Sinn, dass wir sie leer vorüberziehen lassen. Aber wir sollen in der Zeit uns selbst verschenken, dann wird jeder Tag ein geschenkter Tag und nicht ein verschenkter sein.

Die Tatsache, dass unser Leben endlich und begrenzt ist, kann Angst einjagen. Keiner von uns weiß, wie lange er noch leben kann. Aber die Begrenzung könnte auch eine Chance sein, sich über die Maßstäbe und Werte des eigenen Lebens Gedanken zu machen. Was ist mir wirklich wichtig? Welche Werte möchte ich leben? In welcher inneren Verfassung und Haltung möchte ich die Zeit leben, die mir geschenkt ist? Wir dürfen uns nicht unter Druck setzen, möglichst viel leisten zu müssen. Vielmehr sollen wir die Zeit nutzen, damit wir bewusst und intensiv leben.

Wir sollen unsere Zeit auch genießen. Das ist kein Egoismus und das ist auch kein Gegensatz zu der Notwendigkeit, die Zeit zu nutzen. Wenn wir unsere Zeit genießen, geben wir ihr einen guten Geschmack. Dann ist unsere Zeit auch eine kostbare Zeit für die Menschen um uns herum. Wenn ich die Zeit totschlage oder sie mit hektischer Aktivität fülle, nütze ich niemandem. Wenn für mich alles langweilig ist, will niemand an meiner Langeweile teilhaben. Wenn ich ständig Hektik um mich verbreite, fliehen die Menschen vor mir. Denn sie wollen sich nicht von

Ein alter Mensch hat
einen Kalender im Bauch.

Zulu-Weisheit

meiner Hektik anstecken lassen. Aber wenn ich die Zeit genieße, werden es auch die Menschen genießen, mit mir zusammen zu sein. Sie möchten dann etwas lernen von meiner Lebenskunst, im Einklang mit mir und dem Leben zu sein, mit der Kunst, das Wenige, das ich habe, zu genießen. Die Zeit bleibt immer dieselbe. Aber wenn wir die Zeit genießen, bekommt sie eine andere Qualität, für uns selbst und für die Menschen um uns herum. Wir werden dann für andere zum Lebensmeister, der sie einführt in die Kunst, die Zeit bewusst als geschenkte Zeit zu leben, als »kairos«, als angenehme Zeit, von der Jesus immer wieder spricht. Er lädt uns ein, die erfüllte Zeit wahrzunehmen. Sie ist erfüllt, wenn Gott darin herrscht und nicht menschliche Maßstäbe wie das Leistungsprinzip.

Lass los

Manchmal erlebe ich Menschen, die sich an sich selbst festhalten. Sie meinen, alles loslassen zu können. Aber ihre herabhängenden Schultern zeigen an, dass dem nicht so ist: Sie sind innerlich gefangen. Oft braucht es lange, bis sie wirklich loslassen können. Loslassen ist eine befreiende Kunst. Denn das Festhalten bindet und blockiert uns. »Ich muss loslassen, woran ich mich geklammert hatte. Solange ich diese Tatsache als Verlust für mich auffasste, war ich unglücklich. Aber sobald ich sie unter dem Aspekt betrachtete, dass Leben im Loslassen und im Tod befreit wird, kam ein tiefer Friede über meinen Geist.« Rabindranath Tagore, der diese Einsicht formuliert hat, weiß: Wenn wir uns zu sehr an etwas klammern, werden wir handlungsunfähig. Wenn wir zu gierig etwas haben wollen, sind wir gefangen. Uns sind die Hände gebunden. Loslassen hingegen ist ein Akt der inneren Befreiung.

Loslassen kann schwierig sein, und Gelassenheit ist eine Kunst, die keinem in den Schoß fällt. Eine Kunst muss man erlernen. Das ist oft nicht ganz einfach. Es klingt eigenartig, dass man für die Gelassenheit etwas tun sollte. Es ist doch kein Tun, sondern ein Lassen. Aber gerade das Lassen im Tun zu üben, ist die eigentliche Kunst. Ich wünsche gerade den Menschen, die viel zu tun haben, diese Kunst. Sie besteht darin, etwas einfach geschehen zu lassen. Was wir verbissen tun, wird keinen

Segen bringen. Was in Gelassenheit geschieht, das lässt der, für den es geschieht, auch lieber in sich ein. Er wird sich dann daran nicht verbeißen, sondern das Gelassene auf seiner Zunge zergehen lassen. Und sich daran erfreuen.

Was heißt »erfülltes Leben«?

Wir sprechen von erfüllter Zeit, wenn wir genügend zu tun haben und wenn wir etwas Sinnvolles tun. Die Zeit ist für uns erfüllt, wenn sie voll ist von guten Gesprächen, wenn wir eine Arbeit haben, die Freude bereitet, wenn unser Leben bestimmt ist von Gelingen und Genießen.

Neuer Geschmack am Leben

Wer dankbar auf sein Leben blickt, der wird einverstanden sein mit dem, was ihm widerfahren ist. Er hört auf, gegen sich und sein Schicksal zu rebellieren. Er wird erkennen, dass täglich neu ein Engel in sein Leben tritt, um ihn vor Unheil zu schützen und ihm seine liebende und heilende Nähe zu vermitteln. Versuche es, mit dem Engel der Dankbarkeit durch den kommenden Monat zu gehen. Du wirst sehen, wie Du alles in einem andern Licht erkennst, wie Dein Leben einen neuen Geschmack bekommt.

Psychologen sprechen dann vom »Flow«, vom Fließen, in dem wir die Zeit regelrecht vergessen. Von einem erfüllten Leben sprechen wir, wenn das Leben reich ist an guten Begegnungen, wenn alles, was wir tun, einen Sinn in sich trägt und auch für andere Menschen hilfreich und heilsam ist. In diesem Sinn sagen alte Menschen, dass sie auf ein erfülltes Leben zurückblicken. Sie sind dankbar für das, was sie erlebt und was sie getan haben. Das deutsche Wort »erfüllt« kommt von voll und meint, dass vieles hineingefüllt ist in unser Leben, dass wir viel erlebt und viel vollbracht haben.

In der Bibel finden wir ein anderes Verständnis von erfüllter Zeit. Jesus beginnt seine Verkündigung mit dem Wort: »Die Zeit (kairos) ist erfüllt, das Reich Gottes ist nahe.« (Mk 1,15) Die Zeit ist erfüllt, weil Gott selbst in ihr ist, weil Gott dem Menschen nahe gekommen ist. Wenn Gott in mir herrscht, dann bin ich frei vom Druck der Zeit, dann ist meine Zeit erfüllt. Sie ist voll von Gott. Die Mystiker haben über diesen Begriff der Fülle der Zeit nachgedacht. Für Meister Eckehart ist die Zeit durch die Menschwerdung Gottes erfüllt worden. Die Zeit ist der Ort, an dem der Mensch mit Gott eins wird. Wenn wir eins sind mit dem ewigen Gott, dann ist die Zeit erfüllt. Augustinus greift das Wort des hl. Paulus von der Fülle der Zeit auf: »Als die Fülle der Zeit kam, erschien auch er, der uns von der Zeit befreien wollte. Denn befreit von der Zeit, sollen wir zu jener Ewigkeit gelangen, wo keine Zeit ist.« Für Paulus besteht die Fülle der Zeit darin, dass Gott seinen Sohn in die Welt sandte. (Gal 4,4) In Jesus ist Gott und Mensch eins, Zeit und Ewigkeit. Wenn wir in Christus sind, haben wir teil an Gott und seiner Fülle, an seiner Ewigkeit.

Die Frage ist, wie wir diese Aussagen Jesu und der Mystiker über die erfüllte Zeit für uns deuten können. Für Jesus ist die Zeit erfüllt, wenn Gott in uns herrscht. Das bedeutet: erfüllte Zeit ist dann da, wenn ich nicht von Menschen oder Terminen bestimmt werde, sondern wenn ich ganz frei bin, ganz ich selbst bin. Gottes Reich meint ja im Sinne Jesu: Ich lebe in völliger Übereinstimmung mit Gott und auch mit meinem eigenen Wesen. Ich werde nicht bestimmt von außen. Ich lasse mich von der Zeit nicht unter Druck setzen. Die Zeit ist mir geschenkt, von Gott geschenkt. Für Augustinus hat erfüllte Zeit damit zu tun, dass wir in der Zeit die Ewigkeit erfahren. Jeder von uns hat wohl schon die Erfahrung gemacht, dass die Zeit für ihn still gestanden ist. Er hat einen Sonnenuntergang beobachtet, er ist einem Menschen begegnet und war von ihm so fasziniert, dass er die Zeit vergessen hat. In diesem Augenblick fallen Zeit und Ewigkeit zusammen, da herrscht nicht der »chronos«, der Zeitfresser, sondern da ist »kairos«, angenehme Zeit, Zeit der Gnade, Zeit, in der Gottes Gegenwart mir ermöglicht, ganz im Augenblick zu sein. In solchen Augenblicken fühle ich mich eins mit mir und mit allem, was ist. Da ist wahrhaft erfüllte Zeit.

Nicht nur loslassen, sondern auch ankommen

Die Aufgabe des Älterwerdens ist das Loslassen. Aber das Ziel ist das Ankommen. Wenn wir uns selbst annehmen, so wie wir sind, wenn wir alles loslassen, was uns bedrängt, wenn wir das eigene Ego loslassen, dann kommen wir bei uns selbst an. Wer das Ego nicht loslässt, kommt nie bei sich selber an. Das Ego verstellt ihm die wirkliche Ankunft. Nur wenn wir das Ego loslassen, kommen wir in die eigene Mitte. Und dort kommen wir bei unserem wahren Selbst an, bei dem ursprünglichen Bild Gottes von uns. Und wir kommen im Augenblick an. Das Ego will immer etwas. Es will sich rechtfertigen und sich behaupten. Es ist immer mit sich selbst beschäftigt. So werden wir nie frei, wirklich bei uns und in diesem Augenblick, den wir jetzt erleben, anzukommen. Letztlich kommen wir bei Gott an. C. G. Jung meinte einmal, keiner vermag sein Selbst zu finden, ohne dass er Gott in sich findet. Und Gott ist immer der Seiende, der einfach da ist, der reine Gegenwart ist. Wenn ich selbst im Loslassen meines Ego zum reinen Sein werde, dann bin ich in Gott angekommen. Und dann ist Gott in mir angekommen.

Es ist immer eine wechselseitige Ankunft. Gott ist natürlich immer schon da. Aber da ich nicht bei mir bin, erlebe ich Gott als den Kommenden. In der Adventszeit stellen wir uns im Verlauf des Kirchenjahres bewusst diesem Thema des Ankommens. Wir warten auf das Kommen Jesu Christi, obwohl wir wissen, dass er schon längst gekommen ist. Aber wir warten, um sein Kommen in jedem Augenblick erfahren zu können. Und wenn Christus zu uns kommt, kommen wir bei uns an.

Im Alter erhält das Ankommen noch eine andere Dimension. Im Alter sind wir an der Schwelle des Todes angekommen, die uns in das reine Sein, in die reine Gegenwart hineinführt. Wir sind am Ziel unseres Lebens angekommen. Manchmal haben wir den Eindruck, dass wir noch längst nicht bei uns selbst angekommen sind. Wir hängen immer noch an unserem Ego, an unseren vergangenen Verletzungen, an unserem Besitz, an den Menschen. Manche bekommen Angst, sie würden nie bei sich ankommen. Da ist es eine tröstliche Botschaft, dass wir das Ankommen letztlich gar nicht selber vollziehen müssen. Wir müssen uns nicht ständig fragen, ob wir schon an unserem Ziel, bei unserem wahren Selbst

Wenn die Zeit stillsteht

Zeit und Ewigkeit fallen im Augenblick zusammen. Wenn wir ganz im Augenblick sind, dann steht die Zeit still. Jeder hat vermutlich schon die Erfahrung gemacht, dass er fasziniert einen Sonnenuntergang betrachtet hat. Und er hat dabei gar nicht gemerkt, wie die Zeit vergangen ist. Wenn wir uns ganz intensiv auf etwas einlassen, vergessen wir die Zeit, da hört die Zeit auf, da sind wir nur noch reiner Augenblick, reine Gegenwart. Das ist dann die Ahnung der ewigen Sabbatruhe, an der wir jetzt schon teilhaben.

angekommen sind. Wir dürfen vertrauen, dass wir für immer bei uns und bei Gott ankommen werden, wenn Gott im Tod zu uns kommt. Dann kommt alles in uns zur Vollendung. Wir sind für immer angekommen, daheim.

Wenn ich losgelassen habe, kann Neues kommen

Es war der englische Dichter E. M. Forster, der einmal gesagt hat: »Wir müssen das Leben, das wir geplant haben, loslassen. Nur so bekommen wir das Leben, das auf uns wartet.« Die Frage ist allerdings in der Tat: Was für ein Leben wartet auf mich? Jeder von uns hat bestimmte Vorstellungen, wie sein Leben ablaufen soll. Und oft genug haben wir unser Leben genau geplant. Wir haben geplant, einen Beruf zu erlernen, eine Familie zu gründen, ein Haus zu bauen, so viel zu verdienen, dass wir das Haus abzahlen können. Dann haben wir unseren Lebensabend geplant mit vielen Reisen und mit all dem, was uns interessiert. Doch dann tritt irgendetwas dazwischen. Eine Krankheit hindert mich am Reisen. Ich verliere vorzeitig meine Arbeit und kann den Kredit für mein Haus nicht mehr abzahlen. Mein Partner stirbt, bevor ich pensioniert werde, oder kurz danach. Das wirft alle meine Pläne über den Haufen. Ich kann dann jammern und das Gefühl haben, dass ich vor den Trümmern meines Lebens stehe. Ich kann meine Pläne aber auch loslassen. Sie waren gut gemeint. Sie haben mich angetrieben, mein Leben gut zu gestalten. Aber es lässt sich nicht alles planen. Ich lasse meine Pläne los, all meine festen Vorstellungen, wie mein Leben ablaufen muss. Dann kann Neues auf mich zukommen. Dann kommt das Leben auf mich zu, das auf mich wartet. Nicht ich habe auf dieses Leben gewartet, sondern es wartet auf mich. Es kommt etwas Neues auf mich zu und beschenkt mich. Wenn ich mich auf das Neue, Ungeplante einlasse, dann werde ich beschenkt mit einem Leben, das so ganz anders ist, als ich es mir vorgestellt habe. Aber es ist wirkliches Leben, geschenktes Leben. Ich trete gleichsam in einen Raum ein, in dem das Leben für mich bereitliegt.

»Endlich« leben!

Das Alter erinnert uns an den Tod. Unser Leben ist endlich. Weisheit besteht darin, sich der eigenen Endlichkeit bewusst zu werden. Der Tod ist uns allen gewiss, ob wir nun jung sind oder alt. Er kann plötzlich kommen, heute oder morgen schon. Aber das Wissen um seine Gewissheit soll uns nicht lähmen, sondern uns – ob alt oder jung – befähigen, uns ganz auf das Leben einzulassen, das wir jetzt gerade leben. Als die Mutter des großen Theologen Karl Rahner – über hundertjährig – gestorben war, hatte er bei seinen Verlagsbesuchen in Freiburg oft den Wunsch, mit dem Auto an die Stätten seiner Jugend gefahren zu werden. Bei dieser Gelegenheit kam er auch gelegentlich zum Haldenhotel auf dem Schauinsland. Einmal, so wird erzählt, kam er mit der alten Haldenwirtin ins Gespräch, die seine Verwandten kannte, da diese selbst in Günterstal bei Freiburg ein Hotel gehabt hatten. Die Wirtin war schon über 80 Jahre alt, älter als Karl Rahner. Man sprach von der Notwendigkeit, das alte Hotel zu restaurieren, einen Skilift zu bauen und all das, was noch zu tun war. Aber dann kam das Gespräch auf einmal auch auf das Sterben. Die Wirtin, die selber noch aktiv an den Geschäften des Hotels beteiligt war, meinte, sie sei auf alles vorbereitet und sei natürlich bereit, Gottes Willen zu folgen. Aber jeden Tag würde sie beten: »Lieber Gott! Wann du witt. (= willst) Nur net hitt (= heute).« Rahner hat herzlich gelacht über solche Form alemannisch-volkskirchlicher Hoffnung auf Verzögerung. Für die Wirtin war die Beschäftigung mit dem Sterben kein Hindernis, sich ganz den Tagesgeschäften zuzuwenden. Der Gedanke an den Tod gab ihr innere Freiheit dazu.

C. G. Jung meint, die Religionen seien »komplizierte Systeme der Vorbereitung des Todes«. Was die Religionen vom Tod sagen, entspricht der Weisheit der Seele, »wenn wir den Tod als die Sinnerfüllung des Lebens und als sein eigentliches Ziel betrachten, anstatt als ein bloß sinnloses Aufhören.« Für C. G. Jung entspricht es daher dem Bedürfnis der menschlichen Seele, sich mit dem Tod auseinanderzusetzen und sich auf ihn vorzubereiten: »Der alternde Mensch bereitet sich nolens volens auf den Tod vor. Darum meine ich, dass die Natur schon selber für die Vorbereitung aufs Ende sorgt… Es ist ebenso neurotisch, sich nicht auf den Tod als ein Ziel einzustellen, wie in der Jugend die Fantasien zu verdrängen, welche sich mit der Zukunft beschäftigen.« So geht es im Denken an den Tod darum, täglich dankbar zu sein für die Zeit, die uns geschenkt ist, und jeden Tag neu als Geschenk zu leben, das Gott uns gewährt, aber auch als Gelegenheit, selbst zum Geschenk für andere zu werden. Der Gedanke an die Endlichkeit unseres Lebens sollte uns aufwecken für das Heute. Er sollte uns Ansporn sein, endlich zu *leben. Hier und jetzt.*

Keine Angst vor dem Alter

Viele versuchen heute, der Angst vor dem Älterwerden zu entfliehen, indem sie sich möglichst lange mit vielen interessanten Dingen beschäftigen, indem sie sich beweisen, wie viel Kraft sie noch in sich haben. Man will die Angst durch Zerstreuung besiegen. Doch durch Zerstreuung lässt sich Angst nicht überwinden. Sie wird immer wieder in mir hochkommen. Ich muss mich der Angst stellen. Sie ist eine Herausforderung, mir Gedanken zu machen, nicht nur über mein Altwerden, sondern überhaupt über das Menschsein. Was macht meinen Wert aus? Bin ich nur wertvoll, wenn die andern mich für jung und dynamisch ansehen? Hat das Alter nicht andere Werte: Weisheit, Gelassenheit, Milde? Die Angst lädt mich ein, die Maßstäbe zu überdenken, mit denen ich mein Leben

»Wenn du glücklich sein willst – lebe.«

So einfach ist Lebenskunst nach Leo Tolstoi. Und es stimmt: Glück kann man nicht direkt anstreben, genauso wenig wie die Freude. Wer glücklich sein will, soll sich dem Leben mit allen Höhen und Tiefen zuwenden. Glück ist Ausdruck erfüllten Lebens. Wenn ich mit allen Sinnen lebe, wenn ich mich einlasse auf das Leben, dann werde ich in meiner Lebendigkeit auch Glück erfahren. Das Glück lässt sich nicht festhalten, genauso wenig wie das Leben. Das Leben fließt immer weiter. Manchmal fließt es durch finstere Täler, manchmal wird es zum Wasserfall. Auch im Schmerz ist Leben. Und so kann in jedem auch eine Ahnung von Glück sein, im Schmerz, der mich für den Bruder oder die Schwester öffnet, in der Freude, die ich mit anderen teile, in der Anstrengung, die ich auf mich nehme, um einen Gipfel zu besteigen, in der Entspannung, wenn ich im Meer schwimme. Überall, wo wirklich Leben ist, ist auch eine Spur von Glück. Doch sowenig ich das Leben von außen betrachten und analysieren kann, sowenig lässt sich das Glück als etwas Objektives beobachten. Es stellt sich ein bei dem, der lebt, der lebendig ist und der sich mit allen Sinnen auf das Leben einlässt.

messe, und die Grundannahmen meines Lebens infrage zu stellen. Vielleicht stößt mich die Angst vor dem Altwerden auf die Grundannahme: »Ich bin nur wertvoll, wenn ich etwas leiste oder wenn ich gebraucht werde.« Indem ich so eine Grundannahme formuliere, merke ich, dass das die Wahrheit nicht sein kann. Die Angst zwingt mich, menschlichere Grundannahmen zu entwickeln, mit denen ich besser leben und besser alt werden kann.

Die Angst lädt mich auch ein, mich damit auszusöhnen, dass ich einmal schwächer werde, dass ich auf fremde Hilfe angewiesen sein werde, dass ich nicht mehr alles kann, was ich gerne möchte. Ich kenne viele Alte, die gerne alt werden. Eine alte Frau erzählte mir, sie sei nie so sehr mit sich im Einklang gewesen wie jetzt mit 80 Jahren. Das ist ein Zeichen, dass sie die Angst vor dem Altwerden angenommen hat und sich von ihr auf das Geheimnis ihres Lebens verweisen ließ. Indem ich mich der Angst stelle, werde ich spüren, was mein Leben wirklich trägt.

Nicht ausweichen

Das Altern ist Vorbereitung auf den Tod. Wer dem Tod ausweicht, weicht der wichtigsten Aufgabe seines Lebens aus. C. G. Jung beobachtet, dass es die gleichen Menschen sind, die in der Jugend Angst haben vor dem Leben und im Alter Angst vor dem Tod. »Ich habe die Erfahrung gemacht, dass gerade jene jungen Leute, welche das Leben fürchten, später ebenso sehr an Todesangst leiden. Sind sie jung, so sagt man, sie hätten infantile Widerstände gegen die normalen Forderungen des Lebens. Sind sie alt, so müsste man eigentlich dasselbe sagen, nämlich dass sie ebenfalls Angst vor einer normalen Forderung des Lebens haben.« (VIII, 464) Religion ist für Jung vor allem eine Schule für die zweite Lebenshälfte und ein System »der Vorbereitung des Todes«. Und er meint, dass es der menschlichen Seele entsprechen würde, im Tod die Sinnerfüllung des Lebens zu sehen. Wer sich von dieser Grundtatsache seiner Seele trennt, »hat sich psychologisch isoliert und steht im Gegensatz zu seinem eigenen allgemein-menschlichen Wesen«. Und Jung meint, dass diese Trennung von der Wahrheit der eigenen Seele die Ursache aller Neurosen ist.

Der Mensch bleibt nur gesund, wenn er sich der Wahrheit seines Lebens und seiner Seele stellt. Wer sich gegen seine Seele stellt, gerät in einen Zwiespalt, der krank macht. »Denn«, so meint Jung, »es ist ebenso neurotisch, sich nicht auf den Tod als ein Ziel einzustellen, wie in der Jugend die Fantasien zu verdrängen, welche sich mit der Zukunft beschäftigen.« Jung sieht in der Rastlosigkeit vieler Alter ein Zeichen der neurotischen Flucht vor der eigenen Wahrheit. Rastlosigkeit aber erzeugt immer Sinnlosigkeit. In der Rastlosigkeit flieht man vor der Sinnlosigkeit des Lebens. Überwinden kann man sie nur, wenn man sich dem eigenen Tod stellt.

Alt werden wollen alle, sterben will keiner

Die Angst vor dem Alter ist unbegründet. Schließlich leben wir alle, um alt zu werden. Aber mit dem Alter verbunden ist notwendigerweise auch das Sterben, das ebenfalls zum Leben gehört. Der Tod kann zwar auch Kinder und junge Menschen treffen und ebenso Menschen in der Lebensmitte, in der Blüte ihrer Jahre. Aber älteren Menschen ist der Gedanke an das eigene Sterben oft in besonderer Weise gewärtig. Wir alle werden sterben, ob wir es wollen oder nicht. Aber wir hängen auch am Leben. Das ist eine gesunde Lebenseinstellung. Denn sie zeigt, dass wir das Leben lieben, selbst wenn es uns manchmal schwerfällt. Wir sollen, solange wir leben, auch gerne leben und die Zeit, die uns geschenkt ist, in guter Weise leben. Es ist unsere Aufgabe, das Leben so zu leben, dass wir ein Gespür für seine Endlichkeit haben. Dann sind wir bereit zu sterben, aber wir leben auch gerne.

Wenn ein alter Mensch sagt, »ich möchte sterben«, dann hat er mit dem Leben abgeschlossen. Er lebt nicht mehr gerne, weil sein Leben beschwerlich geworden ist. Er fühlt sich vielleicht zu sehr auf die Hilfe anderer angewiesen. Er möchte anderen nicht zur Last fallen. Solange wir am Leben hängen, müssen wir nicht sterben wollen. Wenn aber der Wunsch hochkommt, sterben zu können, dürfen wir ihm durchaus Raum geben. Es ist dann die Einladung, sich noch intensiver auf das Sterben vorzubereiten und langsam und bewusst von allem Abschied zu

Wer nicht alt werden will,
muss früher sterben.

Aus Polen

nehmen, woran wir noch hängen. Vor allem sollten wir von den Menschen Abschied nehmen, die uns am Herzen liegen. Wir dürfen uns den Wunsch zu sterben aber nicht aktiv erfüllen, indem wir dem Leben selbst ein Ende setzen. Vielmehr gilt es, darauf zu vertrauen, dass dieser Wunsch, zu sterben, das Sterben einläutet. Wie lange wir noch leben, das hängt dann nicht allein an uns. Indem wir den Wunsch zulassen, werden wir die uns geschenkte Zeit intensiv erleben. Auf keinen Fall darf der Wunsch zu sterben zu einem bloßen Jammern werden, in dem wir nur um uns kreisen und unser schlechtes Leben beklagen. In der Bibel heißt es oft von den Patriarchen, dass sie lebenssatt waren. Sie haben das Leben gelebt. Sie sind satt geworden vom Leben. Nun können sie auch gut gehen.

Wer das Leben liebt, soll den Tod nicht verdrängen

Der Tod wird kommen. Wir wissen nicht wann, und wir wissen nicht wo. Das gilt heute genauso, wie es im Mittelalter galt, als diese einfache und klare Wahrheit das Leben noch mehr prägte. Damals war es den Menschen wichtig, um eine gute Todesstunde zu beten und sich auf einen guten Tod vorzubereiten. Es gab eine eigene »ars moriendi«, eine Kunst zu sterben. Es gab Rituale, mit denen man sich etwa im Kreis der Familie auf den guten Tod vorzubereiten versuchte. Heute wird das Lebensende dank des medizinischen Fortschritts und dank einer langen Lebenserwartung immer mehr hinausgeschoben und verdrängt. Aber Wahrheit bleibt: Mein, unser aller Tod wird kommen. Und es bleibt auch die Frage, was ein guter Tod und was ein gutes Leben angesichts der Gewissheit des Todes ist.

Dabei geht es nicht nur darum, sich im Leben auf einen guten Tod vorzubereiten, sondern den Tod als Ansporn zu verstehen, gut zu leben. Leben und Tod gehört zusammen. Wir können nur gut sterben, wenn wir uns während des Lebens einüben in das, was den Tod ausmacht, in das Loslassen. Wir müssen ständig etwas loslassen. Wir müssen unsere Kindheit loslassen, um erwachsen zu werden. Wir müssen unsere Kraft loslassen, wenn wir älter werden, um den inneren Reichtum unserer Seele zu entdecken. Wir müssen unser Ego loslassen, damit Größeres in uns wachsen kann. Und wir müssen im Tod unser Leben und alles, woran wir uns festklammern, loslassen, um mit Gott eins zu werden.

Umgekehrt gilt: Indem wir auf den Tod schauen, werden wir aufgefordert, richtig zu leben, bewusst zu leben. Der Tod verstärkt das Leben. Mozart hat den Tod den »Schlüssel zur Glückseligkeit« genannt. Der Gedanke an den Tod hat ihn dazu befähigt, ganz im Augenblick zu leben. Und in seiner Musik hat er Leben und Tod, Zeit und Ewigkeit miteinander verbunden. Wenn seine Musik erklingt, ahnen wir, dass diese Musik über den Tod hinaus klingt, in die ewige Fülle Gottes hinein.

Ein Mönchsvater im vierten Jahrhundert wurde einmal gefragt, warum er nie Angst habe. Er meinte, weil er sich täglich den Tod vor Augen halte. Dies war für Mönche eine wichtige Übung. Auch der hl. Benedikt fordert seine Mönche ausdrücklich dazu auf. Es geht in dieser Übung nicht darum, dem Augenblick auszuweichen. Vielmehr lässt mich der Gedanke an den Tod ganz bewusst im Augenblick leben. Ich brauche mich an diesem Augenblick nicht festzuklammern. Und der Gedanke an den Tod lädt mich ein, das Leben bewusst als etwas Einmaliges zu genießen. Ich werde diesen Augenblick – hier und jetzt – nur einmal erleben. Also erlebe ich ihn bewusst. Der Gedanke an den Tod vertieft also den Geschmack am Leben. Ich werde jede Begegnung in ihrem Geheimnis wahrnehmen, wenn ich mir vorstelle, es könnte die letzte sein. Ich sage Worte, die ich sonst vielleicht nie sagen würde, weil ich sie mir immer noch für später aufheben kann. Der Gedanke an den Tod verstärkt und vertieft das Leben. Und ein so bewusst gelebtes Leben ist die beste Vorbereitung auf den Tod. C. G. Jung meint, dass gerade die, die nie gelebt haben, am schwersten sterben. Wer nie wirklich gelebt hat, dem wird im Angesicht des Todes bewusst, dass er auch nicht loslassen kann. Das ungelebte Leben hindert ihn daran, gut zu sterben, und das heißt: sich getrost in Gott hinein loszulassen. Wer das Leben liebt, sollte also den Tod nicht verdrängen.

*Was eine Raupe das
Lebensende nennt,
nennen Weise einen
Schmetterling.*

Aus China

»*Leben bis zuletzt*«

»Leben bis zuletzt« ist das Motto der Hospizbewegung. Die Hospizbewegung möchte gerade denen, die in der letzten Phase ihres Lebens stehen, noch ermöglichen, dass sie wirklich bis zuletzt leben. Sie versteht darunter, dass sie die Sterbenden begleitet. Wenn jemand sich nicht allein fühlt, wenn er über sein Leben sprechen kann, wenn er vor dem Ende noch einmal Bilanz ziehen und über all das reden kann, was ihn bewegt und was er erlebt hat, dann lebt er wirklich. Er vegetiert nicht einfach dahin. Er dämmert nicht weg. Er erlebt die letzten Wochen bewusst, weil ein Mensch sich um ihn kümmert, weil ein Mensch Achtung hat vor dem Geheimnis seiner Person und seines Lebens. Schon allein diese Achtung gibt dem Sterbenden eine Würde, die sein Leben lebenswert macht.

Es gibt Phasen, in denen der Sterbende allein sein möchte, weil er allein dem Geheimnis des Todes ins Auge schauen will. Das müssen wir respektieren. Es ist aber auch eine intensive Form des Lebens. C. G. Jung spricht von solchen Phasen, in denen er sich schon in einer anderen Welt befindet und sich schwer damit tut, sich der alltäglichen Realität zu stellen. Aber er hat dann doch ein Bedürfnis, darüber zu sprechen oder einen Brief zu schreiben. Er zieht sich zurück, um über das Geheimnis des Todes zu meditieren. Aber er möchte auch darüber kommunizieren. Sterbende, die das Gefühl haben, alle würden nur auf ihren Tod warten, damit sie sich nicht mehr um sie kümmern müssen, leben nicht mehr wirklich. Für sie wird das Leben zur Qual. Sie entschuldigen sich, dass sie noch am Leben sind. So verlieren sie ihre Würde. Wenn der Sterbende aber erfährt, dass sich jemand für ihn interessiert, dann lebt er – bis zuletzt. Er spürt, dass der Prozess des Sterbens etwas Geheimnisvolles ist, vor dem andere Menschen sich verneigen, weil sie etwas Kostbares darin sehen. Das gibt seinen letzten Tagen eine Würde. Manche kommen dann in dieser Phase in Berührung mit ihren tiefsten Sehnsüchten und mit ihrer wahren Gestalt, die lange Zeit verborgen war unter den Rollen, die sie gespielt haben.

Abhängig von der Hilfe anderer zu sein, ist für manche nicht einfach. Natürlich genieren sich viele Sterbende, weil sie hilfsbedürftig sind. Aber wenn sie von denen, die sie begleiten, erfahren, dass sie gerne mit ihnen die letzte Wegstrecke gemeinsam gehen, dann verliert sich dieses Gefühl, sich entschuldigen zu müssen. Dann dürfen sie erfahren, dass sie wirklich bis zuletzt leben, auch wenn sie sich nicht mehr bis zuletzt äußern können. Sie wissen, dass jemand bei ihnen ist, der ihr Leben und Sterben für kostbar hält.

Die vielen Abschiede und der letzte Abschied

Wir müssen uns in unserem Leben immer wieder verabschieden. Wir nehmen Abschied von der Kindheit, von der Jugend, von unserem Beruf, von Menschen, die wir lieb gewonnen haben und die nun durch Umzug oder durch den Tod nicht mehr bei uns sind. Und wir müssen uns verabschieden von Bildern, die wir uns vom Leben gemacht haben, von Illusionen, denen wir nachgelaufen sind, um uns mit der Realität auszusöhnen. Der Tod ist der größte Abschied. Er fasst all die Abschiede zusammen, die wir während des Lebens einüben. Und zugleich sind die Abschiede, die wir während unseres Lebens vollziehen, eine Einübung in den großen Abschied des Todes. Wer während seines Lebens gelernt hat, sich auf gute Weise zu verabschieden, dem wird der Abschied auch im Tod gelingen.

Ob uns der Abschied gelingt, hängt oft auch von Erfahrungen des Verlassenwerdens ab. Wenn ich als Kind von meinem Vater, meiner Mutter, einem Freund oder einer Freundin verlassen worden bin, dann tue ich mich schwer, Abschied zu nehmen. Jeder Abschied erinnert mich an die traumatische Erfahrung meiner Kindheit. Und so wird auch der Tod mich an diese Situationen des Verlassenseins erinnern. Und ich habe Angst vor dem Tod, Angst, völlig allein gelassen zu werden, allein durch das dunkle Tor des Todes schreiten zu müssen. So ist es eine gute Einübung in das Sterben, sich mit seinen Erfahrungen des Verlassenwerdens auseinanderzusetzen. Ich soll mich dem verlassenen Kind in mir zuwenden und es in meine mütterlichen oder väterlichen Arme nehmen. Dann kann ich mir auch vorstellen, dass mich Gott im Tod in seine liebenden Arme aufnimmt. Dann verliert der Tod das Angsterregende. Er wird dann ein Abschied für immer sein, aber zugleich ein Neubeginn und ein Ankommen in der ewigen Heimat. Dort werde ich mich niemals verlassen fühlen. Dort ist kein Abschied mehr gefragt. Dort bin ich für immer daheim.

»Jetzt ist der Anfang vom Rest deines Lebens«

Das Sprichwort »Jetzt ist der Anfang vom Rest deines Lebens« stimmt für jeden Augenblick meines Lebens. Schon die frühen Mönche sahen es als eine Form von Spiritualität an, in jedem Augenblick neu anzufangen. So bittet ein Bruder den Altvater, mit dem er über seine spirituelle Praxis spricht: »Bete für mich, Vater, damit ich anfange.« Und ein alter Mönch spricht von der Stimme Gottes, »die zum Menschen bis zu seinem letzten Atemzug ruft: Kehre heute um!« Auch im letzten Augenblick des Todes können wir neu anfangen. So ist jeder Augenblick der Anfang vom Rest unseres Lebens. Dieses Bild soll uns ermutigen, das Vergangene zu lassen. Es gibt viele alte Menschen, die immer um die

vergangenen Verletzungen oder Fehler kreisen. Sie können sich nicht verzeihen, dass sie nicht richtig gelebt haben, dass sie zu kurz gekommen sind im Leben. All das sind letztlich unnütze Gedanken, die uns im Alter nur beschweren. Sich dann zu sagen: »Jetzt ist der Anfang vom Rest deines Lebens« lässt uns nach vorne schauen. Anstatt mich zu verurteilen oder zu bedauern, richte ich meinen Blick nach vorn. Jetzt, in diesem Augenblick fange ich neu an, fängt Gott mit mir neu an. Dann zählt das Vergangene nicht mehr. Entscheidend ist der jetzige Augenblick. Dieses Wort zeigt aber auch, dass jeder Augenblick kostbar ist. Denn Umkehr ist in jedem Augenblick möglich. Es ist nie zu spät, anzufangen und sich ganz und gar auf Gott auszurichten. Das ist ein Wort der Hoffnung für uns, aber zugleich schenkt es uns auch Hoffnung für die Menschen, die

Wahrer Trost

Ich kann den andern nicht von außen her trösten, indem ich auf fromme Worte zurückgreife, die ich anderswo gelesen habe. Ich muss bei ihm eintreten. Ich muss es aushalten in seinem Haus der Dunkelheit, der Zerrissenheit, des Leids. Wenn Du es vermagst, in das Haus der Trauer einzutreten, dann empfindet Dich der Trauernde wie einen Engel des Trostes. Dann erfährt er, dass in Dir der Engel Gottes ihn besucht wie „das aufstrahlende Licht aus der Höhe" (Lk 1,78).

wir begleiten. Auch wenn wir den Eindruck haben, dass sie ihren Tod verdrängen oder dass sie sich Gott gegenüber verschließen, so dürfen wir doch vertrauen, dass auch der letzte Augenblick für sie der Anfang eines neuen Lebens sein kann.

Hermann Hesse hat diese Hoffnung in seinem bekannten Gedicht »Stufen« formuliert. Er beschreibt eine Sicht des Lebens, das sich von Stufe zu Stufe wandelt, das Veränderung der Lebenskreise aber gleichzeitig auch Vervollkommnung in immer neuem Anfang ist: »Es wird vielleicht auch noch die Todesstunde / Uns neuen Räumen jung entgegensenden, / Des Lebens Ruf an uns wird niemals enden … / Wohlan denn, Herz, nimm Abschied und gesunde!«

Ewigkeit ist eine Qualität der Zeit

Meine begrenzte Zeit ist immer schon auf Ewigkeit bezogen, aber nicht in dem Sinn, dass nach der begrenzten Zeit die Ewigkeit kommt, die kein Ende hat. Ewigkeit dürfen wir nicht als unbegrenzte Zeitdauer verstehen. Vielmehr hat schon der christliche Philosoph Boethius um das Jahr 500 die Ewigkeit definiert als »der vollkommene, in einem einzigen, alles umfassenden Jetzt gegebene Besitz grenzenlosen Lebens«. Ewigkeit ist also eine ganz bestimmte Qualität der Zeit. Wir machen manchmal die Erfahrung, dass die Zeit stillzustehen scheint. Wenn ich einen Sonnenuntergang betrachte und dabei ganz im Schauen bin, dann achte ich nicht auf die Zeit, dann bin ich ganz im Augenblick. Und in diesem Augenblick steht die Zeit still, da fallen Zeit und Ewigkeit zusammen.

Jesus spricht im Johannesevangelium immer wieder vom ewigen Leben: Wer an Jesus glaubt, der hat das ewige Leben. Ewiges Leben ist nicht in erster Linie das Leben nach dem Tod, sondern es ist eine eigene Qualität von Leben. Wir machen immer wieder die Erfahrung, dass die Zeit verfliegt, dass sie brüchig ist, dass wir sie nicht festhalten können. Ewiges Leben ist ein Leben, das in der Zeit ist, aber doch über der Zeit steht, das nicht vergänglich und brüchig ist, sondern beständig, dauerhaft. Wir können in unserem Leben als Menschen die Ewigkeit nicht festhalten.

Aber in dem Augenblick, in dem wir ganz im Schauen sind, in dem Zeit und Ewigkeit zusammenfallen, haben wir eine Ahnung von etwas Dauerhaftem, Beständigem, Ewigen, das nicht wieder zerfällt. In diesem Augenblick verstehen wir, was Ewigkeit ist. Und in solchen Augenblicken erfahren wir auch einen inneren Zusammenhang zwischen unserer begrenzten Lebenszeit und der Ewigkeit. In unsere begrenzte Zeit bricht immer wieder Ewigkeit ein. Da berühren wir etwas, was die Zeit übersteigt und der Vergänglichkeit der Zeit nicht unterworfen ist. Das, was wir in solchen Erfahrungen nur ahnen, wird nach dem Tod für immer Wirklichkeit sein. In seinem Cherubinischen Wandersmann hat Angelus Silesius das so ausgedrückt: »Wenn ich in Gott vergeh', so komm ich wieder hin,/Wo ich von Ewigkeit vor mir gewesen bin.« Es wird keine langweilige, einfach nur ins Unendliche ausgedehnte Zeit sein. Vielmehr ist die Zeit dann aufgehoben in Ewigkeit.

Was wird von mir bleiben?

So wie wir uns hier erleben, werden wir nicht ewig dauern. Wir werden sterben und im Tod wird unser Leib verwesen. Große Geister aller Zeiten und Kulturen haben darüber nachgedacht, was nach dem Tod bleiben wird. Für den griechischen Philosophen Platon ist es die Seele, die unsterblich ist. Sie wird zu Gott kommen und für ewig bleiben. Die Christen sprechen von der Auferstehung der Toten. Das, was tot ist, wird zu neuem Leben auferstehen. Die Frage ist, wie wir das verstehen sollen. Manche verstehen es so, dass wir im Tod in Gott aufgehen wie ein Tropfen im Meer. Es wird keine Person mehr sein. Alles wird mit Gott und mit dem Kosmos eins. Gegenüber dieser apersonalen Sicht hält das Christentum daran fest, dass wir als Person zu Gott kommen werden. Die Kirche sagt, dass wir mit Leib und Seele auferstehen werden. Was heißt das? Der Leib ist der Gedächtnisspeicher für die Seele. Alle wichtigen Erfahrungen machen wir im Leib. Im Leib erleben wir Freude, Liebe, Schmerz. Wenn wir mit Leib und Seele zu Gott kommen werden, dann heißt das, dass das, was unsere Person ausmacht, in Gott hinein gerettet wird. Wir können es auch anders ausdrücken. Der Philosoph Gabriel Marcel meint einmal von der Liebe: »Lieben heißt, zum andern sagen: Du, du wirst

nicht sterben.« In der Liebe steckt die Ahnung, dass sie ewig ist, dass wir nicht aus der Liebe herausfallen können. Das gilt einmal von der Liebe Gottes zu uns, die uns in Jesus Christus begegnet ist. Wir werden im Tod nicht aus der Liebe fallen, die wir in Jesus Christus immer wieder leibhaft erleben, etwa wenn wir in der Kommunion eins werden mit ihm.

Es gilt aber auch für die Liebe zwischen den Menschen. In jeder Liebe ist die Ahnung, dass die Liebe stärker ist als der Tod. Und es ist Überzeugung der Christen, dass wir uns im Tod wiedersehen werden. Es gibt Briefe von Widerstandskämpfern im Dritten Reich, die vor ihrer Hinrichtung an ihre Frauen und Kinder voller Vertrauen geschrieben haben: »Wir werden uns wiedersehen.« Sie waren überzeugt, dass die Henker zwar ihr Leben vernichten konnten, aber nicht ihre Liebe. Ihre Liebe überdauerte den Tod. Der Tod trennte die Liebenden nur leiblich, aber er konnte die Liebe nicht zerstören. Und diese Liebe wird ihre Vollendung in der Ewigkeit finden.

Wir dürfen also vertrauen, dass unser Personsein im Tod bleiben wird. Allerdings dürfen wir unser Personsein nicht mit dem Ego verwechseln. Das Ego wird im Tod zerbrechen. Bleiben wird unser wahres Wesen, unser innerster Kern, unser Selbst. Wie das genau aussehen wird, das können wir nicht sagen. Wir müssen bei all dem, was wir über den Tod und die Ewigkeit aussagen können, immer wissen, dass unsere Worte nur Bilder sind für das Unsagbare und Unbegreifliche.

In seinem »Gottesstaat« hat Augustinus eine Formulierung über das Leben nach dem Tod gewagt: »Dort werden wir ausruhen und sehen, sehen und lieben, lieben und loben. Das ist das Wesen des Endes ohne Ende. Denn welches Ende entspräche uns mehr, als in das Reich zu kommen, das kein Ende kennt?« Im Wissen, dass die christliche Tradition immer gewusst hat, dass alle Versuche nicht angemessen sind, das auszudrücken, was uns im Untergang des Todes neu aufgeht, können wir in dieser Richtung, die uns die christliche Tradition angibt, doch denken und glauben, dass es die Liebe ist, die uns im Tod begegnen wird.

Auch der Tod ist eine Lebenswirklichkeit

Nach meiner Erfahrung tut es dem Menschen nicht gut, wenn er sich weigert, sich über den Tod Gedanken zu machen. Alle Philosophie beginnt mit dem Nachdenken über den Tod. Wer den Tod verdrängt, der lebt nicht in der Gegenwart, sondern er klammert sich an die Gegenwart. Denn er verdrängt etwas, das zu seinem Leben gehört. Der Tod zeigt, dass mein Leben endlich ist. Und die Endlichkeit verändert mein Leben. C. G. Jung meinte einmal, ab der Lebensmitte bleibe nur der lebendig, der zu sterben bereit ist. Wer den Tod ausklammert, der klammert ein Lebensgesetz aus. Sich mit dem Tod anzufreunden, ist höchste Lebenskunst. Denn der Tod intensiviert das Leben. Schon Mozart hat in einem Brief an seinen kranken Vater geschrieben, dass er den Tod als Freund betrachte, über den er täglich nachdenke. Und dieser Gedanke an den Tod sei für ihn der

Mit dem Herzen denken

Der Kluge denkt nicht allein mit dem Verstand, sondern mit dem Herzen. Er ergreift beherzt die Gelegenheit, die sich ihm bietet. Und er sieht die feinen Unterschiede, die manchem groben Geist verborgen bleiben. Klugheit ist die praktische Vernunft, die das Wissen umsetzt in ein Tun, das der Wirklichkeit angemessen ist. So hilft das Vielwissen wenig, wenn Du nicht erkennst, was jetzt in diesem Augenblick richtig ist.

Jung bin ich gewesen,
nun bin ich alt,
und niemals sah ich,
dass verlassen ist der Gerechte,
niemals, dass seine Kinder
betteln um Brot.

Die Psalmen 37,25

Schlüssel zur Glückseligkeit. In seiner Musik merkt man, dass er den Tod überwunden hat. Seine Musik verbindet Himmel und Erde miteinander, Leben und Tod. Gerade dadurch bekommt sie auch das Heitere mitten in der Melancholie, die immer auch bei ihm herauszuhören ist.

Unser Leben endet im Tod. Wenn ich das verdränge, dann tue ich so, als ob ich ewig leben würde. In der Barockzeit hat man sich sehr intensiv mit dem Tod auseinandergesetzt. In der Kirche war oft der Sensenmann dargestellt. In den Kantaten von Johann Sebastian Bach gibt es immer wieder Arien, die die Überwindung des Todes darstellen. So singt der Alt in der Weihnachtskantate BWV 64: »Von der Welt verlang ich nichts, wenn ich nur den Himmel erbe.« Und in der Kantate »Meinen Jesum lass ich nicht« (BWV 124) singen Alt und Sopran im Duett: »Entziehe dich eilends, mein Herze, der Welt. Du findest im Himmel dein wahres Vergnügen.« Solche Lieder sind nicht Ausdruck von Weltflucht. Die Barockzeit war ja beides: eine Zeit, die das Diesseits liebte und die den Tod allgegenwärtig wusste. Die Spannung von diesseitiger Sinnlichkeit und dem Bewusstsein von der Majestät des Todes hat diese so lebendige Kultur hervorgebracht.

Schon die frühen Mönche raten uns, den Tod ständig vor Augen zu haben. Ein Altvater wurde gefragt, warum er nie Angst habe. Er meinte, weil er täglich über den Tod meditiere. Der Gedanke an den Tod nimmt also alle Angst. Er lässt uns gelassen und dankbar die Tage leben, die uns Gott schenkt. Auch der hl. Benedikt mahnt uns Mönche, dass wir uns täglich den Tod vor Augen halten sollen. Das gehört für ihn zum spirituellen Weg. Es ist die Einladung, Lust am Leben zu haben und zu schmecken, wie das Leben sich anfühlt. Tod und Leben gehören eng zusammen. Es gibt Märchen, die davon erzählen, dass man den Tod letztlich nicht überlisten kann. Im Märchen »Der Gevatter Tod« macht der Tod den Sohn, dem er bei der Taufe als Gevatter dient, zu einem berühmten Arzt. Aber als der Arzt den Tod überlisten möchte, muss er selbst sterben. Das Märchen »Die Boten des Todes« zeigt, dass der Tod uns ständig Boten schickt, die uns an das nahende Ende erinnern: die Krankheit, das Fieber, den Schwindel. Und zuletzt benennt der Tod den Schlaf: »Hat nicht mein leiblicher Bruder, der Schlaf, dich jeden Abend an mich erinnert?«

Im Alter mehren sich die Boten des Todes, die uns daran erinnern, dass wir endlich sind. Wir sollten uns von ihnen einladen lassen, bewusst zu leben. Der Tod will das Leben verstärken. Er will uns nicht von der Welt wegziehen, damit wir uns nur noch mit dem Tod beschäftigen. Vielmehr will uns der Gedanke an den Tod einführen in die Kunst des Lebens. Richtig lebt nur der, der sich seiner Begrenztheit bewusst ist. Er versteht, dass dieses Leben einmalig und einzigartig ist. Der Tod gibt dem Leben seine Würde. Es ist nicht einfach ein Dahinleben. Wenn ich nur einmal lebe und nur in dieser Zeit, die mir bis zum Tod bleibt, dann will ich ganz leben, intensiv leben, dann möchte ich den Geschmack des Lebens auskosten. Und ich bin mir meiner Verantwortung bewusst, in dieser begrenzten Zeit so zu leben, dass die Menschen meine Liebe spüren, mit der ich mich an das Leben und an die Menschen verschenke.

Häng Dein Herz nicht an die Dinge

„Nichts haben, alles besitzen", so lässt sich die Haltung von Weisen aus allen Religionen, zu allen Zeiten, beschreiben. Nur wer sein Herz an nichts Geschaffenes hängt, wer loslassen kann, woran andere hängen, der ist wirklich frei.

Zum Segen werden für andere –
»das Zeitliche segnen«

Es gibt im Deutschen eine wirklich schöne Redewendung für Sterben:
»Das Zeitliche segnen«. Wer im Alter ausgesöhnt mit sich selbst lebt,
der wird ein Segen für die, die noch länger als er in der Zeit leben. Wir
sagen manchmal von einem alten Menschen, den wir besucht und mit
dem wir gesprochen haben: »Ich bin gesegnet von ihm fortgegangen. Das
Gespräch ist mir zum Segen geworden.« Wir können es oft nicht genau
benennen, was da für uns zum Segen wird. Aber bei manchen Gesprächen mit einem alten Menschen fühlen wir uns gesegnet. Das lateinische
Wort für segnen »benedicere« heißt eigentlich: »gut reden, Gutes sagen zu
einem anderen«. Wenn der alte Mensch mit mir gut spricht, wenn er mir
gute Worte sagt, dann fühle ich mich gesegnet. Wenn ein alter Mensch
für einen anderen zum Segen werden will, sollte er auf seine Worte
achten, ob es gute Worte sind, Worte, die ermutigen, die aufbauen, die
das Gute in seinem Gegenüber ansprechen.

Die zweite Bedeutung von Segen ist: gute Gabe Gottes, Fruchtbarkeit.
Wenn wir sagen, dass etwas Segen bringt, meinen wir, dass etwas Frucht
bringt, aufblüht, dass von dem, was wir tun, Segen ausgeht auf die
Menschen. Die Menschen fühlen sich beschenkt. Und Segen hat etwas
mit Schutz zu tun. Wer gesegnet ist, fühlt sich von Gott behütet und
beschützt. So sollen wir darauf achten, dass wir ein Geschenk sind für
die Menschen, dass von uns Segen ausgeht, etwas, das die Menschen
befruchtet, das ihnen das Gefühl von Behütetsein vermittelt. Wir werden
zum Segen für andere, wenn von uns Frieden ausgeht, Hoffnung und
Zuversicht. Frieden kann aber nur ausgehen, wenn wir mit uns selbst in
Frieden kommen. Alles, was wir für ein gelingendes Altwerden tun, wird
letztlich für die anderen zum Segen. Denn die Menschen spüren dann in
der Begegnung mit uns, dass es sich lohnt, alt zu werden, dass das Alter
eine eigene Qualität hat, die uns guttut.

Die Wendung »Das Zeitliche segnen« ist keine Beschönigung des Todes,
sondern Ausdruck, wie das gelingende Sterben aussehen könnte. Das
Wort kommt vermutlich daher, dass der Sterbende seine Familie und
die Freunde, die am Sterbebett waren, gesegnet hat. Er hat den Kindern

seinen Segen mitgegeben und jedem Umstehenden einen Segen zugesprochen. Wir können das Wort aber noch anders verstehen: Der Sterbende wird für uns zum Segen, weil er uns seinen Geist zurücklässt. Die Art, wie er gelebt hat, die überlässt er uns. Jesus sagte zu seinen Jüngern kurz vor seinem Tod: »Es ist gut für euch, dass ich fortgehe. Denn wenn ich nicht fortgehe, wird der Beistand nicht zu euch kommen; gehe ich aber, so werde ich ihn zu euch senden.« (Joh 16,7) Was Jesus von sich sagt, gilt letztlich auch für uns. Wenn wir sterben, senden wir den Geist, aus dem wir gelebt haben, zu den Menschen, die noch in der Zeit sind. Es ist letztlich nicht allein unser Geist, sondern der Geist Gottes, aus dem wir zu leben suchten. Diesen Geist Gottes, dem wir durch unser Leben eine ganz bestimmte Gestalt und einen besonderen Geschmack gegeben haben, geben wir an die Menschen weiter, die in der Zeit leben. So segnen wir in unserem Sterben das Zeitliche, die Zeit und alle, die in der Zeit sind. In unserem Geist überlassen wir ihnen etwas, das die Zeit übersteigt.

Zum Menschsein gehört, über den Tod hinauszudenken

Es gehört zum Menschen, dass er sich Gedanken über das macht, was ihn im und nach dem Tod erwartet. Er möchte wissen, wie er sich das Leben nach dem Tod vorstellen kann. Die Bibel selbst spricht in vielen Bildern über das, was uns im Tod erwartet. Gott lädt uns zum Festmahl. Jesus hat uns eine Wohnung bereitet, in der wir für immer daheim sind. Wir werden beim Herrn sein und unsere Sehnsucht nach der Liebe wird erfüllt werden. Natürlich wissen wir, dass wir über das, was uns im Tod erwartet, nur in Bildern sprechen können. Die Wirklichkeit selber können wir uns nicht vorstellen. So sollen wir uns auf der einen Seite hüten, alles genau auszumalen. Denn wir haben letztlich keine Vorstellungskraft für das, was im Tod kommt, wenn Zeit und Raum aufgehoben sind. Aber auf der anderen Seite dürfen wir den Bildern trauen, die uns die Bibel und die geistliche Tradition anbieten. Es sind tröstliche Bilder und

Bilder, die unsere tiefste Sehnsucht nach Leben und Liebe stillen. Alles, wonach wir uns hier sehnen und was letztlich nie ganz erfüllt wird, das wird im Himmel offenbar. Da werden wir für immer eins werden mit uns selbst, eins mit den Menschen, die wir geliebt haben, und eins mit Gott. Die Liebe wird stärker sein als der Tod. Das ist die Botschaft Jesu von der Auferstehung, die uns im Tod erwartet. Wir werden in die Liebe Gottes hineinsterben. Wenn wir uns dieser Liebe ergeben, sind wir im Himmel. Nur wenn wir uns dieser Liebe gegenüber verschließen würden, wären wir ausgeschlossen. Nicht Gott schließt uns aus, wir würden uns selbst ausschließen. Aber wir dürfen hoffen, dass wir uns angesichts der unbegreiflichen und unendlichen Liebe Gottes dieser Liebe öffnen und uns in sie hineinfallen lassen.

Der Gedanke an den Tod und an das, was uns darin erwartet, soll natürlich keine Flucht sein vor der Herausforderung, die uns hier das Leben stellt. Früher hat man den Christen vorgeworfen, sie würden sich mit dem Jenseits vertrösten, wenn das Leben hier nicht lebenswert genug ist. Das geschieht sicher manchmal. Auf der anderen Seite gehört es zum menschlichen Geist, über das Vorfindbare hinauszudenken und auszugreifen nach dem, was unser Vorstellungsvermögen übersteigt. Der Geist des Menschen kennt die Grenze des Todes nicht. Daher darf er diese Grenze auch überschreiten. C. G. Jung meint, die Weisheit der Seele weiß um ein Leben nach dem Tod. Und sie hat auch gewisse Ahnungen von dem, was uns erwartet. So dürfen wir durchaus der Weisheit unserer Seele trauen. Unsere Seele weiß, dass es uns guttut, wenn wir uns auch vorstellen, was uns im Tod erwartet.

Jörg Zink hat in den letzten Jahren viel über den Tod und das, was ihn erwartet, nachgedacht. Er erinnert sich, dass er als junger Soldat viele seiner Kameraden sterben sah. Jetzt sieht er den Tod als Freund: »Was mich selbst betrifft, so habe ich in meinen jungen Jahren mehr mit dem Tod zu tun gehabt, als für einen Zwanzigjährigen gut ist. Inzwischen ist er mir fast zu einem vertrauten Freund geworden. Niemals war er für mich das große Aus, der letzte Punkt, nie habe ich ihn anders gesehen als so, dass er der ist, der mir den Schritt in die andere, die größere Wirklichkeit eröffnet. Er hatte für mich immer etwas an sich von einem Aufbruch, besser, von der Ausfahrt eines Schiffes hinaus auf das Meer an ein anderes Ufer. Ich stand dabei wie auf einer Landungsbrücke, den Abschied übend, und sah: Sturm kommt auf. Aber wir fahren! Wir fahren in ein Land jenseits aller Ferne oder Nähe. Ein neues, unbetretenes. Warum soll mich das schrecken, wenn ich doch weiß, wer mich dort empfängt?«

Liebe – stärker als der Tod?

Zunächst können wir feststellen: In allen Menschen aller Religionen und Kulturen ist diese Hoffnung da, dass die Liebe stärker sei als der Tod. Im Alten Testament heißt es im Hohenlied der Liebe: »Stark wie der Tod ist die Liebe, die Leidenschaft ist hart wie die Unterwelt.« (Hld 8,6) Nun könnte man sagen, diese Hoffnung sei eine emotionale Hilfe für die Menschen. Mit dieser Hoffnung können sie an ihrer Liebe festhalten. Doch wenn die Hoffnung ein bloßer Trick ist, damit die Menschen lieben können, dann wäre das zu wenig. Es ist eine Frage der Entscheidung, ob wir unserer Hoffnung trauen oder ob wir sie nur als psychologischen Trick der Natur ansehen. In der Hoffnung liegt zumindest das Vertrauen, dass sie nicht ins Leere geht, sondern der Wirklichkeit entspricht. Aber beweisen kann man das nicht. Das ist Sache des Glaubens. Ich darf und soll im Glauben »springen«. Ich darf die »Wette« riskieren. Ich darf mich für diese Karte der Hoffnung entscheiden. Die Alternative wäre: Ich bleibe immer Zweifler. Wenn ich mich so entscheide, wird aber alles absurd in unserer Welt. Dann können wir keinem Gefühl und keiner Erkenntnis trauen, weder dem Glauben, noch der Hoffnung, noch der Wissenschaft. Denn auch die Wissenschaft stellt nur Hypothesen auf. Und im Blick auf existenzielle Fragen kann auch sie keine Gewissheit bieten.

Natürlich ist die Alternative denkbar: dass nicht die Liebe, sondern der schweigende Unsinn die letzte Realität ist. Aber wenn ich diese Alternative zu Ende denke, mit allen Konsequenzen, dann steigt in mir ein tiefes Gefühl hoch, dass es so nicht sein kann. Oder zumindest kann ich mir vorsagen: »In dieser Welt, wo alles letztlich Unsinn ist, will ich nicht leben. Ich entscheide mich für eine andere Welt, für die Welt, in der die Liebe die letzte Realität ist.« Ob diese Entscheidung der Wahrheit entspricht, werde ich immer wieder in meinem Leben erfahren. Ich lebe mit dieser Entscheidung und beobachte mich, wie es mir mit dieser Entscheidung geht. Und ich habe den Eindruck, dass es mir damit besser geht als mit der gegenteiligen Entscheidung. Aber ich werde auf diesem Experimentierweg immer wieder auch Bestätigungen erfahren, dass das Experiment der Wirklichkeit gerecht wird. Wenn ich mitten in meiner Einsamkeit, in meiner Traurigkeit, in meiner Verzweiflung auf dem Grund meiner Seele eine Quelle von Liebe spüre, dann weiß ich: Es stimmt. Die Liebe ist der letzte Grund meines Lebens, der Grund, auf den ich setzen kann. Es ist letztlich ein göttlicher Grund. Es ist nicht nur das Gefühl meiner Liebe, sondern die Liebe als Qualität des Seins, die Liebe als göttliche Qualität. Oder wenn mich ein Wort Jesu so tief trifft, dass ich spüre: Dieses Wort der Liebe fällt jetzt in mich hinein. Christus, der den Tod überwunden hat, sagt mir jetzt dieses liebende Wort. Und er wird mich im Tod mit dem gleichen Wort der Liebe begrüßen. Solche Erfahrungen, die ich in diesem Leben mache, können meinen Glauben bestärken, dass die Liebe auch über dieses Leben hinaus stärker ist als der Tod.

Ungelebtes in Leben verwandeln – Versöhnung ermöglichen

Der Gedanke an den Tod konfrontiert uns mit der eigenen Wahrheit, mit all dem in mir, was unversöhnt ist. Und der Gedanke an den Tod macht mir Angst, wenn ich das Gefühl habe, ich habe ja noch gar nicht gelebt. Aber gerade dann ist der Gedanke an den Tod die Einladung, jetzt bewusst zu leben. Es ist nie zu spät, mit dem Leben anzufangen. Ich muss nicht alles Mögliche nachholen. Nachholen kann ich das ungelebte Leben nicht. Aber wenn ich jetzt wirklich lebe, dann löst sich das Ungelebte auf. Es wird in Leben verwandelt. Und es ist nie zu spät, sich auszusöhnen mit der eigenen Lebensgeschichte. Schwieriger ist es, sich mit den Menschen auszusöhnen, die sich mir gegenüber verschließen. Wir können nur mit uns selbst versöhnt und bereit sein, uns mit den Menschen zu versöhnen. Wenn unsere Verwandten die Versöhnung verweigern, sind wir machtlos. Aber trotzdem kann ich in meinem Herzen versöhnt sein. Ich kann versuchen, einen Brief zu schreiben und die

Versöhnung anzubieten. Dabei wäre wichtig, alle Vorwürfe zu vermeiden. Das Alte muss nicht aufgearbeitet werden. Denn viele haben Angst, genauer hinzuschauen, was zum Streit geführt hat. Sie wollen sich rechtfertigen und die Schuld dem anderen zuschieben. Solange diese Mechanismen in uns herrschen, ist keine Versöhnung möglich. Ich kann einfach schreiben, dass ich angesichts meines Alters und meines irgendwann nahenden Todes Frieden möchte und in Frieden mit allen sterben möchte. Das ist ein Angebot. Ob die Verwandten es annehmen oder nicht, ist ihre Sache.

Wieder etwas anderes ist, wenn Kinder zwar mit den Eltern gut können, aber untereinander nicht miteinander reden und die Eltern vielleicht dazu missbrauchen, übereinander zu schimpfen. Wichtig ist, dass Eltern sich da raushalten und nicht Partei ergreifen. Sie können den Kindern einen Brief schreiben, dass sie sich vor ihrem Tod wünschen, dass sie sich versöhnen und friedlich miteinander umgehen. Aber mehr als eine Bitte können sie nicht äußern. Manchmal ist es so, dass das lange dauernde Sterben des Vaters oder der Mutter die Kinder wieder zusammenbringt. Eltern sollen daher die Hoffnung nie aufgeben. Vielleicht werden sie dann gerade in ihrem Sterben zum Segen für ihre Familie, weil die Kinder sich gemeinsam um ihr Sterbebett scharen. Und selbst wenn die Versöhnung nicht vor ihrem Tod geschieht, so kann vielleicht ihr Tod für ihre Familie zum Segen werden und Versöhnung ermöglichen.

Ich habe Menschen getroffen, die bereit waren zu sterben und keine Angst davor hatten. Aber sie hatten Angst, ihren Partner allein zurückzulassen. Eine Frau, die Krebs hatte, hatte das Gefühl, ihr Mann werde mit ihrem Tod nicht fertig. Sie hatte Angst, er könne sich das Leben nehmen, wenn er sich allein gelassen fühlte. Als Sterbende konnte sie nicht die Probleme ihres Mannes lösen. Sie konnte nur vertrauen, dass nicht nur sie die Stütze für ihren Mann ist, sondern dass er sich neu den Kindern zuwenden wird, dass er mit der eigenen Seele in Berührung kommen wird und dass er sich von Gott getragen fühlt. Die Angst um ihren Mann konnte sie nur in Liebe verwandeln, die sie ihm noch zeigen wollte, solange sie lebte, und in die Bitte, dass Gott für ihren Mann sorgen werde. Und sie versprach ihrem Mann, dass sie ihn vom Himmel aus begleiten werde. Wo immer er sei, da sei sie bei ihm, in seinem Herzen. Auf diese

Weise werde er sich selbst neu erleben, werde er in seinem Herzen die Liebe spüren, die stärker ist als der Tod und die durch ihren Tod nicht zerstört würde, sondern nur verwandelt.

Andere Sterbende machen sich Gedanken, wie das Leben ohne sie weitergehen wird. Wie werden sich die Kinder weiterentwickeln? Werden sie ihr Leben meistern? Wie wird der behinderte Sohn weiterleben, wenn ich als seine Stütze nicht mehr da bin? Wie wird die Firma von meinen Kindern weitergeführt? Werden sie es schaffen, die Firma durch schwierige Zeiten zu bringen? All diese Gedanken beschäftigen nicht nur die Sterbenden, sondern die alten Menschen überhaupt, die irgendwann mit ihrem Ende rechnen. Diese Fragen und Zweifel können wir nicht beantworten. Wir können sie nur immer wieder Gott hinhalten und Gott bitten, dass er für die Kinder, für die Firma, für die Familie und für alle, die uns am Herzen liegen, sorgt. In meinem Sterben geht es darum, das Vertrauen ins Leben zu vertiefen. Ich vermag nur in Frieden zu sterben, wenn ich dem Leben vertraue, den Menschen vertraue und wenn ich Gott vertraue, dass er auch ohne mich alles gut weiterführt. Mein Sterben relativiert meine Verantwortung. Ich kann nicht mehr für alles sorgen. Meine Aufgabe ist es, zu vertrauen, dass die Menschen, die ich verlasse, in Gottes Hand sind und dass Gott ganz andere Wege finden wird als ich, um sie zu begleiten und ihr Leben zu segnen.

Und wenn am Ende die Zeit nicht vergehen will?

Manch ein kranker alter Mensch hat mir gesagt: »Ich möchte sterben. Aber ich kann nicht. Ich bitte Gott, dass er mich bald holt. Denn das Leben macht mir keine Freude mehr. Darf ich so denken? Oder ist das Undankbarkeit Gott gegenüber? Wie gehe ich mit diesen Gedanken um? Soll ich sie unterdrücken oder darf ich sie zulassen?«

Die Gedanken kommen, ob wir es wollen oder nicht. Wir dürfen diese Gedanken durchaus zulassen. Aber die Frage ist, wie wir darauf reagieren. Wir dürfen uns nicht in diese Gedanken hineinsteigern. Und vor allem dürfen diese Gedanken nicht zu einer Anklage werden. Manchmal jammern alte Menschen, dass das Leben nicht mehr lebenswert ist, dass sie am liebsten sterben möchten. Und mit diesem Jammern erzeugen sie in ihren Kindern und Freunden ein schlechtes Gewissen. Es ist wie eine Anklage: Ihr seid schuld, dass ich keine Freude mehr am Leben habe. So sollte man nicht mit dem Gedanken umgehen.

Aber wer sich eingesteht, dass er bereit ist zum Sterben, dass er gerne gehen möchte und die, die ihm im Tod vorangegangen sind, gerne wiedersehen möchte, der darf das auch sagen. In diesen Worten klingt dann die Freiheit mit. Ich bin bereit zu leben, solange Gott es mir zugesteht. Aber ich bin auch bereit zu gehen. Ich habe keine Angst vor dem Sterben. Ich gehe gerne, weil ich darin ein Ziel sehe, weil das, was mich erwartet, besser ist als das, was ich jetzt lebe. Solche Gedanken sind durchaus christlich. Sie entsprechen dem, was der greise Simeon in der Bachkantate »Ich habe genug« (BWV 82) singt: »Ach, wäre doch mein Abschied hier, mit Freuden sagt ich, Welt zu dir: Ich habe genug.« Die Kantate schließt mit der Arie: »Ich freue mich auf meinen Tod, Ach, hätt er sich schon eingefunden. Da entkomm ich aller Not, Die mich noch auf der Welt gebunden.«

Nichts war umsonst

Den letzten Weg geht jeder allein. Viele ängstigen sich ganz besonders davor, am Ende des eigenen Wegs keine vertrauten Menschen mehr zu haben, die einen auf der letzten Wegstrecke des Lebens begleiten können. Manche haben Angst, am Ende vielleicht ganz allein gelassen zu werden. Es ist nicht einfach, mit dieser Angst umzugehen. Es stimmt: Die Einsamkeit gehört zum Sterben. Jeder geht letztlich allein durch das Tor des Todes, auch wenn Menschen bei ihm sind, die ihm die Hand halten. Aber die christliche Tradition sagt uns auch, dass wir nicht allein sind, selbst wenn kein Verwandter oder Freund uns begleitet. Ein Engel ist immer bei uns, der uns über die Schwelle des Todes in Gott hineinträgt. Diese Hoffnung dürfen wir haben: Unser Engel ist bei uns. Wir werden nicht allein gelassen, auch nicht im Sterben. Natürlich tut es weh, das Gefühl zu haben, dass sich vielleicht niemand für mein Sterben interessiert, dass ich für niemanden wichtig bin. Wir dürfen dann vertrauen, dass wir in unserem Leben trotzdem Segen waren für manche Menschen und dass wir im Himmel sehen werden, dass unser Leben doch Frucht getragen hat für andere. Auch wenn uns jetzt niemand dankt, was wir getan und gelebt haben, so ist unser Leben doch nicht umsonst. Es ist von Gott angenommen. Und in Gott hat es einen unendlichen Wert. Es kommt nicht darauf an, was die Menschen von uns denken, sondern was Gott von uns denkt. So können wir versuchen, uns auch mit dieser Einsamkeit auszusöhnen und uns allein, wie wir sind, in Gott hinein zu ergeben. Und vielleicht begegnet einem Menschen, der im Alter noch so einsam gewesen sein mag, in seinem Sterben noch eine Krankenschwester, die von seiner Art zu sterben berührt wird. Dann gräbt er – auch wenn er sich jetzt allein und wertlos fühlt – doch noch eine gute Spur in diese Welt ein. Wir dürfen darauf vertrauen, dass es nicht umsonst war, gelebt zu haben und dass sich all die Sehnsucht, die das Leben uns nicht erfüllt hat, sich im Tod in Gott erfüllen wird.

Schluss

Das Älterwerden beginnt mit der Geburt. Wir leben, um älter zu werden. Wir leben, um im Alter irgendwann einmal zu sterben. Das ist das, was uns erwartet. Und doch verbrauchen wir viel Energie, um die Tatsache des Älterwerdens zu verdrängen. Wir wollen immer jung sein. Wirklich weise ist jedoch nur, wer bedenkt, dass er älter wird und einmal sterben muss. Im Alter wird uns der Wert unseres Lebens bewusst. Unser Leben mit seiner ganz besonderen Geschichte ist einmalig und einzigartig. Daher gilt es, sich mit dieser einmaligen Geschichte auszusöhnen. Wenn wir uns selbst bedauern und dass unser Leben so gelaufen ist, entwerten wir unsere Lebensgeschichte. Wenn wir sie als einmalig betrachten, wird sie für uns und für andere kostbar. Denn auch sie können daran teilhaben.

Es gibt viel zu lernen auf dem Weg des Lebens. Und gerade im Prozess des Älterwerdens stellen sich uns viele Aufgaben, menschliche und spirituelle Aufgaben. Wir sind gefordert, zu reifen und uns immer mehr der inneren Welt zuzuwenden. Aber das Alter lädt uns auch dazu ein, jetzt schon milde mit uns und mit den Menschen umzugehen, neue Verhaltensweisen uns selbst und anderen gegenüber einzuüben. So möchte ich das Buch über das Älterwerden schließen mit einem Gebet, das Theresa von Avila zugeschrieben wird, das aber wohl englischen Ursprungs ist. Ganz gleich, von wem es stammt, es fasst schön zusammen, worum es im Prozess des Älterwerdens und im Alter geht:

Gebet des älter werdenden Menschen

O Herr, Du weißt besser als ich, dass ich von Tag zu Tag älter werde
Und eines Tages alt sein werde.
Bewahre mich vor der Einbildung,
bei jeder Gelegenheit und zu jedem Thema etwas sagen zu müssen.
Erlöse mich von der großen Leidenschaft,
die Angelegenheiten anderer ordnen zu wollen.
Lehre mich, nachdenklich, aber nicht grüblerisch,
hilfreich, aber nicht diktatorisch zu sein.
Bei meiner ungeheuren Ansammlung von Weisheiten
Erscheint es mir ja schade, sie nicht weiterzugeben –
Aber Du verstehst, o Herr, dass ich mir ein paar Freunde erhalten möchte.
Bewahre mich vor der Aufzählung endloser Einzelheiten
Und verleihe mir Schwingen, zur Pointe zu gelangen.
Lehre mich schweigen über meine Krankheiten und Beschwerden.
Sie nehmen zu – und die Lust, sie zu beschreiben,
wächst von Jahr zu Jahr.
Ich wage nicht, die Gabe zu erflehen,
mir Krankheitsschilderungen anderer mit Freude anzuhören:
aber lehre mich, sie geduldig zu ertragen.
Lehre mich die wunderbare Weisheit, dass ich mich irren kann.
Erhalte mich so liebenswert wie möglich.
Ich möchte kein Heiliger sein, mit ihnen lebt es sich so schwer,
aber ein alter Griesgram ist das Krönungswerk des Teufels.
Lehre mich, an anderen Menschen unerwartet Talente zu entdecken,
und verleihe mir, o Herr, die schöne Gabe, sie auch zu erwähnen.

Zum Autor

Anselm Grün OSB, Dr. theol., geboren am 14. Januar 1945 in Junkershausen und in der Nähe von München aufgewachsen, ist Mitglied des Benediktinerordens und wohl einer der bekanntesten Ordensleute im deutschsprachigen Raum. Einzelheiten seiner Biografie sind schnell genannt und zeichnen einen geradlinig verlaufenen Weg: Er legte 1964 sein Abitur am Riemenschneider-Gymnasium in Würzburg ab und trat noch im selben Jahr ins Noviziat an der nahe gelegenen Benediktiner-Abtei Münsterschwarzach ein. Von 1965 bis 1971 studierte er Philosophie

und Theologie in St. Ottilien und in Rom. 1974 promovierte er zum Doktor der Theologie, wobei er sich in seiner Dissertation mit dem großen Jesuitentheologen Karl Rahner beschäftigte. 1974 bis 1976 studierte Anselm Grün Betriebswirtschaftslehre in Nürnberg. Er leitet heute die wirtschaftlichen Belange seines Klosters als Cellerar.

Als Referent zu spirituellen Themen, geistlicher Berater und Kursleiter für Meditation, Kontemplation, Fasten ist der Benediktinerpater vielen Menschen bekannt. Als Autor spiritueller Bücher aber noch mehr. Hier ist er geradezu eine Ausnahmeerscheinung. Wo Erfolg ist, sind Klischees nicht weit. »Manager mit Mönchsherz« nannte ihn die FAZ, «Macher hinter Mauern« der SPIEGEL, »Seelenflüsterer und Glückspater« die Boulevardpresse. Wie auch immer: Anselm Grün ist ein Phänomen – der meistgelesene christliche Autor unserer Tage, Auflagenmillionär, internationaler Bestsellerautor. Seine Vorträge – oft zweimal die Woche – sind brechend voll, Seminare über Jahre hinweg ausgebucht. Von Topmanagern aus der Wirtschaft ist er als Berater geschätzt. Vortragsreisen führen ihn auch ins Ausland: nach Polen, Tschechien, Frankreich, Spanien, Holland, nach Korea oder Mexiko, Argentinien oder Brasilien. Dabei ist er im Hauptberuf Mönch und Verwalter eines großen Klosters – und trotz allen Erfolgs ein bescheidener Mönch, alles andere als ein abgehobener Guru. Und: Er macht keine Überstunden, leidet nicht an Burnout, wirkt nie gestresst.

An die 400 Einträge verzeichnet das Verzeichnis lieferbarer Bücher. Das ist mehr als in einem einzigen Leben Platz zu haben scheint – wenn man weiß, was er sonst noch macht. Über 15 Millionen Exemplare seiner Bücher sind weltweit verbreitet. In über 30 Weltsprachen sind sie übersetzt – vom russischen bis zum chinesischen, vom romanischen über den finugrischen bis zum nordischen Sprachraum, in Nord- ebenso wie in Südamerika. Allein ins Koreanische sind bislang 50 seiner Bücher übertragen worden.

Schreiben kann er freilich nur nebenbei. Als »Hobby«, wie er sagt. Zweimal die Woche reserviert er sich morgens zwischen 6.00 Uhr und 8.00 Uhr zwei Stunden dafür. Als Cellerar der großen Benediktinerabtei Münsterschwarzach, einem der ältesten Klöster Bayerns mit weltweiter Ausstrahlung, ist er für die ökonomischen Grundlagen zuständig, damit dieses bedeutende Kloster seine Aufgaben erfüllen kann. Wie er u.a. die Verantwortung für über 280 Mitarbeiter in über 20 handwerklichen Betrieben (u.a. Bäckerei, Metzgerei, Druckerei, Gold- und Silberschmiede, Metallwerkstätten, Schreinerei, Gärtnerei, Landwirtschaft, Autowerkstatt, Verlag, Buchhandlung) erfolgreich wahrnimmt, mit Handwerkern ebenso verhandelt wie mit Banken, das zeigt: Hier stimmt die Balance von Spiritualität und Weltverantwortung.

Die wirtschaftliche Verantwortung bedeutet ja nicht wenig: für sicherere Arbeitsplätze zu sorgen und kreativ auch in ökonomischer Hinsicht zu sein. So hat Münsterschwarzach heute ein Ökoprojekt: 96 Prozent Energie erzeugt das Kloster selber aus regenerativen Quellen und es sollen noch 100 Prozent werden. Dass das Kloster – das nicht von Kirchensteuern lebt – sich selbst ernähren muss, ist Voraussetzung für die Arbeit des Cellerars. Diese wirtschaftliche Verantwortung verhindert, dass er »abhebt«. Er selbst spricht von »geerdeter Spiritualität«.

Schon als Kind – als er im Geschäft seiner Eltern Glühbirnen und Lampen verkaufte – zeigte er Sinn für Realitäten. Und dass ihn der Abt, nachdem er in Theologie promoviert hatte, zum Studium der Volkswirtschaft schickte, war zunächst ein Schock für ihn, erwies sich aber als glückliche Lösung, von der heute auch andere profitieren. Wichtig ist P. Anselm bei aller wirtschaftlichen Orientierung, dass nicht nur in den Produkten, sondern auch in der Arbeitsweise der ganze Mensch im Blick bleibt. Dass man kreativ mit Geld umgeht. Dass Ökonomie dem Leben dienen soll – und nicht umgekehrt.

Anselm Grün schreibt sehr einfach – und berührt gerade dadurch das Herz, trifft so den Lebensnerv der Menschen. Seine Leser spüren, dass seine Einfachheit und Herzlichkeit echt sind. Wir sind zum Glücklichsein geboren, sagt er. Und: Es gibt Quellen innerer Kraft, die jedem zugänglich sind. Seine Botschaft ist positiv – und bezieht sich auf die Lebenssituation, die Sorgen und Probleme der Menschen, auf ihre wirklichen Fragen und Sehnsüchte. Er bringt diese Fragen in Beziehung zur befreienden Botschaft der Heiligen Schrift, der Mönchstradition und der heutigen Psychologie. Das Wesentliche der Tradition, für heute übersetzt, fängt neu an zu leuchten: Das sind keine moralischen Anweisungen, sondern »Ratschläge des Herzens«. Um eine Kunst des guten Lebens geht es ihm, um den Ausgleich zu Hektik und Stress. Um die Frage, was Dauer, Beständigkeit, Ruhe, Stille, Einfachheit und authentische Spiritualität versprechen. Anselm Grün ist damit zum Inbegriff eines spirituellen Aufbruchs geworden, der aus den Klöstern kommt und immer mehr Menschen anzieht.

Schon als Kind und Jugendlicher hatte er selber eine geistliche Berufung gespürt. Ursprünglich war er vom Jesuitenorden angezogen, dessen geistig-intellektuelle Schärfe ihn faszinierte. Schließlich trat er aber dann doch in den Orden der Benediktiner ein, weil die benediktinische Lebensordnung – das Miteinander von Gebet und Arbeit, die Verbindung von Einsamkeit und Gemeinschaft, der Rhythmus eines von Liturgie geprägten Lebens ihm zusagte.

Als Theologe war ihm von Anfang an wichtig, die Heiligen Schriften des Christentums und das, was die Tradition sagt, für heute auszulegen und es so zu sagen, dass es verständlich wird und in seiner Bedeutung für unser Leben hier und heute einleuchtet. Seit den 70er-Jahren hat er bereits mit seinen Mitbrüdern nach neuen Aufbrüchen in der Spiritualität gesucht. Dabei ließ er sich nicht nur von der Bibel und den Schriften der alten Mönchsväter der frühen Jahrhunderte inspirieren. Er las auch die Psychologie Carl Gustav Jungs sehr genau und widmete sich intensiv asiatischen Meditationstechniken. Die Begegnung mit dem Tiefenpsychologen C. G. Jung half ihm, Spiritualität neu zu verstehen und zu vermitteln. Die Verbindung von Psychologie und Spiritualität hat für viele Menschen möglich gemacht, die eigene Tradition wieder neu und hilfreich auf ihr eigenes Leben zu beziehen.

Die Psychologie hat ihn – ebenso wie der Umgang mit der Realität des Alltags im wirtschaftlichen Alltag – gelehrt, dass man genau hinhören und hinsehen muss, wenn man mit den Menschen spricht. Und Spiritualität führt für Anselm Grün in den Alltag, nicht von ihm weg, sie ist nichts Abgehobenes. Und sie führt ins Zentrum: Spirituelle Sicht, das heißt für ihn, die Menschen in die Mitte zu bringen, dass sie mit sich in Berührung kommen. Das bedeutet für ihn, dass Religionen in ihren Ritualen, in ihrer Verkündigung die Sehnsucht nach dem ganz Anderen wachhalten in der Gesellschaft und dazu beitragen, dass der Mensch nicht vereinnahmt wird von Politik und von Wirtschaft. Es geht für ihn darum, dass Religionen das Heilige der Menschen hüten, ihnen sagen, dass in ihnen noch etwas ist, was nicht vereinnahmt werden kann. Religion ist für ihn also ein Weg nicht nur zum inneren Frieden, sondern zur befreienden Einsicht, dass mein Wert noch anders ist, als er von der Ökonomie definiert wird. Dass die Frage nach Gott offen gehalten wird, das öffnet umgekehrt ja auch die Gesellschaft für eine andere Dimension.

Ein Journalist der ZEIT hat die Regel des Ordensgründers, die regula Benedicti aus dem 6. Jahrhundert, nach der die Mönche bis heute ihr Leben ausrichten, erst jüngst zum ältesten Glücksbuch erklärt. Vieles von dem, was Anselm Grün – auch im vorliegenden Buch – schreibt, geht auf dieses alte Buch zurück. Ziel ist immer, Menschen für das Leben zu wecken. Der Mensch ist zum Leben geboren und zum Glück bestimmt, das ist benediktinische Lebensweisheit. Im Werk von Anselm Grün wird sie immer wieder neu konkret und anschaulich. Das *weite Herz* und *einfach leben* sind zwei Schlüsselbegriffe im Werk von Anselm Grün. »Einfach leben« ist auch der Titel eines monatlichen Rundbriefs, der in einer hohen Auflage seit einigen Jahren erscheint (vgl. www.einfachlebenbrief. de). Und zum »weiten Herzen« – wiederum einem Begriff aus der Benediktregel – dies: In einem seiner Bücher hat Anselm Grün seine Leser angeregt, für sich selber zu Lebzeiten einen Nachruf zu schreiben. Als ihn kürzlich jemand fragte, was er selber denn wünschen würde, was im Nachruf auf ihn stehen solle, hat er geantwortet: »dass er ein weites Herz hatte und dass er die Menschen geliebt hat, für die er die Bücher geschrieben hat.« Man spürt das auch dem vorliegenden Buch an. Aber auch der andere Schlüsselbegriff steht im Zentrum des Nachdenkens über das Glück des Älterwerdens: *Einfach leben.* Das ist der Kern der Kunst des Lebens.

Dr. Rudolf Walter

Bildnachweis

BXP = Brand X Pictures; DV = Digitalvision; PD = Photodisc; Einbandvorderseite: Martin Wagenhan.

8 Martin Wagenhan. 13 mauritius images/Herbert Kehrer. 16/17 DV. 25 plainpicture/ Deepol. 26 plainpicture/photocake.de. 33 Corbis/Daniel Attia. 37 plainpicture/owi. 39 Getty Images/Gary Buss. 41 Getty Images/Darren Robb. 42 PD. 46 DV. 50, 54/55: PD. 57 DV. 59 Getty Images/Kevin van der Leek Photography. 63 Getty Images/Michael Betts. 65 Getty Images/Steve Taylor. 69 BXP. 72 Getty Images/Andy Roberts. 77 Getty Images/MoMo Productions. 80 Corbis/Owaki/Kulla. 83 Corbis/Angelo Cavalli. 86/87 Corbis/Strauss/Curtis. 91 Corbis/Michael Prince. 92/93 DV. 97 PD. 100 Getty Images/ joSon. 102/103 Getty Images/Travelpix Ltd. 105 BXP. 109 PD. 112/113 mauritius images/Thomas Hellmann. 119 Getty Images/Robin Smith. 121 plainpicture/Erickson. 124 Corbis/Serge Kozak. 127 BXP.130 PD. 132 Corbis/Jerry Tobias. 137 DV. 143 Getty Images/Chris Windsor. 144 DV. 147 PD. 151 Getty Images/joSon. 155 PD. 156 Getty Images/Alexander Hafemann. 159 plainpicture/Erickson. 161 PD. 164 Getty Images/ Per Eriksson. 172/173 Getty Images/David Cordner. 179 Getty Images/jupiterimages. 182 DV. 187 PD. 190, 194: BXP. 201 DV. 204/205 PD. 206 Getty Images/Miguel Salme- ron. 209 Getty Images/Mimi Haddon. 210 PD. 215 BXP. 220/221 PD. 224 plainpicture/ Johner. 228/229, 233: PD. 236 BXP. 242/243 Getty Images/Ashley Karyl. 251, 252, 255: PD. 262/263 DV. 269, 272, 275, 279: PD. 282 mauritius images/Aqua Images. 286/287 PD. 291 plainpicture/Erickson. 298 Martin Wagenhan.

Ausgewählte Literatur

Anselm Grün, Benedikt von Nursia, Freiburg 2006
Anselm Grün, Das große Buch der Lebenskunst, Freiburg 2009
Anselm Grün, Das kleine Buch der Lebenslust, Freiburg 2009
Anselm Grün, Das kleine Buch vom guten Leben, Freiburg 2008
Anselm Grün, Der Himmel beginnt in dir, Freiburg 2008
Anselm Grün, Glückseligkeit, Freiburg 2007
Anselm Grün, Herzensruhe, Freiburg 2008
Anselm Grün, Jeder Tag ein Weg zum Glück, Freiburg 2009
Anselm Grün, Jeder Mensch hat einen Engel, Freiburg 2008
Anselm Grün, Quellen innerer Kraft, Freiburg 2009
Anselm Grün, Vergiss das Beste nicht, Freiburg 2008
Anselm Grün, Was soll ich tun, Freiburg 2008
C. G. Jung, Die Lebenswende; Seele und Tod, in Ges. Werke Band 8, Stuttgart 1967
Karl Rahner, Zum theologischen und anthropologischen Grundverständnis des Alters, in: Schriften zur Theologie 15, Einsiedeln 1983, 315 – 325
Paul Tournier, Die Chance des Alters, Freiburg 1978
Jörg Zink, Ufergedanken, Gütersloh 2007

Quellenverzeichnis

Der Grundtext dieses Buches entspricht dem Werk von Anselm Grün, Leben ist jetzt. Die Kunst des Älterwerdens, herausgegeben von Anton Lichtenauer, Verlag Herder, 3. Auflage 2009. Mit freundlicher Genehmigung des Verlags wurde er für diese Ausgabe ergänzt um Texte aus folgenden anderen Schriften des Autors (die Seitenangaben beziehen sich auf die vorliegende Ausgabe):

Anselm Grün, Das Buch der Lebenskunst, herausgegeben von Anton Lichtenauer, Verlag Herder, Freiburg 2002: S. 24–26, 34/35, 167/168, 267/268

Anselm Grün, Das kleine Buch der Sehnsucht, herausgegeben von Anton Lichtenauer, Verlag Herder, Freiburg 2009: S. 191–214

Anselm Grün, Das kleine Buch vom wahren Glück, herausgegeben von Anton Lichtenauer, Verlag Herder, Freiburg 2008: S. 105, 156

Anselm Grün, Lass die Sorgen – sei im Einklang, herausgegeben von Anton Lichtenauer, Verlag Herder, Freiburg, 2008: S. 35/36, 160/161, 185/186, 225/226, 256/257

Anselm Grün, Vertrauen, herausgegeben von Anton Lichtenauer, Verlag Herder, Freiburg 2008: S. 157–160, 162/163

Mit Anselm Grün zur inneren Balance finden, herausgegeben von Anton Lichtenauer, Verlag Herder, Freiburg 2006: S. 183–185

Anselm Grüns Buch der Antworten, herausgegeben von Anton Lichtenauer, Verlag Herder, Freiburg 2007: S.89/90, 96–101, 169–171, 175–177, 250/251, 257–259, 265, 267, 270/271, 277–280

einfach leben. Ein Brief von Anselm Grün, herausgegeben von Anton Lichtenauer, Juni/Juli, Nr. 5, Verlag Herder 2009: S. 28–31

einfach leben. Ein Brief von Anselm Grün, herausgegeben von Anton Lichtenauer, August/September, Nr. 6, Verlag Herder 2009: S. 36–40

einfach leben. Ein Brief von Anselm Grün, herausgegeben von Anton Lichtenauer, Oktober, Nr. 7, Verlag Herder 2009: S. 40–48

Alle gelb unterlegten Texte stammen aus:
Anselm Grün, Das kleine Buch vom wahren Glück, herausgegeben von Anton Lichtenauer, Verlag Herder, Freiburg 2008, bis auf S. 297 (Originaltext)